李晓艳 著

幼儿园
游戏活动组织与指导

中国书籍出版社
China Book Press

光明日报出版社

图书在版编目（CIP）数据

幼儿园游戏活动组织与指导/李晓艳著．—北京：
中国书籍出版社：光明日报出版社，2019.5

ISBN 978 - 7 - 5068 - 7924 - 8

Ⅰ．①幼…　Ⅱ．①李…　Ⅲ．①游戏课—学前教育—教学参考资料　Ⅳ．①G613.7

中国版本图书馆 CIP 数据核字（2020）第 134274 号

幼儿园游戏活动组织与指导

李晓艳　著

责任编辑	吴化强
责任印制	孙马飞　马 芝
封面设计	中联华文
出版发行	中国书籍出版社　光明日报出版社
地　　址	北京市丰台区三路居路 97 号（邮编：100073）
电　　话	（010）52257143（总编室）　　（010）52257140（发行部）
电子邮箱	eo@ chinabp. com. cn
经　　销	全国新华书店
印　　刷	三河市华东印刷有限公司
开　　本	710 毫米×1000 毫米　1/16
字　　数	267 千字
印　　张	20.5
版　　次	2020 年 9 月第 1 版　2020 年 9 月第 1 次印刷
书　　号	ISBN 978 - 7 - 5068 - 7924 - 8
定　　价	68.00 元

目 录

第 1 章 幼儿游戏基本理论 ··· 001

    幼儿游戏概述 ··· 003

    游戏与儿童发展 ··· 010

第 2 章 幼儿园创造性游戏指导 ··· 013

    幼儿园角色游戏 ··· 015

    幼儿园结构游戏 ··· 036

    幼儿园表演游戏 ··· 060

第 3 章 幼儿园规则游戏指导 ··· 083

    幼儿园智力游戏 ··· 085

    幼儿园音乐游戏 ··· 092

    幼儿园体育游戏 ··· 101

第 4 章 幼儿园其他游戏 ··· 125

    幼儿园民间游戏 ··· 127

    幼儿园手指游戏 ··· 139

    幼儿园亲子游戏 ··· 150

    幼儿园数学游戏 ··· 160

第 5 章 幼儿园其他游戏 ··· 259

幼儿园大班游戏案例 ··· 261

幼儿园中班游戏案例 ··· 283

幼儿园小班游戏案例 ··· 300

参考文献 ··· 316

前 言

　　爱游戏是孩子们的天性，也是孩子学习与发展的最适宜的路径。教育部办公厅印发《关于开展2017年全国学前教育宣传月活动的通知》，要求引导广大幼儿园教师和家长充分认识游戏是幼儿特有的生活和学习方式，创造充足的机会和条件，鼓励和支持幼儿自主游戏、快乐游戏。

　　在《3-6岁儿童学习与发展指南》中，将幼儿社会学习与发展分为人际交往与社会适应，二者即可以说是幼儿社会学习与发展的基本途径和基本内容。幼儿根据自己的兴趣需要自由选择区域、选择游戏材料、选择伙伴、自由创编游戏玩法，真正体现了游戏的娱乐性、教育性功能。幼儿园以游戏为基本活动，应该为孩子们提供一切可能，让他们享受游戏的快乐，收获游戏中的成长。

　　《游戏点亮童年》深入贯彻实施《3-6岁儿童学习与发展指南》，树立科学的教育理念，向幼儿园、教师、家长和全社会宣传游戏对幼儿童年生活的重要价值。不仅使教师拓宽了视野，更好的了解幼儿园游戏活动的基本知识、具备组织开展幼儿园游戏活动的能力，根据幼儿身心特点的一般规律去分析和解决幼儿游戏活动中的实际问题，并结合幼儿园游戏特点，设计、实施及评价幼儿园游戏活动。

　　更好的唤起了幼儿园教师对游戏的重视，提高幼儿园教师组织游戏的能力，提高家长对游戏是幼儿特有的生活和学习方式的认识，提高社会对

《指南》的认识，营造有利于幼儿自主游戏、快乐游戏的环境，扭转当前存在的重知识技能学习、忽视幼儿游戏的现状，推进学前教育科学发展。

本书打破传统的以知识为主线的课程结构，而是以幼儿园情景再现为引领，幼儿园游戏案例为载体，将幼儿游戏的理论知识与实践技能相结合构建课程。具体包幼儿游戏基本理论、幼儿园创造性游戏指导、幼儿园规则游戏指导、幼儿园其他游戏和幼儿园游戏案例。众所周知，幼儿阶段是人类社会性发展的重要时期，社会化是儿童学习与发展的中心任务之一，儿童融入所在的社会环境与社会关系中，接受并习得所在社会群体认可的价值观和行为方式才能成为合格的社会成员。社会性领域的学习与发展，其实质在于促进儿童社会化，并在社会化的过程中逐渐形成良好的社会性与个性。

第1章 幼儿游戏基本理论

　　本章共分为两节，概述了幼儿游戏的概念、特征、分类及幼儿游戏与儿童发展。学生通过本章的学习，掌握游戏的理论知识，明白游戏对于儿童身心发展的重要意义，从而为实际操作打下理论基础。

幼儿游戏概述

幼儿游戏的概念

　　游戏很难被定义，其定义的困难性，一方面是由于学术背景不同的研究者观察游戏的角度不同；另一方面还在于游戏这一现象本身的复杂性，造成了游戏解释的多样性。例如，亚里士多德的游戏定义：游戏是劳作后的休息和消遣，本身不带有任何目的性的一种行为活动。荷兰著名学者约翰·赫伊津哈所著的《游戏的人》中的游戏定义：游戏是一种自愿参加，介于信与不信之间有意识的自欺，并映射现实生活跨入了一种短暂但却完全由其主宰的、在某一种时空限制内演出的活动或活动领域。

　　德国教育家福禄贝尔是教育史上系统研究游戏并尝试创建游戏实践体系的第一人。他认为，游戏是儿童内部存在的自我活动的表现，是一种本能性的活动。他将游戏的本质归结为生物性。

　　苏联心理学家维果茨基认为游戏是社会性活动，是在真实的实践情况之外，在行动上再造某种生活现象。游戏的本质是以物代物进行活动。在这种活动中，凭借语言的功能，以角色为中介，了解、学习和掌握基本的人与人之间的社会关系。

　　皮亚杰认为"游戏是指不断重复一些行为，而主要是希望从中得到快乐"。他认为，游戏是思维的一种表现形式，实质是同化超过了顺应。儿童早期认知结构发展不成熟，不能够保持同化与顺应之间的协调或平衡。这种不平衡有两种情况：一种是顺应大于同化，表现为主体忠实地重复性的动作，即模仿；另一种是同化大于顺应，表现为主体完全不考虑事物的客观特性，只是为了满足自我的愿望与需要去改变现实，

这就是游戏。

《辞海》中游戏的定义：以直接获得快感为主要目的，且必须有主体参与互动的活动。这个定义说明了游戏的两个最基本的特性：①以直接获得快感(包括生理和心理的愉悦)为主要目的；②主体参与互动。主体参与互动是指主体动作、语言、表情等变化与获得快感的刺激方式及刺激程度有直接联系。

在《牛津英文字典》中，至少有116种关于游戏的定义。游戏是一个模糊宽泛的概念。作为一种广泛存在的社会生活现象，游戏一词积淀着丰富的社会文化内涵。这种社会文化含义长久以来作为一种背景性的观念影响着人们对于儿童游戏的看法。

因此，定义游戏的策略有三点：第一，毋庸定义；第二，直觉判断；第三，特征列举。

游戏的本质特征

（一）国外的相关理论依据动机、手段、目的等行为的构成要素的倾向性来列举游戏行为的特征。

1. 纽曼的游戏特征"三内说"

(1) 内部控制：游戏的特征是内部控制，工作的特征是外部控制。

(2) 内部真实：在旁人看来是假的事情，在游戏者那里是一种内部真实。

(3) 内部动机：游戏是由内部动机支持的行为。

2. 克拉斯诺和佩培拉的游戏"四因素说"

(1) 灵活性：指游戏活动在形式与内容上的多变性。

(2) 肯定的情感：指游戏者的情绪体验总是快乐的，笑容是这种肯定的情感体验的标志。

(3) 虚构性：指游戏总带有想象的因素。

（4）内部动机：指游戏不受外部规则或社会性要求的制约，游戏者是为游戏而游戏，玩即目的。一种活动如果具有全部四种因素，则趋向于被人们认定为"游戏"。

3．加维的游戏行为"五特征说"

（1）游戏是令人愉快、有趣的活动。

（2）游戏没有外在目标。

（3）游戏是自发自愿的。

（4）游戏包括对游戏者的积极约束。

（5）游戏与非游戏之间有着某种系统性的联系。

4．克罗伊斯的游戏行为"六特征说"

（1）自由：游戏不是被迫进行的，否则就失去了吸引力和快乐的性质。

（2）松散：游戏不是精确的，没有事先预定的限制。

（3）易变：没有预定的进程或结果，游戏者具有随机应变的自由。

（4）非生产性：从游戏开始到结束时，不增加任何生产的物质或任何新因素，除去物质的游戏者之间的转移和变化。

（5）由某种规则和玩法所支配的。

（6）虚构的。

5．鲁宾的游戏行为的"六倾向说"

（1）内部动机。

（2）对手段的注意。

（3）我能拿它做什么。

（4）想象或虚构。

（5）规则来自游戏的需要。

（6）游戏者积极参与。

（二）国内的相关认识

我国教育工作者一般认为游戏具有以下四个特征：

(1) 游戏是儿童主动自愿的活动。

(2) 游戏是在假想的情境中反映周围生活。

(3) 游戏没有社会的实用价值，没有强制的社会义务，不直接创造财富。

(4) 游戏伴随着愉悦的情绪。

综上所述，研究者所采用的分析问题和解决问题的思维方法是相同的，都采用了将游戏与非游戏活动相对照比较的方法。

(三) 游戏是幼儿的主要活动

儿童教育心理学中早就指出，游戏是学前儿童最重要和最主要的活动，它贯穿于整个学前儿童的生长和发展中。

文学巨匠席勒说："只有当人充分是人的时候，他才游戏；只有当人游戏的时候，他才完全是人。"他甚至认为，艺术和游戏的产生是人类脱离动物界的一个最后标志，也是最重要的标志。

哲学家马丁·海德格也指出："儿童为什么要游戏呢？儿童游戏就因为他们游戏。'因为'二字在游戏中消失了，游戏没有'为什么'，儿童在游戏中游戏。"

游戏是儿童的主要活动，儿童通过游戏学习。儿童通过接触具体的、仿真的、与生活有关的东西学习，需要与同伴、成人和环境互动交流，游戏使儿童放松且发展专注的工作态度。在5岁之前不应过早开始对字母、数字等符号的专门练习，这样会限制孩子的思维，因为幼童的心智还没成熟，对抽象的概念还无法理解。

(四) 游戏的种类

(1) 从认识发展的角度分类：①感觉运动游戏；②象征性游戏(符号游戏)；③结构性游戏儿童在游戏中学习；④规则性游戏。

(2) 从游戏社会性的角度分类：①无所用心的行为或偶然的行为；②袖手旁观的行为；③单独的游戏；④平行的游戏；⑤联合游戏；⑥合作游戏。

(3) 我国常用的游戏分类：①创造性游戏：角色游戏、结构游戏、表演游戏；②规则性游戏：体育游戏、音乐游戏、智力游戏。

幼儿园游戏条件的创设

幼儿园游戏条件的创设的总体原则包括：一是给幼儿充足的游戏时间，二是关注幼儿自主游戏的价值。

自主游戏是指幼儿在一定的游戏环境中根据兴趣和需要，以快乐和满足为目的，自由选择，自主展开，自由交流的积极主动的活动过程。

当前幼儿园游戏条件的创设有"三轻三重四困惑"现象，即轻自主自发生成重设计导演，轻自由表现重集中统一，轻游戏过程重游戏结果，以及教师对什么是游戏的认识困惑，如何指导的尺度困惑，游戏与发展的引导困惑和游戏评价的标准困惑。

创设游戏场地的基本要求：①促进儿童的发展；②培养儿童的自信；③保证儿童的安全。

游戏场地的分类创设有室内和室外两种。

（一）室内游戏场地的创设必须保障足够的游戏空间。

游戏区可分为：构建区、美工区、角色游戏区、益智操作区、科学区、图书区。

活动区设置的基本要求：

(1) 根据各类游戏活动的教育功能与特点来设置。

(2) 设置应体现层次和渐进发展性，不断更换游戏材料。

(3) 设置应体现使用空间，因地制宜。

(4) 赋予环境一定的自治因素，发挥环境的暗示作用。

(5) 整个环境应作为一个动态系统，实现整体优化，发挥整体效应。

各个活动区之间的界限性，包括：①平面界限的划分、立体界限的划分、悬挂张贴室内游戏区不同的标牌或装饰物；②各个活动区之间的

相容性；③各个活动区之间的相互转换性。

（二）室外游戏场地的创设

(1) 意义：①促进幼儿身心多方面发展；②提供了幼儿与大自然亲密接触的机会；③促进幼儿教师之间接触的机会。

(2) 构成：集体活动区、器械设备区、种植养殖区。

(3) 创设条件：①场地的面积；②场地的器械设备；③场地的结构；④绿化。

（三）准备玩具及游戏材料

1．玩具的教育价值

(1) 玩具能激发儿童游戏的兴趣，丰富游戏的内容。

(2) 玩具为儿童认知能力的发展提供信息。

(3) 玩具是儿童探索科学的启蒙教具。

(4) 玩具为儿童品德行为的形成提供条件。

(5) 玩具能使儿童获得运动操作的技能。

(6) 玩具有平衡情绪的价值。

(7) 玩具有助于幼儿良好个性的培养。

2．玩具的种类

(1) 按玩具的功能和特点分：

①形象玩具：科学形象玩具、角色玩具、用具玩具。

②智力玩具。

③结构造型玩具。

④体育玩具。

⑤音乐玩具。

⑥娱乐玩具。

⑦日常用品。

(2) 按玩具功能的确定性分：

①专门化玩具。

②非专门玩具。

(3) 非专门玩具的功能有：

①幼儿创造性的发展；

②幼儿可以得到自主的体验。

游戏与儿童发展

在游戏活动中，教师既要尊重儿童的游戏意愿，发挥儿童游戏的主观能动性，又要贯之以教育的意义与安排，发挥引导者的作用。然而，更重要的是教师如何将外在的教育要求转化为儿童的意愿，当教师的要求与安排通过教师所创设的游戏环境和教师的巧运心智转化为儿童的需要时，教师的要求便成了儿童的意愿。这样教师就成为儿童游戏进展的支持者。在这种情况下，才会避免教师以导演的面孔出现并居高临下支配儿童游戏的状况，儿童的游戏才能真正具有愉悦价值，并促进儿童的发展与成长。

游戏是幼儿的生活方式，也是幼儿园教育的存在方式。以自由、和谐为内涵的游戏精神，与现有幼儿园教育中存在的"教育目的的外在性""教育中幼儿的被动性""教育的重复性和封闭性"以及"教育中体验的虚假性"等反游戏精神的现象格格不入，应以游戏精神重建幼儿教育。

游戏与幼儿生理发展

(1) 游戏促进幼儿身体的生长和发育。
(2) 游戏促进幼儿动作技能的发展。
(3) 游戏促进幼儿大脑的发展。

游戏与儿童认知发展

（一）游戏促进儿童语言能力的发展

(1)游戏激发儿童的表达欲望，为儿童的自由表达创造适宜的语言环境。

(2)游戏(特别是语言和角色游戏)，本身就是儿童学习语言的一种有效的方法。

(3)游戏不仅使语言理解深刻化，而且使语言的交际功能和调节功能获得发展的机会。

（二）游戏与儿童创造力的发展

(1)游戏，是儿童创造力的源泉。

(2)游戏中获得的技能，有助于问题的创造性解决。

(3)游戏，特别是结构游戏，有助于改善儿童的认识结构，挖掘儿童的创造潜能。

(4)游戏提供了一种激励创造性思维的适宜气氛。

（三）游戏与儿童智力发展

(1)智力游戏是儿童智力发展的一种有效手段和方法。

(2)游戏中问题的解决和新颖的联想，能够改善儿童的智力结构，使智力转化为一种认识策略和机制。

(3)游戏过程中，对现实生活的"反映过程"实质上就是一种智力活动。

游戏与儿童社会化

游戏与儿童社会化密切相关，它是儿童以后能否成功地适应社会的关键所在。在游戏中，儿童不仅获得一些粗浅的交往技能，更重要的是，通过游戏，儿童可以逐渐地解除自我中心，学会与他人合作，学会

关心他人，认识并认同成人的社会角色，发展道德责任感，从而培养、提高社会适应能力。

(1) 游戏促进儿童性别社会化。

(2) 游戏促进儿童情感社会化。

(3) 游戏促进儿童道德社会化。

(4) 游戏促进儿童更好地接受文化。

游戏与人格发展

(1) 游戏是儿童自我意识产生和发展的重要途径和方法。

(2) 游戏可以促进儿童人格和谐，保证儿童心理健康：

①游戏有利于儿童积极情感的发展，也有利于疏导消极情绪。

②游戏有助于幼儿意志品德的培养。

③游戏有利于幼儿良好性格的形成。

④游戏有助于儿童社会适应能力的提高。

第2章 幼儿园创造性游戏指导

本章共分三节：幼儿园角色游戏、幼儿园结构游戏、幼儿园表演游戏。该章节既有理论的支撑，又有实践的案例，更引入了幼儿园情景再现，注重学生职业能力的培养。学生通过本章的学习，掌握创造性游戏的概念、特点，会进行游戏条件的创设，能设计创造性游戏教案，并能进行创造性游戏的组织与指导。

幼儿园角色游戏

幼儿园角色游戏概述

(一) 幼儿园角色游戏的概念

角色游戏是幼儿根据自己的兴趣和愿望，以模仿和想象，借助真实或替代的材料，通过扮演角色，用语言、动作、表情等，运用想象创造性地反映个人生活印象的一种游戏，通常都有一定的主题，如娃娃家、超市、医院等，所以又称为主题角色游戏。

角色游戏是幼儿期的一种典型的游戏类型，既是最有特色的一种游戏，也是幼儿最喜欢并能最大限度地满足幼儿心理需要的一种综合性强的游戏方式。角色游戏是幼儿园的主导活动，是一种特殊的教育活动，是童心嬉戏的世界。要真正实现角色游戏的教育功能，教师的指导是必要的，且是重要的，它能确保角色游戏教育作用的体现，促进幼儿多方面的充分发展。

(二) 幼儿园角色游戏的特点

1. 社会现实生活经验是幼儿角色游戏的源泉

角色游戏是幼儿对现实生活的一种积极主动的再现活动，游戏主题、角色、情节、材料的使用均与幼儿的社会生活经验有关。

幼儿园情景再现：

在玩"公共汽车"的游戏时，幼儿会吆喝"九路九路，到火车站，1元1人，请快上车"等。又如，当幼儿了解了交通规则后，则会玩交通警察的游戏，坐公交车遇到售票员态度不好，在游戏中幼儿也会对乘客"很

▲ 娃娃家

凶"。还有，教师的孩子喜欢"当老师"，医生的孩子喜欢"当医生"等。这些都证明幼儿在角色游戏中所反映的是他们的社会生活经验。幼儿生活经验越丰富，角色游戏的水平也就越高。

2. 想象活动是幼儿角色游戏的支柱角色游戏过程是创造性想象的过程。在角色游戏中，创造性想象主要表现在三个方面。

一是对游戏角色的假想(以人代人)。

二是对游戏材料的假想(以物代物)。在角色游戏中，幼儿常常以一种物品代替另一种，还能一物多用。

三是对游戏情景的假想(情景转换)。幼儿常常通过一个或几个动作和想象，将游戏情景进行浓缩或转换。

▲ 超市

▲ 医院

幼儿园情景再现

中班幼儿在玩"医院"的游戏时，开始教师给他们提供药瓶、听诊器、针筒等成品玩具，以后逐渐减少。先将听诊器拿走，幼儿就会去寻找类似圆形物的插片、瓶盖等，再用一根绳子串上，做成一只听诊器。接着拿走针筒，幼儿会用小木棍代替。这样既促进了游戏情节的进一步发展，又发展了幼儿的想象力、创造力、思维能力和解决问题的能力。

(三) 幼儿园角色游戏核心价值

角色游戏是幼儿期典型的游戏，对促进儿童发展有不容忽视的价值。

1．有助于幼儿学习社会性行为，发展交往能力

(1) 角色游戏为幼儿提供了实践社会道德行为的机会。在内容健康的角色游戏中，通过幼儿对社会生活的反映与模仿，反映了现实生活中人与人的交往关系，如模仿社会生活中人们的行为准则，学习劳动者的优良品质，待人接物的态度，体验他们的情感。幼儿在角色游戏的情景中，由于扮演角色而忘却了自我，会逼真地表现所担当的角色的特性。

(2) 角色游戏有助于发展儿童正常的交往关系。尽管游戏开展的情况不同，有时是几个幼儿合作玩一个主题，有时是独自玩，有时是几个不同的游戏主题平行地进行着，无论在怎样的情况下，幼儿在游戏过程中都要经常地发生一些联系，甚至会产生矛盾，但同时又能在游戏中解决问题。因此，角色游戏有助于发展幼儿相互交往的能力。

2．有助于培养幼儿的主动性、独立性和创造性

在角色游戏中，幼儿为实现游戏的愿望，需要按照游戏的主题、角色、情节去支配与控制自己的行动，按自己的意愿作用于周围的环境，这就要求幼儿积极、独立地去从事活动。幼儿要充分地发挥想象力，开动脑筋，进行创造性的活动，并为达到游戏的目的，不断、独立地解决与克服遇到的种种障碍。这样，有助于培养幼儿的主动性、独立性和创造性。

幼儿园角色游戏条件创设

游戏是幼儿最喜欢的活动，任何幼儿都离不开游戏，创设一个良好的游戏环境对幼儿的成长非常重要。

(一) 幼儿角色游戏环境创设要求

创造主动性的游戏环境教师作为游戏活动的支持者、引导者，需要在了解幼儿已有经验的基础上，引导幼儿共同参与游戏环境的创设，为幼儿提供丰富的游戏环境及均等的游戏机会，让幼儿按自己的意愿自由选择游戏，以自己的方式进行游戏，在与材料和伙伴的相互作用中，共同

▲ 戏水池

▲ 沙池

分享游戏带来的快乐和学习彼此的经验，激发幼儿的想象力和创造性。

幼儿园情景再现：

某班"娃娃家"的建立，是创设的第一个活动区。孩子们在玩"娃娃家"的同时，发现"娃娃家"中缺了很多东西，如宝宝吃的奶粉，家里要用的日用品都没有，于是在老师的启发引导下，他们又开设了超市。孩子们还是觉得不满足，他们觉得买东西的时候需要用钱，于是在孩子们的提议下又开设了小银行，在游戏情节的不断发展下，他们又开设了理发店、麦当劳。这些角色区的建立，来源于幼儿的需要，符合幼儿意愿，他们游戏起来更投入，更有主动性和创造性。

提供具有可操作性的材料

在投放角色区游戏材料时，并不是游戏材料投放越多，越真实，越漂亮，孩子们越喜欢。幼儿对于成品玩具或教师自制的仿真玩具只有短暂的兴趣，材料太多幼儿不知玩什么好，材料太少又不能满足幼儿游戏的需要，教师应注意在游戏中观察幼儿游戏的情况，按需要随时增减材料，引导游戏情节的进一步发展。

（二）不同年龄阶段角色游戏区创设具体指导

1. 小班幼儿角色游戏区的创设

幼儿园情景再现：

麦当劳里的"食品"全是教师精心收集来的麦当劳包装盒、饮料罐，麦当劳优惠券图案非常逼真。通过观察发现，孩子们在游戏过程中，麦当劳里买的东西由于不需要孩子们制作，所以厨师常常没事干，刚开始由于物品形象逼真，孩子们还比较感兴趣，但时间一长就失去了兴趣。这些材料虽能吸引幼儿注意，短时间内激发幼儿游戏的兴趣，时间一长，由于以物代物活动少，幼儿创造性体现不足，幼儿的游戏兴趣便很难维持。而半成品和废旧材料更有利于幼儿在游戏中以物代物，往往具有操作性，半成品材料会使幼儿玩时任意组合、加工和变形，自己变出多种玩法。这样，幼儿就会在摆弄中积极思考，充分想象，创造性地开展游戏。

小班幼儿的玩具材料和同伴的游戏活动都能有效地激发他们的游戏动机，帮助他们展开特定的想象。同时这一年龄段的幼儿思维的概括性和灵活性较差，在使用物品进行游戏时"以物代物"的能力不强，使他们在模仿同伴的游戏时也往往追求和同伴相同的玩具材料，若同样的玩具材料不足时，就容易发生争抢。

区角创设案例：

小班医院区角创设主要材料有床、白大褂、医生帽、护士帽、处方单、病历本、听诊器、体温表、药品、注射器等。

因而成人在帮助他们开展游戏时，要注意提供各种形象的玩具和游戏材料，以引发他们开展游戏的愿望。为避免争抢玩具，在一个时期内提供的玩具和游戏材料在种类上可适当少一些，而同类物品在数量上应多一些。

医院区角创设

2. 中班幼儿角色游戏区的创设

中班幼儿的身心发展水平有了较大的提高，思维的直观形象性增强，认知范围扩大，使其想象逐渐变得活跃而丰富。尽管他们主动选择的角色是有限的，但幼儿在选择角色后还能简单地设计游戏情节，把某个角色的几个不同的活动或动作排列起来，使之具有一定的连贯性。

区角创设案例：

娃娃家区角创设

可以按照"家庭"的基本概念布置"娃娃家"和为"娃娃家"配备材料，如在桌子上铺上色彩明亮的桌布，放上一些花等；提供烹饪和进餐的用具等；空间的组织也可以模仿"家"的空间结构。也可以为幼儿提供各种真实的家事活动用品和工具(如打蛋器、土豆削皮器、

米、干的通心粉和各种量具等)以及各种真实的家事活动(如叠衣服、卷袜子等)，使日常生活技能的学习融合渗透在游戏中。

在各种家庭生活用品(如锅、盘子、冰箱等)上面贴上标签，有助于幼儿文字符号意识的发展。各种家庭生活用品的存放均模拟家庭存放这些用品的方式，如把衣服放在衣柜里，锅、盘等可以挂在墙上。

在娃娃家的墙上设置镜子，可以让幼儿欣赏自己穿上成人衣服的样子，以提高幼儿的角色扮演意识和游戏的兴趣。

3．大班幼儿角色游戏区的创设

大班幼儿随着对社会认识的扩展和加深与直接经验的丰富，其想象变得活跃起来。在有主题的角色游戏中伴随游戏情节的逐渐展开，而材料本身能够刺激幼儿游戏的欲望。

大班幼儿的想象不仅在内容上丰富、连贯，而且能够充分地通过活动和玩具材料来展现自己的想象，使游戏活动表现出浓郁的创造的气息。因此，教师应该根据游戏的要求结合教育意图而投放游戏材料。

区角创设案例：

主要营造超市的氛围，要有超市标志、收银系统，材料有货架，还有各种琳琅满目的商品，如饮料、牛奶、薯片等。不仅要提供真实的商品，还要提供一些半成品，如橡皮泥、塑料板、纸盒等。

大班超市区角创设

幼儿园角色游戏具体指导

（一）幼儿园角色游戏进程的指导

1. 游戏前的指导

(1) 丰富幼儿的生活经验，拓展角色游戏的内容来源。

(2) 创设游戏场地，准备丰富的玩具和游戏材料(固定的场所，多样的玩具，幼儿参与环境创设和材料准备)。

(3) 提供丰富的时间，促使游戏深入开展。

教师应从游戏的内容、游戏材料的提供、角色分配、个别幼儿的教育、角色游戏的常规等方面为角色游戏的开展和提高做好准备工作。

在一次日常参观活动中，教师发现幼儿对家乡诸多的小吃产生浓厚的兴趣，一路上总在津津有味地谈论着。教师决定请家长星期天带幼儿去各种小吃店进行实地观察并品尝，从中幼儿不仅知道了许多小吃的名称，还了解到这些小吃都是由哪些材料做的，怎么做的，并学习与服务员阿姨交往。星期一，孩子们都嚷着要做各式各样的小吃：包子、馒头、串串香、重庆小面、酸辣粉、小汤圆等。孩子们越做越起劲，还说天热了，

重庆美食

蛋糕房

小小餐厅

需要点饮料解解渴，于是又忙着收集能用的饮料罐，自制果茶、冷饮，大大丰富了小吃内容。从此，一个有着"重庆小吃""娃娃冰屋"和"喷喷香蛋糕房"的"美食一条街"就在该班的活动区开张了。

2．游戏中的指导

(1)鼓励和协助幼儿按照自己的意愿提出游戏的主题。

(2)指导幼儿选择和分配角色。

(3)游戏活动中的观察与指导。

观察幼儿的游戏活动，了解幼儿游戏的意图、能力及行为表现等，根据了解的情况给幼儿以帮助或指导，是教师的一项重要工作。特别是在幼儿还不会开展角色游戏，不知如何布置游戏场所、如何担任角色的情况下，更需要教师引导他们参加游戏，带领他们布置场所，启发他们如何担任角色，把游戏开展下去。

幼儿园情景再现：

某班有一位新插班的幼儿，名叫刘奇奇。在娃娃家协商分配角色时，他自愿当哥哥，对其他幼儿担任的角色却不关心。游戏时又是给自己倒茶，又是忙着做饭，多次重复一定的动作和活动，游戏兴趣很高，但与其他幼儿交往少，游戏情节很简单。通过观察，老师发现他喜欢招待客人，并且能够热情有礼貌地招待。于是，老师以客人的身份来到娃娃家，及时肯定了他的长处，并提出希望：如果能听妈妈、爸爸的话，帮妈妈、爸爸做点事就更好了。他开始意识到其他家庭成员的存在，注意其他成员在做什么。当爸爸、妈妈提出带他去看木偶戏时，他高高兴兴地去了。在不知不觉中，刘奇奇逐渐学会了与人交往，关心他人，游戏水平明显提高了。

3．游戏后的指导

(1)让游戏在愉快自然的状态下结束。

(2)做好游戏后的整理工作。

（3）讲评、总结游戏。

教师要掌握时机，在幼儿游戏兴致尚未低落时，根据游戏的内容和情节，运用多种方式结束游戏，使幼儿保持继续游戏的积极性。在总结时针对游戏情节进行讲评，针对游戏玩具和材料的制作和使用进行讲评，还可针对游戏中幼儿的行为进行讲评。教师还应鼓励和督促幼儿收拾玩具，整理场地。

幼儿园情景再现：

在一次游戏结束时，有幼儿提出意见："玩警察抓小偷游戏时，有人捡'好'的角色当，'坏'的角色就不当，叫他当小偷，他不肯，他要当警察。"这时，教师要根据教育要求和游戏特点，对游戏进行的情况进行简短、恰当的评价，使幼儿明确怎样才能玩得更好。教师还可以引导幼儿评价和讨论在游戏中谁会动脑筋，谁能克服困难，以后怎样玩，还需要哪些游戏材料等，以指导幼儿提高游戏的质量。

（二）幼儿角色游戏各年龄班的指导

1．小班角色游戏指导

（1）特点：直接玩玩具，无明确的主题，无组织性和目的性，角色意识不强。

（2）指导要点：教师要根据幼儿的生活经验为幼儿提供种类少、数量少且形状相似的成型玩具，避免幼儿为争抢玩具而发生纠纷，满足幼儿平行游戏的需要；教师以平行游戏法指导幼儿游戏，也可以游戏中角色身份加入游戏中，在与幼儿游戏的过程中达到指导的目的；要注意规则意识的培养，让幼儿在游戏中逐渐学会独立；通过讲评帮助孩子积累游戏经验。

（3）观察要点：是否有角色意识，对社会角色的认识是否明确；游戏时是否表现出初步的交往意识；是否有角色规则的意识；出现矛盾是否

会商量并解决问题；是否有尝试其他角色的兴趣和欲望；观察幼儿在游戏中的对话语言；角色是否稳定；是否会整理玩具，是否会根据标志将物品放回原处。

2．中班角色游戏指导

(1)特点：中班幼儿由于认知范围的扩大，游戏内容、情节比小班幼儿丰富多了；处于联合游戏阶段。想尝试所有的游戏主题，有了与别人交往的愿望，但却还不具备与别人交往的技能，常常与同伴发生纠纷。中班幼儿在游戏中有较强的角色意识，有了角色的归属感，他们首先会给自己找到一个角色，然后带着这个角色去做想做的事。表现出游戏情节丰富，游戏主题不稳定，幼儿在游戏中频繁换场的现象。

(2)指导要点：根据主题需要提供成型玩具，增加半成品和废旧物品玩具的提供。引导幼儿拓展游戏主体，设计情节，分配角色。加深对角色的理解，引导幼儿在游戏中学会解决简单纠纷的方法，初步掌握交往技能及相应的规范。

(3)观察要点：重点应该是在幼儿与幼儿的冲突上，不管是规则上、交往技能上的，还是使用物品上的。教师应针对中班幼儿的特点，根据幼儿的需要提供丰富的游戏材料，鼓励幼儿参与多种主题的游戏。在游戏中注意观察幼儿游戏的情节，发生纠纷的原因，以平行游戏或合作游戏的方式指导游戏。通过讲评游戏，学会在游戏中解决简单的问题。掌握交往的技能及相应的规范。

3．大班角色游戏指导

(1)特点：大班幼儿游戏相当丰富，在游戏中能主动反映多样的生活经验。游戏主题新颖，内容丰富，能反映较为复杂的人际关系。游戏处于合作游戏阶段，喜欢与同伴一起游戏，能按自己的愿望主动选择并有计划的游戏。在游戏中自己解决问题的能力强。

(2)指导要点：着重培养幼儿独立开展游戏的能力(主题、组织、计划，解决游戏中出现的困难和纠纷，以及自制玩具)，以提问、建议等语

言形式指导幼儿游戏，在评价环节给予幼儿更多表现的空间。

(3) 观察要点：教师根据大班幼儿游戏的特点，引导幼儿一起准备游戏的材料及场地。教师一般较多地用语言来指导大班幼儿的游戏，在游戏中培养幼儿的独立性；鼓励幼儿以物代物，创造性地解决游戏发生的问题。教师平时可以有意识地以角色身份出些孩子生活中经常遇到的难题，让他们帮助解决。通过游戏讲评，让幼儿充分地讨论问题，分享经验，学会学习和创造。

幼儿园角色游戏教案设计

（一）确定游戏主题

根据幼儿的年龄特点，结合幼儿园主题教育活动，选择适合的游戏主题。

（二）确定游戏目标

游戏主题确定后，教师便要结合主题内容制订合适的教学目标。目标决定、影响着过程，目标的确立要在过程前完成。教师要明确目标是活动过程设计的依据，又是评价活动成功与否的一项重要指标。千万不要本末倒置，先有活动，再写目标。目标制订应注意的原则如下：

1. 目标制订要体现全面性和适切性

全面性是指自然地渗透和涵盖多个层面，通常从知识目标、能力目标和情感态度目标三个维度进行阐述。适切性指的是要符合幼儿的年龄特点和班级实际，既联系幼儿的已有经验，又得具有一定的挑战性。

2. 目标要具体明确，具有可操作性

突出对幼儿创新精神和实践能力的培养。在目标的表述上，教师应从幼儿的角度出发，使用体验、感受、喜欢、探索等词汇。如"手印螃蟹"的活动目标是体验用手掌印画螃蟹贝壳，尝试运用画的方式来表现螃蟹的不同形态；幼儿乐意介绍自己的作品，能独立创编有趣的故事情

节。这样的目标具体明确，操作性强，表述清楚。而有的目标就显得较空洞，如"发展幼儿的观察力、想象力""提高感受力、表现力"等，这些可能是教学的中长期目标，而不是一个活动就能实现的。

3. 目标制订应把幼儿作为学习的主体

目标制订应把幼儿作为主体来写，且主语前后要统一，表述前后要一致。目标最好是以幼儿"行为发展目标"提出，这样有利于教师始终围绕"如何促进幼儿发展"来选择相适宜的教育策略与手段。

4. 目标制订应体现系统性、结构性

虽然当前幼儿园倡导的是整合课程，主题活动强调幼儿的全面发展，但就教育现状而言，各领域学科的教学仍必不可少，而且儿童认知能力、情感的发展，更是与相关学科密切联系的，因此教师要深入分析游戏主题相关内容的知识体系，挖掘其促进幼儿全面发展的教育潜质。

（三）作好游戏准备

1. 知识准备

幼儿的知识越多，生活内容越丰富，角色游戏的主题和内容也就越新颖，越充实。教师要善于利用上课、观察、参观、日常生活、劳动、娱乐等多种活动来丰富幼儿的知识经验，加深幼儿对周围生活、人与人的关系的印象。

2. 物质准备

物质准备即游戏的空间、时间及玩具材料。游戏情境以时空及物质材料为基础，对幼儿来说是开放的和共享的，幼儿可以自由选择、取放玩具材料，游戏的场地是按幼儿的需要和愿望布置并可以随时变化的，游戏时间段的时间是由幼儿自由支配的。

3. 心理准备

角色游戏中的人际关系是开放的。教师应营造和谐的同伴关系、师生关系，促进幼儿在平等、互动、和谐的氛围中游戏。

（四）设计游戏过程

1. 导入

如何组织开展角色游戏，能很快地激发幼儿对游戏的兴趣，角色游戏的导入环节显得至关重要，是幼儿成功开展游戏的关键环节。通常有开门见山式导入、儿歌导入、音乐导入、情景创设导入、总结经验导入等方式。

2. 确定游戏主题

在确定游戏主题时，应启发小班幼儿先想好玩什么玩具和什么游戏；中、大班幼儿可自己商量和确定游戏主题。当需要增加或改变游戏主题时，教师可通过提问或者出示玩具等方法增加或者改变游戏主题。

3. 分配角色

分配角色是组织游戏的重要一环。小班应逐步培养幼儿懂得担任角色，提出自己愿意担任什么角色。培养中、大班幼儿自己商量分配角色，或者采用下列方法分配角色：用念歌谣点将方法轮流担任主角；由教师指定某幼儿分配角色；教师建议请不爱游戏的幼儿当某一角色，如当"娃娃家"的小妹妹等。并且帮助幼儿解决分配角色中的争执，培养幼儿能尊重别人的意愿。

4. 指导游戏过程

一是幼儿游戏，教师观察。幼儿具有不同的个性特点，在体力、知识、能力、行为表现、性格方面均有差异。教师只要善于观察幼儿的活动，便可以了解每一个幼儿的特点，通过游戏教育来培养他们。

二是教师适时适当指导。在角色游戏环境中，教师必须以多重身份指导游戏，以利于游戏的顺利进行。当儿童需要游戏材料时，教师是游戏材料的提供者；当儿童需要帮助时，教师是游戏的支持者和援助者；当儿童需要教师一同游戏时，教师是儿童游戏的伙伴和参与者；当儿童在分享游戏经验时，教师是倾听者和发问者。教师要找准自己的位置，做到"到位不越位"。

5. 总结与评价游戏

结束时，教师应鼓励和督促幼儿收拾玩具，整理场地。根据游戏进

行的情况和教育要求，组织幼儿评价游戏。中、大班幼儿对游戏的评价
是一种自我意识的增长，也表现对周围事物的态度和认识。

案例分析

请欣赏中班角色游戏案例《蛋糕店》，进一步熟悉和掌握角色游戏
指导要点，明确角色游戏教学设计要素和方法。

角色游戏：蛋糕店(中班)

【游戏目的】

1. 幼儿按意愿独立地确定游戏主题，自主选择熟悉的角色进行扮
演，知道角色名称。

2. 幼儿能模仿所扮演角色的最基本动作，能有简单的角色语言和行
为。幼儿能主动加强各角色间的联系，进一步深化主题内容，丰富游戏。

3. 幼儿学会协商分配角色，与同伴积极交往，友好合作。

【游戏准备】

1. 各种口味的蛋糕、面包玩具。

2. 橡皮泥、工作服等。

【游戏过程】

1. 游戏前简单的导入，激发兴趣。

小朋友都喜欢过生日吗？过生日通常要吃什么？今天我们就一起来
开蛋糕店吧。

2. 幼儿自主开展游戏，教师观察与指导。

(1) 引导幼儿利用投放的材料一起布置游戏场地。

(2) 幼儿自主分配角色，有的当面包师，有的当销售员，有的当收银
员，有的当顾客，自发、创造性地进行角色游戏活动。

(3) 教师扮演角色，参与幼儿游戏，并在游戏中随机指导，观察幼儿
在游戏中的语言和动作，了解幼儿角色水平，引导幼儿有简单的角色语
言和行为。

第2章 幼儿园创造性游戏指导

3．游戏结束。游戏在欢快的"祝你生日快乐"的歌声中结束。然后师生共同讨论交流，以教师为主的谈话方式，再现有价值的游戏片段。

【观察要点】

幼儿在协商角色时已经能注意控制音量和男女搭配，喜欢与同伴共同游戏，在游戏中大部分幼儿能爱惜道具、材料，轻拿轻放，但部分幼儿还不会协调同伴间的纠纷。

【指导建议】

1．指导幼儿在扮演角色时坚守自己的岗位，明确自己的职责。例如，服务员不能跑进厨房拿食物，厨师要将食物入盘后交给服务员等。

2．鼓励扮演不同角色的幼儿，如面包师、收银员、顾客与服务员进行大胆交流与对话。发展幼儿的语言能力、交往能力等。

温馨提示

为了便于大家对游戏活动的指导有清晰的认识，本案例呈现了完整的教学设计要素，还增添了观察要点，旨在培养幼儿在游戏活动中观察、指导、评价的习惯和能力。

幼儿角色游戏设计案例

案例一 娃娃家来客人了(小班)

【设计意图】

随着主题活动"好伙伴"的开展，孩子们与伙伴的亲密度与日俱增，他们不仅在幼儿园里的好朋友越来越多，而且回到家后也会相互到好朋友家串门。经常听到孩子们在一起聊天："昨天我去敏敏家玩了！""我去晓月家玩了"……看到孩子们聊得那么开心，我们及时与幼儿一起讨论：如果家里来客人了，我们要怎样招待客人？说什么话，做什么事情才更有礼貌？去朋友家做客需要注意些什么？随着讨论的深入，我们及时将"我

家来客人了"这个游戏引入孩子们最喜欢的区域娃娃家。

【游戏目的】

1.幼儿在游戏活动中学会怎么做主人接待客人和学会做客。懂得基本的礼貌用语。

2.养成团队协作精神,喜欢与其他幼儿交流与沟通,大胆自信地表演。

【游戏准备】

1.材料提供:娃娃两个、小桌子一张、小床一张、枕头、被子、电视、灶台、锅、盘子等;水杯、彩笔水、橡皮泥等可以制作"食物"的材料若干。

2.环境创设:区域环境,利用橱柜等布置娃娃家场景,在墙上张贴幼儿的全家福照片。

【游戏过程】

1.教师与幼儿通过讨论确定游戏主题"娃娃家来客人了",引导幼儿回顾到朋友家做客的经历,帮助幼儿梳理生活经验。

2.幼儿自由分配角色,自主扮演爸爸、妈妈、宝宝、客人等。

3.游戏情节:

(1)幼儿扮演的爸爸在给宝宝做饭,妈妈喂宝宝吃饭,给宝宝整理衣服等。突然电话铃响起,客人要来家中做客,爸爸妈妈利用已有材料准备招待客人的点心和饮料等。

(2)客人敲门来做客,爸爸妈妈热情招待客人。主人要负责给客人倒水,请客人吃东西,主动与客人交流。

4.游戏结束的音乐响起,幼儿将娃娃家里的材料归类,摆放整齐。在分享环节互相说一说到朋友家做客的感受。

【观察要点】

重点关注幼儿接待客人时的语言,观察幼儿是否能够有礼貌地接待客人,并与客人交流。小班幼儿还不太会通过协商解决问题,分配角色时容易发生争执,教师应多加关注,发现矛盾及时介入,引导幼儿逐步

学会自己解决游戏中遇到的问题。

【指导建议】

1. 在活动中，教师应注意引导幼儿运用符合其角色身份的语言、动作等与他人互动交往，鼓励幼儿利用区域中的材料自己准备招待客人的饮料、点心等。可以以物代物，也可以利用现有材料自己制作，比如利用一次性杯子和彩笔水自己配制不同的"饮料"，利用橡皮泥自制"小点心"等，让游戏的情节更加丰富。

2. 游戏分享环节可让幼儿讲述自己的角色体验，及时肯定幼儿的表现，比如让幼儿说说自己是怎么做客的、主人是怎么招待客人等。教师要对有礼貌的语言和礼仪给予肯定，表扬幼儿运用新材料丰富游戏情节的行为，不断丰富幼儿的游戏经验，提升游戏水平。

案例二　圆圆串串香店(中班)

【设计意图】

串串香又名"麻辣烫"，它实际上是火锅的另一种形式，所以人们往往又称它为"小火锅"，是重庆的美食之一，重庆串串香以它独有的麻辣香风味深受人们喜欢。吃串串是孩子们非常喜欢的事情，也是孩子们熟悉的事物，他们会经常在日常生活中热情高涨地描述自己与家人一起吃火锅的情景。根据幼儿的兴趣和结合主题活动"魅力之城重庆"因此设计了《圆圆串串香店》角色游戏，让幼儿在角色游戏中模仿成人的劳动，在游戏中锻炼幼儿与人交往的能力。

【游戏目的】

1. 幼儿积极模仿周围成人的劳动、生活,会使用礼貌用语为大家服务。

2. 幼儿能自主分配角色，积极主动地完成角色扮演任务，在游戏中发展语言能力、动作能力、交往能力。

3. 幼儿在串串香店游戏中养成积极思考，形成主动解决问题与困难的能力。

【游戏准备】

1．幼儿熟悉、了解部分成人的劳动、生活。

2．串串店中的常见材料。

【游戏过程】

1．餐具的摆放和材料的选择：

(1)幼儿学习选择适合本次游戏的材料。

(2)餐具如何摆放得整洁和使用得方便。

2．幼儿角色自主分工，明白工作内容，如明白收银员、服务员、厨师等的具体工作内容。

3．服务员的礼貌接待和如何解决困难。

(1)接待：客人来了说"欢迎光临，请坐"，及时向客人介绍本店的菜品等；客人吃完了问"满意吗？欢迎下次光临"等。

(2)解决困难：顾客吃了串串，还想喝银耳汤、吃小汤圆，怎么办呢？

4．制作不同的菜品。

5．营业结束，整理小店。

6．评价：收集幼儿在游戏中遇到的问题。

【观察要点】

教师可通过参与游戏的形式注意观察儿童的发展，关注游戏情节的进展，指导幼儿在游戏中主动思考，积极解决遇到的困难。培养幼儿在游戏中的交往能力，慢慢养成良好的行为规范。

【指导建议】

1．设置困难，推进游戏的发展。角色游戏不是每天重复相同的成人劳动，幼儿在每一次的游戏扮演中都会有不同的体会和进步。在此活动中，设置了两个困难：其一，顾客想吃串串香以外的东西，应该怎么办？其二，当菜品不够，工作人员又忙不过来时，应该怎么办？这些让幼儿感受到我们的小店还有需要改进的地方。这些困难既起到了让孩子想办法解决的作用，同时也推进了游戏的进展。

2．体现顾客的重要作用。在游戏中，我们经常以主要的工作人员为重点指导对象，对顾客没有给予角色培养的重视，此活动中，教师给予顾客的角色的指导与扮演，让这一部分孩子也得到了培养。

案例三：梦想成真(大班)

【设计意图】

通过多种工作场景的游戏活动，幼儿能体验各种职业，为树立理想、培养职业意识奠定基础。

【游戏目的】

1．幼儿学会合理运用自己的角色，通过行为、肢体的语言及相应的操作来体现角色的特征。

2．幼儿能相互沟通、交往协调，促进多种游戏主题的正常开展，形成分析问题、解决问题的能力。

【游戏准备】

1．各角色区标志牌及胸卡；各区域隔断用鞋架、桌椅、角色区背景音乐、生日歌碟片、玩具架、幼儿床铺等。

2．爱婴医院：医生、护士的衣帽；指示牌、挂号单、视力表、医药箱、医学器械等。

3．多多药房：帽子、药品标价签、各种药瓶药盒、电脑收款机、人体秤等。

4．面包物语：衣帽、幼儿自制各种糕点、电子秤、面粉、橡皮泥、模具、面包蛋糕样品、盘子、纸杯盒、纸袋等。

5．鲜花店：各种假花及花篮、彩纸、胶棒、吸管、幼儿自制纸花若干等。

6．中国银行：提款机、纸币、银行卡等。

7．急救中心：电话、急救车等。

【游戏过程】

1．导入：以梦想为蓝图，引出话题，激发幼儿热情，拓宽思路，发掘幼儿想象空间。"人人都有自己的梦想，你长大了想做什么？"随着时间老人的出现，给予幼儿想象得以实现的新希望。教师化妆后悄然出现"小朋友们好！我是时间老人，听说你们都有自己的理想，我好高兴啊，想实现自己的愿望吗？让我来帮你们实现伟大的梦想，好吗？""现在我把时间调到20年以后，(转时针)很快就让你们梦想成真！"

2．活动以各职业工作人员的一日工作为核心，完整地展现幼儿的想象，让幼儿得到模仿实践的机会。音乐切入，以一首《剪羊毛》开始一天的工作，幼儿自己进入活动工作区域，独立进行准备工作：穿制服，整理用具等，医生、护士、面点师、药剂师、收银员、花艺师、急救医生、银行服务人员各就各位之后，其他选择成为顾客的幼儿进入活动区以卡及学号密码取款进行游戏活动。

3．设计情境，进入活动的最高潮，有病人突然晕倒，医护人员全力急救，激发幼儿治病救人的情感。

4．活动的最后，随着下班音乐的响起，孩子们有序地整理制服，收好用具，走出活动区域。面包物语这一活动区域准备为时间老人庆50岁生日的大蛋糕，整个活动在温馨的氛围中结束。

【观察要点】

关注孩子们在游戏中产生的新问题、新想法以及解决一些问题的好办法，给予适当的回应，支持孩子们各种主题游戏的开展。鼓励幼儿积极创设故事情节，适时提供帮助，培养幼儿发现问题、解决问题的能力。

【指导建议】

1．将主动权交予孩子。在传统的角色游戏中，往往都是教师完成所有的布置工作，没有让幼儿参与其中，本次活动的内容"梦想成真"涉及的主题很丰富，所以教师将主动权完全交给孩子，让他们完成各种主题的场景布置工作，教师只起穿针引线的作用。

幼儿园结构游戏

幼儿园结构游戏概述

(一) 幼儿园结构游戏的概念

幼儿园结构游戏是通过幼儿利用各种不同结构材料动手造型的活动，构造物体或建筑物，实现对周围现实生活的反映。凡利用各种结构材料或玩具进行建构的活动都称之为结构游戏。"结构游戏又称建筑游戏，是创造性游戏之一。使用各种结构材料(如积木、积塑、沙石、泥、雪、金属材料等)，通过想象和手的造型活动构造建筑工程物体的形象。"(《幼儿教育词典》)结构游戏开始于3岁左右。

随着科学技术的发展，结构游戏无论从材料、玩法还是在结构造型上都发生了很大的变化，出现了塑料接插，金属螺丝结构等，结构游戏

的概念扩展了。

(二) 幼儿园结构游戏的分类

结构游戏的种类是多样的，根据其使用的材料和结构的形式，我们将结构游戏分为七大类。

1. 积木游戏

用各种积木或其他代用品作为游戏材料进行的结构游戏。积木的式样很多，有大、中、小型积木，有空心或实心型积木，有动物拼图积木等。这种结构游戏在幼儿园开展较早，也较为普遍。

2. 积竹游戏

指将竹子制成各种大小、长短的竹片、竹筒等，然后用它们进行构造物体的游戏。积竹可构造"坦克""火车""飞机"，还可建"桥梁""公园"，构造出的物体同样栩栩如生，富有情趣。我国南方盛产竹子，积竹游戏前景广阔，大有可为。

3. 积塑游戏

用塑料制作的各种形状的片、块、粒、棒等部件，通过接插、镶嵌组成各种物体或建筑物模型。积塑轻便耐用，便于清洁。

4. 金属构造游戏

以带孔眼的金属片为主要的建造材料，用螺丝接合，建造成各种车辆及建筑物的模型。

5. 拼棒游戏

用火柴棍、塑料管、冰棒棍或糖纸搓成纸棍等作为游戏材料，拼出各种图形的一种游戏。

6. 拼图游戏

用木板、纸板、塑料或其他材料制成不同形状的薄片并按规定方法进行拼摆的一种游戏，如可拼摆动物的房屋、故事情节等画面。传统的《七巧》板就属于这类游戏。

7. 玩沙、玩水、玩雪的游戏

幼儿非常喜欢用沙土、水、雪等自然物做游戏，这些都是不定形的游戏材料，是结构游戏的又一种类型。幼儿可以随意操作，幼儿也可利用水、雪玩划船、堆雪人、打雪仗等游戏。玩沙、玩水、玩雪都是一种简便易行的结构游戏，在城市、农村都可广泛开展。

（三）幼儿园结构游戏核心价值

1. 促进幼儿感觉、知觉和动作的发展

在结构游戏中，幼儿不停地动手操作，提供了充分的机会来发展感知运动技能，特别是发展手的小肌肉活动，促使他们动作越来越精确。有利于培养幼儿的动作精确性以及手眼协调的能力。

2. 促进幼儿知识和智力的发展

在结构游戏中，幼儿通过亲自动手操作材料，获得有关结构材料的大小、颜色、性质、形状和重量等方面的知识，并获得了一些空间概念和数学概念，丰富了他们的知识经验，促进了他们的智力发展。

3. 有利于培养幼儿的审美能力和美的创造力

在结构游戏中，幼儿以创出美的形象为满足；结构游戏的成品，在形状、颜色、比例等各方面都要求美化、协调，培养了幼儿审美的能力和创造美的能力。

4．有利于培养幼儿良好的意志品质

幼儿为了能构造成自己想构造的物体，需要不断地努力，克服困难，以达到结构游戏好玩的目的。这就有利于培养幼儿活动的目的性和勇于、善于克服困难的良好意志品质。

5．有利于发展幼儿的合作精神，增进幼儿间的交往

幼儿所从事的结构游戏，不论是独自还是合作进行的，都需要协调彼此的关系，特别是构建内容比较复杂的主题。在游戏中，幼儿相互交流，相互帮助，有利于他们合作精神的培养。

幼儿园结构游戏条件创设

1．平等、宽松、自主的心理环境

五个自主原则：(1)自主选择结构材料；(2)自主选择操作方式；(3)自主选择场地；(4)自主选择玩伴；(5)自主选择游戏主题。

2．开放、丰富的物质环境

(1)拓展幼儿的活动空间。室内(活动室、寝室)室外，以及走廊都可以成为幼儿游戏的空间。

(2)保证幼儿充足的游戏时间。

(3)提供符合幼儿年龄特点的丰富的结构材料。

①小班：色彩鲜艳、大小适中、便于操作的材料。

②中班：种类各异、有一定难度需一定力度操作的材料。

③大班：精细的、有难度的、创作余地更大的结构材料。

(4)广泛收集废旧物品作为辅助材料。自然物和无毒无害的废旧物品是一种未定型的建构材料，能够一物多用。它与定型的材料相比，不仅经济实惠、价廉物美，而且还更利于幼儿新思维和能力的培养。如纸箱、纸盒、挂历纸、冰糕盒、贝壳、鹅卵石、可乐瓶、吸管等。

(5)及时更换，补充结构材料。随着幼儿的发展和幼儿多次摆弄同样

的材料，幼儿也会玩腻，如果很少有幼儿再玩或很少幼儿专注地再玩这些结构材料，老师就要及时地更换这些材料，但是更换的频率也不能太快，以免幼儿的注意力过多地被材料的色彩和外形所吸引。

幼儿园结构游戏具体指导

（一）幼儿园结构游戏进程的指导

1．游戏前的准备和指导

(1) 经验准备，丰富并加深幼儿对物体和建筑物的印象。引导幼儿观察日常生活中各种不同的物体和建筑物的形状、颜色、结构以及空间位置关系，丰富幼儿头脑中造型的印象。

(2) 为幼儿提供建构的材料、时间和场地。废旧物建构温馨提示可以带领幼儿到大自然中去实地观察，还可以让幼儿观察有关的玩具、图片、照片等。

(3) 游戏材料的准备要体现幼儿不同年龄特点。

2．游戏中的指导

(1) 幼儿：

①自愿组合，协商分工，明确搭建任务。

②共同设计小组搭建图纸。

③自主选择建构材料。

④按规划图合作建构。

温馨提示

小班：要提供同一种类数量较多的游戏材料，避免幼儿因相互模仿而争抢玩具；大中型空心或软体积木、积塑、沙、水等都是幼儿喜欢且适宜的建构材料。中、大班：提供丰富有变化的游戏材料，并让幼儿参与材料的收集、设计和制作，既丰富游戏主题，又能发挥幼儿的主动性和创造性。幼儿设计和制作游戏材料是游戏的组成部分。一些木板、纸

板、纸棍、塑料、绳线、火柴棍、塑料管、冰棒棍或糖纸、金属配件等都是孩子们百玩不厌的好材料。

(2) 教师：

①激发幼儿参与结构游戏的兴趣。

②针对不同年龄幼儿游戏的特点，具体地指导。

③巡回观察，选择合适的时机和适当的方式介入幼儿的游戏。

(3) 合适的时机：

①当幼儿情绪不佳时。

②当幼儿获得成功时。

③当幼儿遇到技能障碍时。

④当幼儿游离游戏情景之外时。

⑤当幼儿延伸或扩展游戏内容有困难时。

⑥当幼儿出现负面行为时。

⑦当环境中产生不安全因素时。

(4) 引导幼儿自主地游戏，注意培养建构活动的目的性和坚持性。

3. 游戏结束时的指导

(1) 引导幼儿结束游戏。对于幼儿来说，从处于专注的游戏状态到结束游戏，需要一定的时间转换，教师要尊重幼儿的这种心理需要，给幼儿过渡的时间。大班可用沙漏、计时器控制时间，也可以用时钟控制时间，还可以采取提前告知的方法。

(2) 分享经验，提升游戏水平。教师认真倾听幼儿的交流，适时为幼儿陈述递词，补充不完整的表达，帮助幼儿提炼出有用的游戏经验，以此提升幼儿游戏水平，推动游戏情节的发展。

(3) 拓展思路，为下次游戏留有余兴。创造性游戏具有连续性的特点，一个主题往往需要在多次游戏中不断地推进和完善。

幼儿园情景再现：

在游戏的最后让幼儿把游戏中的经验相互分享碰撞。例如，上次游戏中的问题解决了吗？用什么方法解决的？你们小组的搭建任务完成得怎样？与同伴合作搭建时遇到了什么困难？是怎样解决的？

幼儿园情景再现：

单次游戏结束后，在幼儿分享交流游戏中获得成功经验的基础上，教师可以启发幼儿讨论：对下次游戏你有什么好的建议？还需要增加哪些材料？帮助幼儿拓宽思路，逐渐丰富游戏的场景、材料、主题、情节，使幼儿对下次游戏充满期待。

(4) 收拾和整理建构材料。通过收拾、整理建构材料，幼儿不仅可以学习自我服务和为集体服务，养成对环境的责任感，还可以获得其他有益的经验。

(5) 审慎地对待幼儿建构作品。有时幼儿会强烈要求保留作品，具体会有以下几种原因：

①因为今天没搭完，明天还想接着搭；

②还想围绕建构物进一步开展象征性游戏；

③只是想把自己的建构物保留下来。

教师应视具体情况处理，若是前两种情况，可想办法保留，第三种情况可用相机拍一张照片或建议孩子自己把建构物画下来，这些做法都可以表达成人对他们游戏成果的尊重和欣赏。

(二) 幼儿结构游戏各年龄班的指导

由于年龄段的不同，幼儿的建构游戏各有特点，这就需要教师有针对性地进行指导。

1．小班结构游戏指导

(1) 特点。小班幼儿对建构中的动作很感兴趣，重复、摆弄、堆高、

推倒等是常见动作。小班幼儿的建构活动往往是无意识、无目的的，建构的特点是独自游戏和平行游戏，只对搭的动作感兴趣，而不在乎搭出什么，所以不会事先构思要建构什么。小班幼儿在建构中常常更换建构作品的名称，或是等建构完成后再根据建构物的某一外部特征来给作品命名，但他们一般不能明确解释作品的细节。因此，小班幼儿的建构游戏嬉戏性较强，作品结构较为简单。

(2) 指导要点。教师要引导幼儿认识结构材料，给幼儿准备足够数量的结构元件，在游戏中指导幼儿学习结构技能，同时要经常有意识地让幼儿说出自己结构的物体名称，建立结构游戏的简单规则，教会幼儿整理和保管玩具的简单方法。

①教师先引导幼儿认识积木、纸盒等材料，引起幼儿运用材料进行建构游戏的兴趣。

②教师积极鼓励幼儿在自己的操作中探索学习建构技法，鼓励幼儿独立地建构形状简单的物体，并能表现其主要特征，如搭建门、桌子、床等。

③教师引导幼儿学习连接、延长、围合、加宽、垒高等主要构造技能，搭建简单的三维物体。例如，让小班幼儿在建构区搭建马路、围墙等简单物体。

④教师引导幼儿建立建构游戏的规则，如轻拿轻放、不乱扔、玩后要收拾整理等，并学习收拾整理材料的方法。

2．中班结构游戏指导

(1) 特点。中班幼儿已具有一定的建构水平，手部小肌肉动作逐渐发展，思维、想象、生活经验等更加丰富，建构的目的性较小班明确，建构的坚持性也在增加，建构水平由单一的延展向整体布局过渡，有了初步、简单的结构计划，对操作过程及结构成果都感兴趣，能按主题进行建构，主题相对稳定，对结构材料较熟悉，能围绕结构物开展游戏，具有独立整理结构玩具的能力。

(2) 指导要点。教师应设法丰富幼儿的生活经验，引导幼儿学习有目的地选材，学会看平面结构图，指导幼儿掌握结构技能，组织小型的集体结构活动及评议活动。

①增加中班幼儿造型方面的知识和训练，如引导幼儿学会选择高低、宽窄、厚薄、长短不一的材料搭建不同的物体。

②在小班搭建经验的基础上，引导幼儿学习架空、覆盖、桥式和塔式等建构技能，形成里外空间的概念。例如，中班幼儿可以学习搭高楼、架大桥等。

③教师可尝试提供作品构造图，引导幼儿学习看图纸搭建。

④教师可要求中班幼儿有目的、有计划、有顺序地搭建，学习与同伴合作，共同完成一个物体的搭建。例如，三名幼儿合作搭建公园、停车场等。

幼儿园情景再现：

经过商讨后大家分工，有的搭建楼房，有的搭建停车场，有的搭建花园，有的搭建游泳池，有的搭建围墙，形成一个完整的"住宅区"。

3. 大班结构游戏指导

(1) 特点。大班幼儿已经具有一定的独立建造能力，掌握了一定的搭建技巧，会使用辅助材料，事先能进行一定的设想和规划，并能通过分工、合作完成一件较为复杂的工程。大班幼儿能够搭建出有场景、有情节的较高水平的建筑群且其建构作品多为立体结构，讲究对称和平衡，比较形象。

(2) 指导要点。培养幼儿独立建构的能力，让幼儿学会围绕一个主题进行建构，指导其表现出物体的细节和特征。鼓励幼儿学习自我评价和评价他人，多尝试分工合作以及自主制订规则。

①中班搭建的基础上，教师引导幼儿学习转向、穿过、平式连接和

第2章 幼儿园创造性游戏指导

交叉连接等建构技能，搭建复杂的三维物体。例如，搭建立交桥、拱形门等。

②教师引导幼儿掌握整齐对称、平衡的构造，尝试整体布局，学习选择使用辅助材料。例如，在公园里搭建相呼应的前门和后门，在住宅区里搭建左右对称的凉亭、路边的花草等。

③教师引导大班幼儿在搭建前学习商讨、分工，进行一定的设想和规划，通过分工、合作完成一件较为复杂的工程。

④引导幼儿建造有一定主题和情节发展的、结构复杂、装饰精巧的建筑群。

幼儿园情景再现：

让幼儿根据绘本《母鸡萝丝去散步》主题情节的发展，搭建池塘、磨坊、鸡舍、篱笆以及蜜蜂房等，有了生动的故事作为依托，幼儿的兴趣往往会更加浓厚，有助于幼儿搭建出结构更为复杂的建筑群。

幼儿园结构游戏教案设计

幼儿园建构游戏的组织、实施与指导将从游戏准备、游戏开展及活动评价三大环节进行介绍。

（一）确定游戏主题

一般来说，幼儿园建构游戏主题来自幼儿的生活，以及对幼儿的观察和了解，来自对幼儿需求的把握以及与其他创造性游戏的整合。

幼儿园情景再现：

组织幼儿秋游果园后，可以适时确定主题"果园"，其中，小班可以让幼儿建构不同的果树，中班可以让幼儿建构果园(含结满果子的果树、果园的建筑物、围栏等)，大班则可以建构果园社区(包括中心建筑果园及果

园之外的社区环境)。

结合绘本《我家是动物园》，则可分别组织"可爱的小动物""我的家"及"动物园"等主题的建构游戏。各种各样的交通工具后，也可组织相关的建构。

(二) 制订游戏目标

结构游戏的目标从以下四个方面来拟订：丰富幼儿知识，发展幼儿智力；培养幼儿的动手操作能力；培养幼儿认真细致的工作态度；有助于发展幼儿的美感。

(三) 作好游戏准备

1. 知识准备

活动前丰富和加深幼儿对物体和建筑物的印象。教师在日常活动中要引导幼儿注意观察周围生活中的多种建筑，感知各部位的名称、形状、结构特征、组合关系与色泽特点。如楼房是有层次的，房顶有尖的、平的，也有圆的，桥梁是桥面和桥墩组成的等。

2. 物质准备

结合幼儿的年龄特点，考虑材料提供与环境创设与主题结合(主题本身及情节的发展)、立废性等要求(《纲要》中指出："指导幼儿利用身边的物品或废旧材料制作玩具、手工艺品等来美化自己的生活或开展其他活动")，在幼儿建构游戏前，教师应提供数量充足、搭配合理的多种建构材料，如各种型号的积木、积塑、积竹、串珠、金属螺丝结构玩具等，生活中的废旧材料如半成品纸盒、泡沫、易拉罐、饮料瓶，辅助材料如纸、线、瓶、各种盒子等。还可以适时提供配件，如木制人偶，交通标志、加油站，餐巾纸卷筒，冰棒棍，帽子(建筑工人、警察、消防员的帽子)，瓷砖，毛毯，木匠工具玩具，有建筑物、道路、桥梁图片的书或明信片，城市的地图，城堡积木，贝壳和石头，纸箱和鞋盒，本地商店的商标，浮木或小木块，包装用的泡沫塑料或纸板，旧的计划图等。

第2章 幼儿园创造性游戏指导

（四）设计游戏过程

1. 导入

在观察的基础上，教师通过隐性的、分层的指导，既让幼儿学习建构游戏的技能，又保证幼儿主动性、积极性、创造性的发挥，还要注重合作、习惯的培养，从而使游戏的教育价值和作用得到充分发挥。

一般流程：经验回顾，明确任务，协调分工，创造设计，选择材料，合作建构，交流评价。

2. 展开

(1) 观察。为什么要观察？观察什么？如何观察？首先对全体幼儿进行扫描式观察，了解整个活动状态(习惯、兴趣、参与度、坚持性、遵守规则、合作水平等)，发现需要干预的苗头；然后结合自己对班级幼儿现有水平的了解，选择性地进行分层次的定点跟踪观察，了解、分析某幼儿在本次活动中的变化，判断幼儿游戏中的状态属于建构的哪个阶段？幼儿是否能解说自己的建构物，并且回答别人的问题？幼儿是否使用其他辅助物来丰富效果？并在此基础上确定老师个别化指导的切入点(取放材料的习惯，建构技术，创造性，交往合作技巧，语言表达)。

教师应善于观察幼儿的表征行为，培养幼儿思维的变通性和灵活性；观察幼儿的建构行为——增强行为的目的性，培养想象力和创造性；观察幼儿的合作行为，增强群体性，培养交往的主动性。

自主性游戏中的表征行为，是幼儿在游戏情节需要时产生的一种"以物代物"的自发行为，使真实的情景迁移到假想的情景中，这些行为反映了幼儿思维的发展。中班是幼儿行为的鼎盛期，所以，这时老师提供丰富的材料可以使孩子在操作中按自己的想象任意创造出自己想要的东西，以鼓励幼儿在游戏中以物代物，发挥他们的自主性和创造性。幼儿在游戏中通过想象把不同材料替代了许多需要的物品。

表征(representation)是信息在头脑中的呈现方式。根据信息加工的观点，当有机体对外界信息进行加工(输入、编码、转换、存储和提取

幼儿园游戏组织与指导

等)时，这些信息是以表征的形式在头脑中出现的。表征是客观事物的反映，又是被加工的客体。同一事物，其表征的方式不同，对它的加工也不相同。例如，对文字材料，着重其含义的知觉理解和对字体的知觉就完全不同。由于信息的来源不同，人脑对它的加工也不同。信息的编码和存储有视觉形象形式和言语听觉形式，抽象概念或命题形式。那些具有形象性特征的表征，也称表象，它只是表征的一种形式。表征是认知心理学的一个重要术语，也是这一研究方向的重要研究课题之一。

(2) 介入。根据教师的观察，采取立即介入或暂缓介入的处理。

需要立即介入的情况：①当幼儿出现负面行为时；②当环境中因人群拥挤或使用材料、工具而产生不安全因子时等。

暂缓介入的主要情形是：①当幼儿发生技能困难时，如不知道怎样将天桥的楼梯与梯面连接起来；②当幼儿游离于游戏情形时，如大家都在拼插，他不知道自己该做什么怎么做，先给他时间观望他接下来干什么；③当幼儿在延伸或扩展游戏内容有困难时(鼓励幼儿自主思考)，等等。

在需要进行技术支持(介入)前，教师应首先判断幼儿目前的活动在建构的第几阶段，再规划要提供什么样的经验给幼儿，并通过材料投放控制，及时提供解决策略等让他的游戏更加深入。比如，有的孩子需要鼓励，有的孩子需要老师帮助开个头，有的孩子可以从同伴的动作中获得经验。一般来说，多采用平行介入法和交叉式介入法。平行介入法是指教师在幼儿附近，与幼儿玩相同的或不同的材料和情节的游戏，目的在于引导幼儿模仿，教师起暗示指导的作用。交叉式介入法是指当幼儿有教师参与的需要或教师认为有指导的必要时，由幼儿邀请教师作为游戏中的某一角色或教师自己扮演一个角色进入幼儿的游戏，通过教师与幼儿、角色与角色间的互动，起到指导幼儿游戏的作用。而垂直介入法只在幼儿出现不安全倾向的时候使用，一般情况下不宜多用。

幼儿园情景再现：

贝贝在地毯上把双倍积木块直立起来，上面再放上另一块直立的双倍块积木，结果倒了下来。贝贝试了4次同样的搭法，结果都一样。（第二阶段）即使遭遇困难，他仍继续做下去(在面对挑战时，展现毅力)。

他注意到有问题，但好像不能了解是什么原因造成的(探索因果关系)。教师要如何帮助他找出解决问题的方法呢？

问：你认为积木为什么会倒下来？

提出建议：我在想，你要怎么样才能让建筑物的底部更稳固。

提供坚硬的表面来搭积木(如硬纸板等)：我们来看看，你在这上面搭积木，而不是在地毯上，会不会好一点？

幼儿园情景再现：

小美正在收拾雪花片，她做了一些分类，不过并不全都正确。她负责收拾（会管理和爱护教室里的环境和器材）。

她能参与活动，如收拾工作(遵守规则)。

她具备了分类的初步技巧(会对物品进行分类)。

我有没有安排好游戏材料的放置方式、在架上明确标示并且跟孩子们说清楚？把所有不同类别、大小的建构材料的放置位置清楚标示出来，并且告诉幼儿它们应该如何摆放以及为什么要这样摆放。

"我们先把所有的大雪花片拿开。你能不能把所有像这样的大雪花片找出来"，用这样的提示来引导幼儿加入数学的学习并学会有序、合理地收拾材料。

(3)互动。跟幼儿商讨建构的计划：在哪里建？用什么材料建？怎样分工？作品怎样保存？

跟幼儿讨论他们的建筑物。关键是描述幼儿做了什么，而不是简单的"你做得很好"等。

温馨提示

"你用4块积木做出了一座桥。""你将火车的车厢都做成了长方形的。""有些积木是直立起来的，有些积木是横躺的。""我可以从窗户这里看到房子背后的那扇门呢。""你做飞机的雪花片都是白色的。""你做了粗的、很多根来撑住果树，这可是要很小心才不会让果树倒下来呢。"类似描述，能强调幼儿作品的重要性，增进幼儿的数学、美感、力学等概念，并扩展他们的词汇。

支持幼儿进入更高阶段的建构。观察幼儿在做什么后，进行分析判断，再提出问题协助他回忆过去的经验，根据幼儿的经验提出建议。

利用提供范例、提问启发、示范、讲解、语言明示、幼儿自主探索、暗示幼儿观察同伴等方法，帮助幼儿掌握结构游戏的基本技能。

温馨提示

坐到感到受挫的幼儿旁边，支持他去解决问题。例如，"我们看看是不是可以找到别的办法，让你的长颈鹿站起来"。协助幼儿解决："看看这个东西能不能帮助你？"提供图片并和他讨论："你能不能照着这个样子做房子？看起来比你那个房子更结实。"教师不必长时间参与游戏，如果教师的指导太突出，完全处在一种主导、主动、主持的地位，有时反而会限制、影响幼儿的活动。

3. 收拾工作

如果幼儿在全神贯注地搭积木，就让他们继续玩。成人以这种方式来表达对幼儿工作的尊重，会让幼儿很高兴，并且能让幼儿从中了解到每个人都可以在必要时要求自己的权利。

协助幼儿开始收拾工作。提醒幼儿依照架上的标签放材料。指定每位幼儿负责收拾一种形状或配件。做了几次以后，这些幼儿应该就能自己做收拾工作了。

游戏性地指导收拾工作。

温馨提示

审慎地对待幼儿建构作品。

提供熟悉的活动结束音乐。

提醒幼儿"还有五分钟就要收拾"，"你还有足够的时间可以把××完成"。

让幼儿有充足的时间来收拾。不要太匆忙。如果你协助幼儿开始收拾，那么幼儿对收拾建构材料的这项工作一般都能掌控。

幼儿园情景再现：

给每位幼儿一张"票"，幼儿必须把和票上相同形状的东西收起来。告诉幼儿："把所有和这个一样的东西拿给我。"当幼儿拿来后，引导幼儿比较这个形状和陈列架上的标签，看看这个形状的东西该收在哪里。宣布每次搬运数目："今天我们要一次收拾×块积木。"然后每位幼儿每次都要拿×块积木，再把它们收起来。

4.活动评价

多角度的评价方式能从多方面反映幼儿的学习状况、学习特色、发展变化等，能兼顾到群体需要和个体差异，使每个幼儿都能获得成功感，有利于激励幼儿。一般来说，在小班，教师重点观察幼儿的兴趣、技能等；中班时，教师重点观察幼儿的独立性、想象创造能力及结构技能与行为习惯等；大班时，教师重点观察幼儿的想象创造能力、合作能力与坚持性品质等。

(1)作品。围绕作品的创意评价，激励幼儿大胆创新。例如，"今天谁拼搭的作品最有创意？你帮建构区丰富了什么新花样？谁的作品颜色搭配最漂亮？哪个小区的布局最美观？你发明了哪种材料的最新玩法？"

(2)幼儿结构技能、经验的活动。游戏经验包括主题建构中的合作与分工、技能的掌握、材料运用、游戏常规等方面，教师可运用集体、

小组、个别相结合的交流方式，让幼儿在游戏中进行有益有效的游戏经验相互分享碰撞，帮助幼儿提炼出有用的游戏经验，以此提升幼儿游戏水平，推动游戏的发展。帮助幼儿拓宽思路，逐渐丰富场景、材料、主题、情节，使幼儿对下次游戏充满期待。

围绕幼儿解难能力评价，提高幼儿解决困难的能力。例如，"小朋友在游戏中遇到某些问题，如果是你会怎样解决？为了使下次游戏玩得更开心，还需要做什么？""你在建构区学会拼搭了什么东西？跟谁学的？"为幼儿提供互动学习的机会。

(3) 幼儿活动中表现出的习惯、与同伴的互动合作等。围绕活动规则评价，帮助幼儿逐步形成各种规则，养成好习惯。例如，今天谁在建构区拼搭时声音小？哪一个小朋友在活动结束后玩具收拾得最快？谁在活动区中懂得协商合作？谁将建构玩具分类最清楚，摆放最整齐？评选出谁最专心投入，谁最安静，谁最爱动脑筋，谁是发明家，谁是好帮手，谁最有爱心(主动关心帮助别人)等。

幼儿结构游戏案例

案例一 红绿灯

【游戏目的】
学习用加高镶嵌、重叠镶嵌方法表现物体形象。

【游戏材料】
齿形积塑。

【游戏玩法】
1. 布置马路场景，有交通岗和交通工具，让幼儿玩各种交通工具，游戏中出现玩具人物，如交通警察和红绿灯交通信号(结构物)。教师可在灯的支架上镶嵌红色圆轮，然后再安上黄灯和红灯，这样可以使幼儿产生兴趣，产生给马路上的许多交通警制造红绿灯的要求和愿望。

2．构造：红绿灯由底座、支架、灯三部分组成。

底座：选四个扇形齿拼接成方形。

支架：选六个方形空心齿镶嵌而成。

灯：选用红、黄、绿三个圆齿轮，将三个圆轮以红黄绿的顺序重叠镶嵌在最高的三个方形齿轮上。将支架直接插入底座，为了使底座稳定，选用两个三角齿轮与底座交叉连接。

建议：可在户外用大插片做方向盘玩"红绿灯"游戏，教育幼儿从小遵守交通法规，还可以用其他材料做不同的交通游戏。

此游戏适合小、中、大班的幼儿玩。

案例二 小房子

【游戏目的】

1．学习装饰盖顶和交叉盖顶。

2．使幼儿对空间范围的扩大有新的体验。

【游戏材料】

积木。

【游戏玩法】

1．幼儿喜欢给小动物造家，起初他们造的家只是一种围合式的围墙，逐步发展到有房子有顶，顶是三角形的，房子是方形或长方形的，像他们在绘画中表现的那样。从平面到立体，从周围的围合到上下的围合是幼儿构造思维发展的表现。

2．构造：房子的结构有墙身、房顶。墙身可以有两种构造方法：①以积木紧密排列做围墙。②先做两道门，即以四根长积木砖四角对称排列成柱子，两个短的积木做盖顶，然后再用长积木交叉排列盖顶。

已盖顶的楼房还需继续把房顶的上部构造出来，可用三角积木铺平延长排列。还可建议幼儿找房子主人，并用铺小路、造围墙等方法把几所房子联系起来。当幼儿完成作品后，让幼儿互相观看，互相学习。结

束时玩音乐游戏"盖高楼"，并延伸活动。

此游戏适合小、中班的幼儿玩。

案例三 穿珠

【游戏目的】

训练幼儿手眼协调能力，引起幼儿对穿珠的兴趣。

【游戏准备】

木珠一套，各种大小插片若干。

【游戏过程】

1. 取出串珠，引起幼儿对穿珠的兴趣。

2. 构造：穿珠的技能在于手眼协调一致，让幼儿先玩珠，认真看清珠孔，穿珠时左手拿珠，右手拿线，将线头对准珠孔口后轻轻将线推进珠孔，用此方法连续穿珠可获得一串珠。

3. 可以让幼儿用串珠做项链、手圈、头圈，戴上照镜子，体验成功的快乐，也可用插片制作项链等。

此游戏适合小、中班的幼儿玩。

案例四 重庆的桥

【设计意图】

我们的重庆有着山城雾都、桥梁之都、美食之都、温泉之都的美

誉。重庆是中国桥梁最多的城市，因此也有"桥都"的美称，大班的孩子对桥已经具备了一些经验和认识，知道桥的结构，桥的多样，桥的美丽等。此建构活动，结合主题活动"美丽之城重庆"让幼儿运用多种材料，不同方法，自我创建各种类型的桥，从而表现自己对家乡桥的认识，唤起幼儿作为重庆人的自豪感，并有美化、建设家乡的愿望，以及对家乡未来充满希望和憧憬的美好情感。

【游戏目的】

1．能大胆选择适宜的建构材料较好地表现各种桥的特征。

2．能分组合作、协商合理有序地利用辅助材料进行布局和摆放。

3．创造有序的建构环境，分享与同伴共同建构的快乐。

【游戏准备】经验准备：

1.了解各种桥的基本特征和搭建方法。

2．了解桥周围的简单布局。物质准备：各种积塑；草地、树等辅助材料；照片、布局图。

【游戏过程】

1．出示建构照片进行材料与搭建技巧的归纳。

(1)出示上次建构的照片，让幼儿讨论出现的问题与怎样解决的。欣赏有创意的搭建的地方。

(2)交流搭建不同类型的桥需要哪些不同的材料和不同的搭建技巧。并归纳如梁桥、浮桥、索桥和拱桥它们之间的不同。

(3)出示立交桥布局图，引导幼儿思考讨论：立交桥该怎样搭建并合理地进行摆放桥梁草坪、大树等辅助材料。

2．幼儿分组建构，教师观察指导。

(1)幼儿分五个建筑队(绿化队、拱桥队、伦敦桥、立交桥、梁桥队)，根据布局图安排设施与桥的位置并合作建构。

(2)引导幼儿用多种材料建构，注意作品大小比例。

(3)合理地使用和摆放辅助材料。

3．游戏结束，归类收拾材料，整理场地。

4．欣赏幼儿的建构作品并分享评价。

(1) 评价合作情况：你今天合作愉快吗？你们组是怎么合作的？

(2) 互相欣赏同伴的建构作品。

【游戏指导】

1．要求在搭建过程中保护好自己和同伴的作品，交给教师摆放建筑作品，合理布局。

2．建桥队的幼儿建好后要认真检查并完善自己的作品，完工后协助其他幼儿搭建花草等。

3．重点引导幼儿用多种材料建构，注意作品大小比例，立交桥交错高矮的建构。

【游戏价值分析】

1．游戏核心点突出：该游戏活动看上去比较宽阔，但是仔细分析后，本游戏抓住"桥的不同类型"这个点来开展游戏。开始交流搭建不同类型的桥需要哪些不同的材料和不同的搭建技巧，接着出示布局图让幼儿重点感知立交桥的材料与搭建技巧。最后分组搭建不同类型的桥。这三个步骤都是紧紧围绕不同类型这个核心来开展，幼儿通过前面两个环节的铺垫，在后面分工搭建时就很清楚自己的任务了。

2．经验知识得以扩展与运用：在活动前，幼儿已经了解各种桥的基本特征和搭建方法，了解了桥周围的简单布局。通过建构游戏桥的开展，幼儿能在自主合作搭建中，使搭建技能、桥的知识得到扩展与运用。

案例五 我们的飞机场

【设计意图】

幼儿的建构游戏从独立、单个建构逐步到合作、多个建构，中班的孩子逐步进入多个建构的过程，他们需要感知集体合作的力量，需要初步了解整体布局的步骤。飞机场建构游戏既能让孩子们进行多个建构和

整体布局，又能满足幼儿的兴趣和生活知识运用。

【游戏目的】

1．能够分工合作，共同计划，设计构造想象中的飞机场，并体验共同构造的兴趣。

2．对飞机场能够整体布局。

【游戏准备】

1．了解飞机场需要的基本设施。

2．材料：雪花片、小型木头积木、易拉罐或卷筒纸、彩色球、彩色棍、泡沫蛋糕盒、泡沫垫等。

【游戏过程】

1．谈话导入。

(1) 谁乘过飞机？你是在哪里上飞机的？(请乘过飞机的幼儿介绍)

(2) 那我们一起来设计一个飞机场，好吗？

(3) 讨论飞机场需要搭建的建筑物，如飞机跑道、周围建筑物、路灯、飞机、候机室等。

2．引导幼儿利用材料搭建所需物体。

(1) 出示所提供的材料，幼儿讨论可以搭建什么样的物体，如将彩色球放在易拉罐上做灯，彩色小棍拼插做飞机，彩色泡沫搭建房子做候机室等。

(2) 幼儿讨论布局后一起商量分工。

(3) 幼儿商量好后就选择所需材料进行建构。

3．集体运用搭建的物品，进行飞机场整体布局。

(1) 将候机室作为一个固定点，让幼儿一起根据固定点整体布局飞机场。

(2) 感知飞机场合理的布局，体验集体搭建的力量。

(3) 给飞机场取一个名字。

4．评价：重点从整体布局合理给予评价。

【游戏指导】

1．幼儿商量分工时，要观察幼儿商量情况根据需要及时参与讨论。

2．把握飞机场整体布局时给予建设性的意见。

3．飞机场需要搭建物品，教师需要给予丰富。

【游戏价值分析】

1．依据幼儿建构游戏知识的逐步性。其一，飞机场的建构物、灯、跑场、候机室、飞机等建构物的难易程度非常适合中班的孩子，它们既简单又深受孩子们的喜欢，满足了他们建构的乐趣。其二，感知整体布局，选择飞机场也是能让孩子在建构中简单清楚地感知到整体布局的情景，掌握整体布局的技能。

2．依据游戏中指导需要隐藏性。在游戏中，教师的指导不需要直接告知，而是给一个点，让幼儿自己思考完成建构，在游戏中教师将候机室作为一个固定点，让幼儿一起根据固定点整体布局飞机场，这种游戏指导起到了隐藏性的作用。

幼儿园表演游戏

幼儿园表演游戏概述

（一）幼儿园表演游戏的概念

　　表演游戏也称"戏剧游戏"，是指幼儿根据故事或童话等文学作品的内容和情节，通过扮演角色，运用语言、动作和表情进行表演的一种游戏形式。表演游戏是幼儿喜爱的游戏之一，它融想象、创造于一体，对幼儿创造能力的培养与发展起着不可低估的作用。表演游戏还能锻炼幼儿的人际交往能力，促进幼儿集体观念的发展和幼儿良好个性品质的形成。为了使幼儿能更好地进行表演游戏并能在游戏中得到发展，教师应对表演游戏进行正确的指导。

（二）幼儿园表演游戏的特点

　　表演游戏有什么特点，首先来看看它与角色游戏有什么区别，表演游戏与角色游戏很容易混淆，因为它们都在扮演角色，都运用了象征的手段，都是创造性游戏。

表演游戏与角色游戏的异同

	相同之处	不同之处	
		结构性和规则	主题和内容来源
表演游戏	扮演角色、象征手段、创造性	结构性强（故事规定了游戏的基本框架）	故事、故事中的人物（包括文学作品和幼儿根据自己的经历和想象创编的故事）
角色游戏		结构性弱（无固定的脚本）	幼儿的现实生活经验、社会生活中的人物

1. 表演游戏要运用动作、表情、语言来扮演角色

表演游戏和角色游戏一样，都是幼儿扮演角色的游戏，以表演角色的活动为满足。不同的是，在表演游戏中，幼儿所扮演的角色是文艺作品中的角色，游戏的情节内容也是反映文艺作品的情节内容。而角色游戏中，幼儿扮演的角色是生活中的各种人物，反映的是幼儿的生活印象。游戏的角色情节内容可以由幼儿自由选择创造。

2. 表演游戏是以幼儿自娱为追求

表演游戏与幼儿文艺表演不同，它不以演给别人看为目的，而是幼儿自己的一种游戏，即使没有人看，幼儿也会饶有兴趣地进行表演。

3. 表演游戏是以文艺作品为依据的幼儿自创表演

表演游戏与文艺表演有类似之处，即两者都是以文艺作品作为表演的依据，但文艺表演是严格按文艺作品的角色、情节内容和一定的表演程序来进行表演的；而表演游戏则只是大致地依据文艺作品，表演方式是幼儿按自己的意愿自创的，表演情节也可以按照幼儿的爱好增减，所以表演游戏又是幼儿的一种创造性活动。

（三）幼儿园表演游戏的核心价值

1. 帮助幼儿加深对文学作品的理解

当幼儿表现文学作品的内容时，他们会极力模仿作品中角色的语言、动作，表达角色的个性特征，反映角色与角色之间的关系。所以幼儿自然对文学作品的主题、角色、情节有进一步的理解和记忆。同时，幼儿通过游戏，不仅了解了文学作品的内容，还体验了作品中人物的思想感情，从而提高了对事物的认识，并受到了一定的教育。例如：白雪公主，善良美丽；七个小矮人，热情、好心、礼貌待朋友；巫婆，凶狠、狡猾。

2. 增强幼儿的集体观念、自信心和独立性

文学作品的表演是一种集体活动，在表演中，不仅每个人都扮演一定的角色，而且白雪公主与七个小矮人各个角色之间又形成各种各样的

关系。这就要求表演者既要有独立性，又必须互相合作。所以，表演游戏使幼儿体会到集体的存在，懂得要演好戏必须努力使自己的行为符合集体的各种要求。同时，幼儿的表现又使他们体验到集体活动成功的喜悦与欢乐。因此，表演游戏是培养幼儿交往能力以及纪律性、集体性等良好个性品德的一种有效手段。另外，幼儿参加表演也是有勇气和自信心的表现。

3. 促进幼儿想象力和创造力的发展

想象力是表演游戏的基础。幼儿表演时所扮演的角色、使用的道具以及演出场景都是假的。当他们把自己想象成作品中某一特定的角色，以角色的身份、语言、思想来说话以及行动时，不仅需要再造想象，也需要创造想象。幼儿在想象情境中进行表演，使他们想象的内容更丰富，想象能力也相应得到发展。幼儿表演每种角色时都带有自己对人物的再创造，因此，幼儿的自编、自演对于他们创造性思维的发展具有较大作用。

4. 发展幼儿的语言和表演才能

文学作品的语言丰富优美，表演中幼儿按作品中角色语言进行对白，使他们有机会接触大量艺术语言，从而丰富幼儿的词汇，发展其口头表达能力。教师应有意识地吸引语言发展较差的幼儿做表演游戏，以促进他们的语言发展。

表演游戏还能使幼儿学习各种表演技能、技巧，如运用语词、表情、动作去表现人物形象和情绪，用道具、布景表达作品情景。这些技巧对幼儿以后的学习生活有很大帮助。

（四）幼儿园表演游戏的种类

1. 幼儿表演

幼儿自己作为演员表演的歌舞剧、童话神话剧、故事表演剧等。

2. 桌面表演

幼儿在桌面上，以玩具或物体来代替文艺作品中的角色，以幼儿的

口头语言(如独白、对白)和玩具操纵再现文艺作品内容的一种游戏。

3．木偶表演

木偶形象夸张，生动有趣，造型美丽，既是艺术品，又是幼儿喜爱的玩具。幼儿用木偶歌唱跳舞、讲故事，创造性地再现文艺作品中的内容，从而形成了各种木偶表演游戏。

4．影子戏

影子戏(皮影戏、灯影戏)是在灯光作用下，靠物体侧影的活动来表演文艺作品内容的一种游戏。影子戏离奇有趣、变化多端、形象夸张，深得幼儿喜爱。

幼儿园表演游戏条件创设

创设环境，提供物质材料，是开展表演游戏的重要条件。教师和幼儿一起参加准备工作，能充分调动幼儿做表演游戏的积极性，发展幼儿动手操作的能力和创造才能。

1．舞台与布景

(1)小舞台：日常进行的表演游戏，可以在平地上或活动室中，或用小椅子、小桌子或大的积木围起来设置，或用标记分出"台上"和"台下"，或有一个较固定的表演区(活动室的一角)。

(2)木偶台：用一块幕布将操纵者遮住即可。表演区舞台木偶戏有条件时，可以给孩子们做个木偶、皮影的小舞台，则更能增加游戏表演的情趣。布景：应简单方便，能起到烘托情境、渲染气氛的作用。布景造型宜夸张，色彩要鲜明，可以结合美工活动，让孩子们一起来设计和制造。

2．服装与道具

道具和服装是表演游戏必要的物质条件。其要求：象征性地表现角色所具有的显著特征，如各种动物、人物角色——头饰。

少数民族的角色，除头饰外，还可以有一些突出民族特征的服装。例如，新疆人的马甲背心，西藏人的彩条围裙等。

教师应为幼儿提供各种人物的服装和道具、各种动物的头饰和道具、童话故事中人物的服装和道具。可以成套配制，也可以是各种素材，孩子们可根据角色的需要去选配。

表现角色的外形特征和个性特点，需要角色造型和化装。

幼儿园情景再现：

《小兔乖乖》表演游戏最突出的特征是造型化装。兔妈妈——一条围裙，大灰狼的臀部——安上一条毛茸茸的大尾巴、一只小篮子和一根棍子，兔子家的大门——两张小椅子并排放在一起。

幼儿的表演游戏应体现自由性和灵活性，可随时随地进行表演，不受道具的限制。道具不必过多或过于真实。道具不足时，还可以引导幼儿以象征性的动作去表现(以角色的身份说话和动作)。

组织幼儿在戏剧游戏中去设计环境，制作布景、道具和选配服装。对于孩子们来说，这些工作也是一种愉快的游戏。孩子在活动中更能表现出主动性、积极性、创造性。服装和道具并不一定要购买材料制作，可以用幼儿平时玩的各种主题玩具代替，或者和平时的美工活动相结合，自己制作。

幼儿园表演游戏具体指导

（一）表演游戏的整体指导

1．选择适当的童话、故事

为表演游戏选用的童话、故事应符合下列要求：

(1)健康活泼的思想内容结合本班的教育任务，选择思想健康、有教育意义、内容活泼，并符合幼儿生活经验的作品。

(2)表演性童话、故事要易于为幼儿所掌握和表演，有一定的戏剧成分，有适当的表演动作。有集中的场景，易于布置。道具要简单，可以利用现成的桌椅、积木、胶粒拼图及实物等。如《小兔乖乖》中表演的动作明显，场景中的房子可用桌椅与积木搭成，扮演大灰狼、兔妈妈和小白兔的小朋友戴上相应的头饰即可。

(3)故事情节有起伏，情节发展的节奏要快，变化明显，并按一条主线发展，重点突出，枝蔓不多，这样才能引人入胜，并易于表演。如在《小兔乖乖》中，兔妈妈去拔萝卜，大灰狼来骗小白兔，兔妈妈回来了，把大灰狼赶跑了，有起伏的情节，变化明显。

(4)角色的对话易于用动作来表演，如在《小兔乖乖》中，兔妈妈对小白兔的交代，大灰狼和小白兔的对话，都生动有趣，容易用动作表演出来。

2．帮助幼儿掌握作品的内容、情节和人物形象特点

教师通过有感情地讲述故事，用不同语调表现不同角色的说话声音，并温馨提示符合上述要求，易于做表演游戏的童话、故事是很多的，如《拔萝卜》《萝卜回来了》《三只羊》《在火车上》《送大婶回家》等都是表演游戏常用的童话、故事。以手势相伴，使作品中的形象栩栩如生地呈现在幼儿眼前；教师反复向幼儿讲述故事，及时提问，就能帮助幼儿迅速领会作品的内容和情节，激起他们游戏的愿望。

3．吸引幼儿参加表演游戏的准备工作

教师可根据幼儿平时喜爱听的，又适合表演的故事，来吸引幼儿参加表演游戏的准备工作，如吸引幼儿一起准备玩具、头饰、服饰、布景及道具；鼓励他们想办法，大胆出主意；大班幼儿还可以参加道具的制作等。幼儿参加了游戏的准备工作，便容易激起他们游戏的兴趣。幼儿的表演游戏是灵活自由的，不受场所、时间与道具的限制。准备的道具不必追求齐全、逼真，稍有象征性即可。幼儿在表演游戏中最为关心的是自己能以角色的身份说话、做动作，道具的不足往往可用动作去表现。

4．使幼儿自然、生动地表演

幼儿在表演游戏中，往往以参加表演为满足，不以有无观众为表演条件。教师应当利用这种游戏，吸引更多的幼儿参加游戏，使他们自然、自愿地表演，使之得到锻炼。但教师要注意和幼儿一起商量分配角色。游戏的主角需要有一定语言表达能力、表演能力以及组织能力，可先让能力强的幼儿担任，以后应轮流担任主角。也可以有意让某个幼儿担任某一角色，以使他得到锻炼。但都要以商量、建议的口吻提出，不要违背幼儿的意愿。小班幼儿缺乏主见，教师可采用指定角色的办法，但也应该尊重他们的自愿选择。对个别幼儿经常占主角的行为，教师要动员他们更换角色。中、大班的幼儿可逐渐由自己协商分配角色。

5．指导幼儿表演的技能

(1) 教师示范表演。教师经常以戏剧、歌舞、木偶、皮影戏等形式向幼儿作示范性表演。教师表演皮影戏教师的示范性表演可在全园的娱乐活动、节日活动及日常游戏活动中进行。

(2) 教师在幼儿表演中进行指导：

①小班幼儿不会做表演游戏，需要教师先做示范表演，然后先教会几个幼儿表演，再教会其他的幼儿。当幼儿学会一两个表演游戏后，可以让幼儿自己表演其他的一些故事。教师对游戏过程予以指导和帮助。中、大班幼儿可自愿、自由地玩表演游戏，教师要支持和关心他们的表

演。必要时，教师以游戏者的身份提醒他们，并帮助他们及时解决困难。

②及时用提问、建议的方法，启发和帮助幼儿理解作品内容，激发他们用生动、形象的语言和动作来表现作品。

(3) 对幼儿进行表演技能训练：

①幼儿口头语言的表达技能。用语言塑造角色形象：声音轻重、快慢、高低和停顿变化。如狐狸——又尖又细(狡猾)；狗熊——笨拙、缓慢(憨厚老实)。在游戏活动中用普通话，并注意语调。

②幼儿的歌唱表达技能。用自然、好听的声音唱歌，音调准确、吐字清晰，能根据乐曲的快慢、强弱等变化有表情地演唱。如在《小兔乖乖》中兔妈妈和大灰狼唱的歌虽内容一样，但是语气、声调表演是绝对不同的。

③幼儿的形体表演技能。形体与表情动作除了日常生活动作外，还包括一些小动物的典型动作。幼儿的步态、手势、动作比日常生活中的要夸张一些。如小白兔、小鸡、小猫的典型动作分别是兔跳、点头踏点步、交替步等。

(4) 游戏结束后，提醒或帮助幼儿收拾道具，整理场所。

(二) 幼儿表演游戏各年龄班的指导

1. 小班表演游戏指导

幼儿园情景再现：

比如，在表演区有一个小朋友看到一床大被子，拉起被子的一角，在那里模仿拔萝卜的动作，教师看见了，马上站在他身后，也模仿拔萝卜的动作，同时呼唤旁边的孩子"老爷爷的萝卜好大呀，小花狗，快来帮我们拔萝卜"。一旁的一个小朋友看见了，放下手中的东西，跑到教师身后加入进来，教师又喊"老爷爷的萝卜太大了，小花猫，快来帮我们拔萝卜"……游戏就这样开始了。

第二天，一个孩子主动地跑到那床被子前，招呼同伴"小花猫，快来帮我们拔萝卜"。

第三天，教师发现有的小朋友喊不来了，教师就问他，为什么不玩了，这个孩子说"那是床被子，有什么好拔的"。老师问：怎么办？有的孩子说，做一个。用什么做？纸盒，上面用绿色的纸做叶子。孩子们有了比较形象的萝卜，就又开始了游戏。

(1) 特点。小班幼儿表演水平弱，角色意识差，演着演着就忘了自己演的是谁，往往看到别人在做什么，只要自己感兴趣，不管自己的角色是不是该这么做，就会跟着做。表演的往往只是自己感兴趣的某一个片段，比如模仿奥特曼打怪兽的动作等，几乎没有与同伴的互动。

(2) 指导要点。选择故事线索单一，篇幅短小，场景和结构简单，重复性情节较多的脚本。教师可利用对孩子们的影响以及道具来吸引幼儿参与。

2．中班表演游戏指导

(1) 特点。幼儿可以自行分配角色，但角色更换意识不强；游戏的目的性差，展开游戏需要较长时间；以一般性表现为主，以动作为主要表现手段。需要教师一定的提示才能坚持游戏主题；游戏的计划性处于联合游戏阶段，游戏主题丰富，但不稳定，幼儿会经常更换；希望与人交往，但欠缺交往技能，常与同伴发生纠纷；角色意识较强，能够按照自己选定的角色开展游戏。

(2) 指导要点。选择故事情节比较简单、篇幅中等、易于延伸的游戏脚本，如《咕咚来了》《奇奇的耳朵》。展开游戏时，可以运用记录表提示幼儿要做的事。分组、分角色阶段，教师要学会耐心等待，引导幼儿讨论：这个游戏需要几个人来演？我们有几个人？人多了怎么办？人少了怎么办？还有什么好办法？(增、减角色，多人共同演同一个角色，轮流) 游戏进行阶段，教师可参与幼儿的游戏，为幼儿提供适当的示范。不是手把手地教，而是用夸张的语气、动作带动，这是引导幼儿相互学习、借鉴别人的好办法。通过讨论等形式开展游戏评价。增加游戏

经验，丰富游戏内容，指导幼儿逐渐掌握规则和表演技能，逐渐学会独立解决问题。

3．大班幼儿表演游戏的指导

(1) 特点。能独立完成角色分配任务，并有很强的角色更换意识，游戏的目的性强，计划性较强，能自觉表现故事内容，具有一定的表演意识，但尚待提高，具备一定的表演技巧，能灵活运用多种表现手段，但表现水平尚待提高。

(2) 指导要点。选择故事情节相对复杂，篇幅稍长，易于改编、扩展的游戏脚本，如《喜羊羊与灰太狼》《猪八戒吃西瓜》《龟兔赛跑》。可以为大班幼儿提供较多种类的游戏材料，以鼓励和支持他们进行多样化探索。在游戏的最初阶段，教师除了提供时间、空间和基本材料外，应尽可能少地干预。随着游戏的展开，教师应该及时给幼儿提供反馈，提高幼儿表现故事、塑造角色的能力。对于大班幼儿来说，教师反馈的侧重点应在如何塑造角色上。要帮助幼儿注意运用语气语调、夸张的动作、生动的表情来塑造角色。丰富游戏情节与提高幼儿表现能力同步进行。

利用反思性谈话和小组讨论。"怎么样演得更好？""大老虎的牙被拔掉了，大老虎会这样算了吗？如果你是大老虎，你会怎么做？"允许并鼓励幼儿想象创造；通过多种形式开展游戏评价，让幼儿在分享中开拓思路，提升游戏水平。再如，当孩子用自己想出的方法骗取灰太狼的信任时，偏偏被灰太狼识破，让孩子从计策的严密性、表现的逼真性上再做文章，最后取得全面胜利。让孩子学会从失败中吸取教训，最终获得成功。

幼儿园表演游戏教案设计

(一) 确定游戏主题

根据幼儿年龄特点，结合幼儿园主题教育活动，选择适合的游戏主题。

（二）制订游戏目标

1．社会性目标

(1)形成良好的情感体验。

(2)积累社会经验，发展社会性能力。

(3)促进活泼、开朗、自主、自信等良好个性的发展。

2．技能目标

(1)表演的技能：动作、对白、表情的生动性。

(2)使用、制作游戏材料的技能：以物代物，设计、布置制作游戏场景、材料和道具。

(3)观察、发现、提出、解决、记录游戏问题的能力。

（三）作好游戏准备

1．关键经验准备幼儿对周围社会的认知程度影响幼儿能否准确地把握作品的内容和情节，能否形象地演绎作品中的角色，社会经验的丰富程度会直接影响幼儿表演游戏水平的高低。因此，教师应在幼儿的日常生活、教育活动以及游戏活动中丰富幼儿的社会经验，不断提升幼儿表演游戏的水平。可引导幼儿在生活中注意观察各种人物的行为特点、语言特征，各种动物的动作特点，等等。

幼儿园情景再现：

表演游戏《老虎拔牙》：孩子们对医生拔牙的方法、病人的表现不了解，就不可能生动地表演这一场景，于是，教师带孩子到口腔医院参观，让孩子们获得生活体验，再表演起来就生动多了。

幼儿园情景再现：

再现玩表演游戏《揉面团》时，孩子们表现不出妈妈对宝宝关心的神情，教师就请孩子们回家注意观察自己的妈妈对自己关心时的表情、动作。再次表演时，孩子们有的用手抚摸宝宝的头，有的捧着宝宝的脸，有

的搂着宝宝，还有的把宝宝抱在身上……

2．材料与环境准备

(1)场地：可引导幼儿在活动室或其他相对宽敞的地方创设一个相对固定的表演区，有条件的可以在专用的游戏室里创设表演区，场地有限的，也可以根据需要用桌椅、积木临时搭建小舞台。

(2)布景：要求简单大方、经济实用，只要能起到渲染气氛的作用就可以了，不要求过于复杂，否则会过多吸引幼儿的注意力，导致幼儿精力分散，影响幼儿表演的顺利进行。

(3)服饰和道具：可以起到吸引幼儿注意力、激发幼儿进行表演游戏的兴趣，而且还会影响游戏的生动性、形象性和趣味性。就像我们听到某些演员平时总是难以入戏，把服装、道具一用上，马上感觉就出来了一样。教师要引导幼儿根据作品要求和幼儿的社会经验，尽可能地用简单的服装和道具表现角色形象。

(4)要注意的问题：

①舞台、服饰和道具都应当简单方便实用，不一定都要购置现成的物品，教师可以充分利用幼儿现有的游戏材料，因地制宜地利用废旧物品进行设计和制作。

②教师不要包办代替，要充分信任幼儿的能力，把设计和制作看成幼儿表演游戏的组织部分，充分发挥幼儿的积极性、主动性、创造性，组织和引导幼儿设计游戏环境、制作游戏服装道具，发展幼儿的想象力和动手能力。同时，幼儿参与游戏材料的制作，对于培养幼儿爱惜游戏材料的好习惯也很有帮助。

③可以在活动室里放置一个百宝箱，用来收集半成品材料，供幼儿在需要时取用。

(四)游戏过程

表演游戏与其他游戏有个很大的不同，就是表演游戏是从故事开始进入游戏的。

温馨提示

小班幼儿能用象征的方法"以物代物"地使用游戏材料。中班幼儿可要求其根据游戏需要寻找、准备游戏材料玩游戏。大班幼儿则可以达到设计、制作游戏材料的水平。

1. 第一次：讲故事或看其他表现形式的文艺作品

目的是帮助幼儿理解、熟悉故事，掌握角色对话，为进入表演游戏作准备。

要求：讲故事时语调、声音、表情要自然。

幼儿园情景再现：

演得中班表演游戏《奇奇的耳朵》。

(1) 第一次讲故事，以提问的形式让幼儿熟悉故事情节。

(2) 第二次讲故事，重点帮助幼儿熟悉角色间的对话，并能想象简单的动作予以配合。

①故事里有谁？大家为什么嘲笑奇奇？

②奇奇是怎样请小猫帮忙的？小猫用的是什么方法？小猫说话的时候会做些什么动作呢？其他的小兔是怎么嘲笑奇奇的？(幼儿自由模仿小动物的动作，教师引导幼儿互相学习)

③奇奇是怎样请小狗帮忙的？小狗用的是什么方法？小狗说话的时候会做些什么动作呢？

(3) 根据幼儿对故事的熟悉情况，配上头饰让幼儿练习角色对话。

2. 第二—四次：游戏

(1) 经验回顾：

①回忆故事主要情节(多用于第一次游戏)。

②围绕问题开展讨论(多用于第二、三次游戏)，如看录像或照片，围绕问题记录表讨论。

可根据游戏内容、幼儿游戏发展状况，灵活运用不同的经验回顾方式。

③指导策略。可围绕本次游戏的目标和重难点，运用开放式提问，引发幼儿对问题的思考、讨论。例如，上次游戏中明明遇到了什么问题？(出示记录表)在记录表的提示下，回顾上次游戏出现的问题：小壁虎的尾巴重新长出来了演得不像，是妈妈给它安上去的，不是自己长出来的。教师组织大家就这个话题进行讨论，孩子们提出了很多方法，这些方法究竟好不好，就放在第二环节中尝试、验证。再如，小兔子嘲笑奇奇时，演得不够好，小兔子们不知道怎么办，想请大家帮帮它们。

(2) 快乐游戏。

①涵盖的内容：

分配角色，进入游戏区域，摆放场景、道具。

幼儿自主游戏，教师观察指导。

听信号结束游戏。

②指导策略：

观察。在游戏中进行整体扫描式观察，观察幼儿的表情、言行，判断他们是处于积极主动的活动状态，还是无所事事地消极活动，判断空间、材料是否适合幼儿活动的需要。

在游戏中还要有重点地个别观察，注意小组幼儿或个别幼儿的特定需要，适时适度地提供帮助。

提供材料。当幼儿还没有产生对材料的需求时，教师不必立即呈现自己认为必要的材料或"道具"。因为在幼儿眼中，教师事先准备的精美道具并不比他们自己制作的道具更具吸引力，而制作道具过程本身就是一个可以给幼儿带来快乐、蕴含着丰富的学习机会的一种活动。不应为追求"表演结果"或节省时间而省略这个颇具教育价值的环节。诸如"纸、笔、盒子、木板"这样的原始材料，可以为幼儿的探究提供更多的机会和可能。

组织讨论。组织反思性谈话，教师是讨论的组织者和支持者。教师的引导性提问非常重要。教师不能扮演"裁判"评定幼儿表现的"好坏"，也不应扮演答案的提供者来告诉幼儿应该怎么做，教师应不断激发幼儿思考，让他们自己发现存在的问题，提出解决问题的方法。可以用这样的语言：

自评：你觉得你演得好吗？好在哪里？

互评：你喜欢谁的表演？为什么？你觉得谁还可以演得更好？怎么演？还可以怎么演？

质疑：你同意他的说法吗？(不同意，我觉得我演得更好)他觉得他的方法好，你觉得你的方法好，那怎么办？(可保留，可请其他孩子鉴别，可留至后续的游戏中验证)

引导幼儿发现问题：当孩子的游戏出现了问题，但没引起孩子的注意时，可引导孩子通过回忆情景发现问题：刚才该你跟"黄牛伯伯"说话的时候，你怎么没跟他说话？(黄牛伯伯离我太远了，在小鱼姐姐的后面)从而发现场地设置不合理，黄牛伯伯在小河的那一头，被隔开了的问题。把一个人的问题提出来，变成大家的问题。

引导幼儿解决问题：怎么办？(把黄牛伯伯的家从后面挪到小河的旁边)

分年龄段指导。

结束游戏。游戏时间快到时，提前提醒幼儿，以便作好结束游戏的准备。

选择好游戏结束时机，最好是在幼儿兴致转低但还保留游戏兴趣的时候。

3．分享交流

(1)让幼儿分享、畅谈游戏中问题解决的成功经验，体验成功感，增强自信心。可呼应目标及经验回顾中的问题："问题解决了没有？用的什么方法？怎么解决的？"帮助幼儿梳理、提升游戏经验。

(2) 留有游戏余兴。教师引导幼儿回忆、发现游戏中出现的新问题，并鼓励提出解决问题的办法，讨论下次游戏需要做的经验、材料方面的准备内容。如讨论需要到哪里参观，观察什么人物，需要增加哪些材料等。

(3) 收拾游戏材料，打扫场地。

幼儿表演游戏案例：

案例一 小蝌蚪找妈妈

【游戏目的】

1. 通过讲小蝌蚪找妈妈的有趣经过，让幼儿了解小蝌蚪变成青蛙的过程。

2. 幼儿通过扮演角色和进行对话，巩固和加深对青蛙的外形特征、生长过程等知识的认识。

【游戏准备】

1. 游戏的角色：一群小蝌蚪、鸭妈妈、鱼、乌龟、鹅、青蛙。

2. 道具：角色头饰、服饰、桌面上玩具一套。

3. 背景：小池塘里。

4. 内容：青蛙妈妈在洞里睡了一个冬天，醒来了。

【游戏过程】

青蛙妈妈：(从洞里慢慢地爬出来，伸了伸腿，"扑通"一声，跳进池塘里，在碧绿的水草上生下很多黑黑的、圆圆的卵)哎!让我们去看看春天!

(青蛙妈妈生的卵慢慢地都活动起来，一个一个地变成了小蝌蚪，在水里游来游去)

小蝌蚪：快游过去玩玩吧!(鸭妈妈带小鸭子到池塘里游水)

小鸭子：妈妈!妈妈!

小蝌蚪：(疑惑地)我怎么没见过妈妈？(小蝌蚪游到鸭妈妈面前)

小蝌蚪：鸭妈妈，您看见我们的妈妈了吗？请您告诉我们，她在哪里？

鸭妈妈：看见过，你们的妈妈有两只大眼睛，嘴巴又宽又大，好孩子，到前面去找吧！

小蝌蚪：谢谢您，鸭妈妈！(鸭子退下)(一条大鱼游过来，小蝌蚪也赶紧游过去)

小蝌蚪：妈妈！妈妈！

大鱼：(笑着说)我不是你们的妈妈，我是小鱼的妈妈，你们的妈妈有四条腿，好孩子，你们到前面去找吧！

小蝌蚪：谢谢您，鱼妈妈！(大鱼退下)

(一只大乌龟在水里慢慢地游着，小蝌蚪赶紧游过去)

小蝌蚪：妈妈！妈妈！

大乌龟：(笑着说)我不是你们的妈妈，我是小乌龟的妈妈，你们的妈妈是白肚皮，好孩子，到前边去找找吧！

小蝌蚪：谢谢您，乌龟妈妈！(乌龟退下)

(一只大白鹅游过来，小蝌蚪赶紧游过去)

小蝌蚪：妈妈！妈妈！

大白鹅：(笑着说)我是小白鹅的妈妈，你们的妈妈穿着绿衣裳，唱起歌来呱呱呱，走起路来一蹦一跳，好孩子，快去找她吧！(大白鹅退下)

(小蝌蚪继续向前游去，青蛙妈妈来了)

小蝌蚪：(奇怪地)为什么我们一点都不像您啊？

青蛙妈妈：好娃娃，你们还小呢，等你们长大了，就像妈妈了。

(小蝌蚪高兴地在水里翻跟头)

小蝌蚪：啊！我们找到妈妈了！

(小蝌蚪慢慢地长大了，先长出两条后腿，再长出两条前腿，尾巴也消失了，变成了小青蛙)

青蛙：呱呱呱，呱呱呱。

建议：故事的开头和结尾专门由幼儿来做"旁白"，这样故事的内容就完整了。也可以指导74名幼儿用动作来表演。例如，春天天气暖和了，青蛙妈妈生下的卵(由扮演小蝌蚪的孩子来蹲着表演)活动起来了，(慢慢站起，耸耸身子)变成了大脑袋、长尾巴的小蝌蚪(这时套上小蝌蚪头饰)。

故事结尾，小蝌蚪一天天长大了。先长出两条后腿(腿伸一伸)，再长出前腿(用手表示前腿，伸一伸)，小尾巴不见了(看一下自己的臀部)，变成小青蛙(换戴青蛙头饰)，跟着妈妈去田里捉害虫了(边做青蛙跳动的动作，边发出呱呱的叫声)。在故事的开头和结尾如能编一些动作，不仅能加深幼儿对故事内容的理解，也能加深幼儿对表演的兴趣，满足幼儿动的欲望。

此游戏可作童话表演、桌面游戏表演等，适合大班幼儿表演。

案例二 拔萝卜

【游戏目的】

1. 在多次感受，边感受边学会表演的基础上，初步要求幼儿人人会表演。

2. 激发幼儿的表演愿望和自信心，初步做到声音较响亮，较大胆地进行表演。

3. 让幼儿懂得团结起来力量大的道理，并体验获得成功的欢快情感。

【游戏准备】

准备道具若干。

【游戏过程】

1. 引发兴趣，交代任务。老师：小朋友！今天老师为你们准备了许多大萝卜，数数看有几个？那我们可以来玩什么呢？

2. 幼儿练习和表演。

(1) 教师与幼儿一起讨论如何表演《拔萝卜》。

(2) 请能力强的幼儿演一遍。谁愿意先到台上来演？小朋友看看他们谁演得好？

表演后提问：你们觉得谁表演得好？为什么？请幼儿讲清楚演得好的人和地方。教师根据情况给予肯定。

(3) 练习表演。

①练习每个角色的动作和语言。

②练习拔萝卜的不同表情。"拔不动。"讲这句时，用发愁的语调讲出。"萝卜拔出来了！"讲这句时语调提高，并要拍手蹦跳欢呼。

(4) 幼儿分组表演。

要求如下：

①幼儿互相商量，分配角色。

②互相化装。

③每个幼儿用心看，轮到自己出场时再上场。两位老师巡回指导幼儿表演。

(5) 说说在表演中发现的问题，讨论为什么那么多人才能把一个萝卜拔出来。

(6) 集体拔萝卜表演并提出下次拔萝卜的要求。

3．结束部分。

老师：让我们去教其他班的小朋友们拔萝卜。

提醒幼儿整理好道具，结束。

案例三 小熊请客

【游戏目的】

1．能积极愉快地参与表演游戏，在游戏中创造性地表现故事。

2．继续培养与同伴协商、合作、共同游戏的能力。

3．游戏准备。

4．道具：树、草地、蘑菇、房子、花，各种建构材料及替代物。

【游戏准备】

《小熊请客》头饰一套，或小动物木偶若干。

【游戏过程】

1．通过讲游戏的情况，激发幼儿参与表演的兴趣。

(1) 鼓励幼儿选择使用替代物。"上次玩游戏的时候，老师都没准备小熊请客的东西，可是有一个小朋友却很了不起，他自己找来了很多好吃的东西来请客，谁来告诉大家他用了什么东西来招待客人？如果今天你们遇到这样的事，你们也要像他一样动脑筋想办法来解决。"

(2) 鼓励幼儿协商、合作，大胆创编故事情节。"上次游戏的时候，老师发现有的小朋友很会动脑筋，他们不仅会根据故事来表演，而且还会把自己编的故事表演出来，就像小熊不仅请了小鸡、小狗、小猫来做客，而且还请了大象来，小朋友知道是为什么吗？我们请他们来说说吧。今天小朋友表演时，如果你们想到了什么好玩有趣的事，也可以告诉好朋友，大家一起把它表演到故事中去。"

2．提出游戏要求。

(1) 在游戏中遇到困难，大家要一起想办法解决。

(2) 要爱护玩具，没有的道具可以自己找替代物或自己制作。

3．幼儿选择布置场地，扮演角色，教师观察指导。

教师帮助幼儿共同布置场地，重点观察幼儿合作游戏及扮演角色、拓展游戏情节的情况。

4．分享交流游戏情况。

(1) 请幼儿说说："你玩了什么游戏？扮演了谁？你是怎么扮演的？"

(请个别有进步的幼儿当场表演，并请其他幼儿为他们鼓掌，增强其自信心)

(2) 表扬在游戏中能拓展情节、大胆表演的幼儿。"刚才在游戏中，老师看到一组小朋友表演得特别有意思，请他们来告诉大家，和大家一起分享。"

(3) 针对游戏中出现的问题进行讨论、讲评，激发幼儿下次游戏的兴趣。

案例四 三只熊

【游戏目的】

1. 在感受表演游戏《三只熊》的基础上，使幼儿知道表演的名称，表演中的角色及内容。

2. 引起幼儿想表演的愿望。

【游戏准备】

1. 场景布置：熊的家。

2. 教师活动前排好表演。

【游戏过程】

1. 交代课题名称，引起幼儿看表演的兴趣。指导语："今天，要请小朋友看一个表演，名字叫《三只熊》，看看表演中有谁？"

2. 幼儿观看表演，知道主要内容，激发幼儿想表演的愿望。

(1) 表演第一遍。

①刚才的表演叫什么名字？

②这个表演中有些谁？

③小姑娘这样好不好？

(2) 表演第二遍。

①为什么三只熊生气了？

②小姑娘这样做，熊有没有同意？

③请小朋友想办法，小姑娘怎么做熊就不会生气了？（在门口等，敲门……）

(3) 表演第三遍。

①三只熊为什么抓小姑娘？

②这个表演中的三只熊、小姑娘都是谁演的？

③你们想不想也来表演?

(4) 表演第四遍。

教师表演，请四名想表演的幼儿分别扮演大、中、小熊及小姑娘，跟着老师尝试着表演。

3．讲评。

今天，我们看了老师表演的《三只熊》的故事，知道小姑娘改正缺点向熊道歉，熊就不抓她了。下次我们再来看好吗?

第3章 幼儿园规则游戏指导

本章共分三节，幼儿园智力游戏、幼儿园音乐游戏、幼儿园体育游戏，该章节既有理论的支撑，又有实践的案例，注重学生职业能力的培养。学生通过本章的学习，掌握规则游戏的概念、特点，理解游戏条件的创设，能设计规则游戏教案，并能进行规则游戏的组织与指导。

幼儿园智力游戏

幼儿园智力游戏概述

（一）智力游戏概念

　　以生动有趣的游戏形式使幼儿在自愿、愉快的情绪中增进知识、发展智力的游戏，把智力因素和游戏形式结合起来。智力游戏是根据一定的智力任务设计的，以智力活动为基础的一种有规则的游戏。它以生动、新颖、有趣的游戏形式，使幼儿在轻松愉快的活动中完成增加知识、发展智力的任务，是帮助幼儿认识事物、巩固知识、发展智力的一种有效的手段。

（二）智力游戏类别

　　感官游戏、比较异同的游戏、分类游戏、推理游戏、记忆游戏、计算游戏、语言游戏。

（三）智力游戏的特点

　　不同年龄班幼儿的智力游戏有着不同的特点。小班幼儿的智力游戏比较简单，游戏任务容易理解，容易完成，游戏方法明易具体，游戏规则一般不复杂。中班幼儿的游戏任务比小班要求高一些，游戏的动作逐渐多样化，游戏规则更多带有控制性，游戏中运用具体实物和教具并增加了一些语言的智力游戏和竞赛的因素。大班幼儿智力游戏的任务和内容都较为复杂，要求幼儿在智力游戏中完成较多的活动，游戏动作难度较高，多为一些有相互联系的、迅速而连贯的动作，游戏规则的严格程度也提高了，幼儿不仅要学会控制自己遵守游戏规则，而且要迅速、准确地执行游戏指令。

幼儿园智力游戏条件的创设

幼儿园智力游戏条件的创设需要丰富幼儿知识经验和熟悉智力玩具或学习材料两个方面。在幼儿园智力游戏条件的创设应该注意以下事项。

（一）游戏的内容必须与幼儿已有的认识结构接近

教师要注意这一点，否则，无法产生游戏，只能是一种纯粹的智力教育活动。

一位幼儿教师在教学日记中写到：大班的《我的数学》里有七巧板的游戏。最初孩子们游戏的积极性很高，都能用七巧板拼成一幅图形。但是一旦他们完成了拼图，继续游戏的兴趣也就随之减少了，能力较差的幼儿缺乏坚持性，总也拼不好，从而失去了信心。前一阶段孩子们学习了认识钟表，我就建议能力较强的孩子进行七巧板拼图计时比赛，孩子们的积极性又被调动起来了。对于能力差的幼儿，我采取和他们一块拼的方法，建立信心。再请能力强的两个幼儿带两个能力较差的幼儿进行双人拼图比赛，取得了较好的教学效果。

（二）选编的游戏要循序渐进

教师采取"小步子"原则，把同一发展目标(智力活动)经过加工，分解为若干个小型游戏活动，从而降低游戏智力要求的难度，用"滚雪球"的方式扩展幼儿的知识量，提高幼儿的智力水平。

（三）游戏的教育性和趣味性有机的统一

例如，让幼儿看一个圆形像什么，幼儿可联想到太阳、皮球、烟灰缸、轮胎、地球、纽扣、钟、生日蛋糕等。对于想象力丰富的幼儿，还可以让他在想象的基础上，给圆形添画。例如，幼儿说是气球，就让他添上一根绳子，再画上天空等。这样可以进一步发挥幼儿的想象力，激发幼儿的创造欲望。

智力游戏的具体指导

（一）教师充分利用智力玩具的操作价值

引导幼儿积极投入到游戏中，在许多智力游戏中，儿童学会了操作玩具，意味着达到游戏目标。因为玩具操作过程中隐含了相关知识的学习和智力成分，玩具的操作过程实质上就是知识学习的智力训练过程。

（二）教师的讲解与示范尽量与幼儿的尝试过程同步进行

教师可以采用描述性语言，讲解游戏的玩法和规则。但由于智力游戏的精确性高和儿童理解能力低的矛盾，往往借助于语言讲解还很难达到预期的目的。这时，一种有效的方法就是，先让幼儿尝试，根据幼儿尝试中的错误再有针对性地讲解和示范，教师参与游戏过程，以合作游戏的方式指导幼儿。

（三）兼顾年龄差异与个体差异，采取异步指导策略

异步指导的核心是根据儿童智力水平的年龄差异提出共同的要求，然后在同一年龄儿童中根据其实际水平分别提出不同的要求。或者说，把同一游戏划分为若干级水平分别对应于不同水平的儿童，再采取分组的方式或个别指导来适应儿童的个别差异，使每个儿童在同一游戏中获得发展。

（四）组织性游戏与自发性游戏并重，采取开放性的随机指导策略

智力游戏大多是在教师的直接指导下进行的，主要用于完成智育任务，但是智力游戏也可以在自由活动时开展。教师要注意组织性游戏与自发性游戏之间的衔接，不能偏废，而要并重，互为补充。

智力游戏过程是一个严谨的智力活动过程，但不是一个封闭、孤立的活动，它与其他活动密切联系，因此，教师必须采取开放性指导方法。

开放性指导方法意味着教师的指导必须随儿童的活动变化而相应地变化，主动适应儿童的需要，而非一成不变，机械重复。智力游戏的指导是一个动态的发展过程，是一种师生之间的互动过程。

指导的随机性意味着教师的指导应避免任何既定的模式或固定的程序，应该根据游戏过程的具体情况随机应变，及时调整指导策略。

总之，开放性随机指导的核心是尊重儿童的智力活动，把教师的指导转化为儿童的学习，而非单纯的模仿。

幼儿智力游戏案例：

案例一 智力游戏《警察抓小偷》

【活动目的】

1. 要求幼儿在游戏或集体活动中都必须自觉遵守规则。

2. 培养幼儿听觉和动作的灵活性、果断性。

【活动准备】

画有坏人的纸壳或手绢、冲锋枪。

【活动过程】

请一名幼儿当警察，先让其站在屏障后面(看不到小朋友)。教师把画有坏人的纸壳或手绢悄悄地放在某一幼儿的椅子上并请这一幼儿坐在上面，然后让做警察的小朋友睁开眼。做警察的小朋友手持冲锋枪，精神抖擞地在人群中走来走去，耳朵聆听音乐或鼓声，仔细辨别音乐或鼓声的强弱。弱表示附近没有小偷，强表示小偷就在附近。

【观察要点】

警察事前必须躲在一边，不看藏物；抓小偷时，其他幼儿不能泄密。如有偷看或泄密者，均罚其暂停一次游戏。

【指导建议】

在活动中，教师应注意引导幼儿分辨音乐的强弱。

【价值分析】

扮演警察的幼儿，不但可以培养其听觉的灵敏度，某种程度上还能锻炼幼儿的洞察力和分析判断能力。

案例二 "棋"乐无穷

1．围棋

围棋起源于中国古代，是一种策略性二人棋类游戏，使用格状棋盘及黑白二色棋子进行对弈。

其规则如下：

(1)对局双方各执一色棋子，黑先白后，交替下子，每次只能下一子。

(2)棋子下在棋盘的点上。

(3)棋子下定后，不得向其他点移动。

(4)轮流下子是双方的权利，但允许任何一方放弃下子权。

2．五子棋

规则：二人各执一色棋子，每人都要尽快把自己的棋子摆成五子相连的一排，横、竖、斜排均可，同时阻断对方的五子连接，最后五子相连排数多者为赢。

3．动物棋

规则：每只动物每次走一方格，前后左右均可，动物之间普通吃法按照大小次序，唯鼠能吃象。

特殊说明：

(1)老虎、狮子可以纵横对直跳河，在跳的方格内也能把对方较小兽吃掉，如果老鼠在河中，虎、狮不能跳。

(2)老鼠可走入水中，走法同陆地，如鼠在河里，陆地上的兽类都不能吃它，当两鼠在河内相遇时可以互吃。

4．跳棋

规则：这种棋可双人玩，也可三、四个人一起玩，规则是每次向前跳一步或隔一个子向前跳，也可隔子连续跳几步跳入空位，最后看谁先到达对方顶点，谁就是得胜者。

5．飞行棋

规则：可以4个人同时进行，每人轮流掷骰一次，以点数决定走棋步数，比谁先将飞机开入机场。

6．井棋

规则：比五子棋简单，双方各5子，在"井"棋纸上每人轮流放棋，看谁的棋子先连成一条直线。

【观察要点】

教师应注意幼儿是否遵守游戏规则。

【指导建议】

教师应引导幼儿思维，做到走一步、看三步；让幼儿学会独立思考。

【价值分析】

益智棋能挖掘孩子的潜质，给孩子无限的联想。棋类、积塑玩具能提高孩子分析、判断的能力，以及逻辑、观察、记忆各方面的智力开发，经常玩动脑筋的逻辑推理类游戏后，逻辑思维逐渐建立，通过专业的记忆类游戏的锻炼，还能调动孩子的动脑兴致。

案例三 猜谜游戏

【游戏目的】

1．通过猜谜活动，幼儿学习按照物体的特征、性能猜谜。

2．根据谜面猜出谜底，并学念谜语。

3．培养耐心倾听的能力。

【活动准备】

物质准备：创设一个小兔家的情景，熊猫、鹅、小山羊、小兔的音乐和头饰。

经验准备：活动前一组幼儿先排练好"到小兔子家做客"的情景表演；收集一些适合幼儿猜的谜语。

【活动过程】

1. 观看情景表演"到小兔子家做客"，邀请幼儿仔细听谜语，猜谜语，玩游戏。

2. 教师介绍。

3. 游戏玩法。

4. 幼儿扮演不同动物，学说谜面，猜谜底，表演"到小兔子家做客"的情景。

5. 强调活动规则。

6. 让幼儿仔细听谜面，教师教幼儿一起学念谜面，猜对了谜底，才戴上动物的头饰到小兔家做客。

7. 分组开展游戏。

【观察要点】

幼儿猜出谜底，并学会念谜语。

【指导建议】

教师应多收集一些趣味性强并适合幼儿年龄特点的谜语，让幼儿在玩中学。

【价值分析】

猜谜语，主要指暗射事物或文字等供人猜测的隐语，也可引申为蕴含奥秘的事物。谜语源自中国古代汉族民间，历经数千年的演变和发展。它是古代汉族劳动人民集体智慧创造的文化产物。作为古代广大汉族劳动人民非常喜爱的一种益智、休闲、娱乐活动，其不仅在书面上广为传播，在口语中的流传更为广泛，几乎每个人都能说出几个甚至几十个谜语。我们通常所说的谜语包括"灯谜"和"语谜"两类。前者是书面的，后者是"口头"的，很多谜语是两者都可以的。谜语由"谜面"和"谜底"两部分构成，前者是题，后者是答案。一般人都以为猜谜难，其实出题更能体现一个人的才智。许多较好的谜是经过不断优化的结果。

幼儿园音乐游戏

幼儿园音乐游戏概述

音乐游戏是在音乐伴奏或歌曲伴唱下进行的游戏,主要用于发展幼儿音乐感受能力和动作。

(一)音乐游戏的种类

1. 从游戏的内容和主题来分

从游戏的内容和主题来分,可以分为有主题的音乐游戏和无主题的音乐游戏两类。

(1)有主题的音乐游戏《猫捉老鼠》。

规则:猫追老鼠,老鼠可蹲下躲避,猫司令在最后一句"喵呜!"后才能向老鼠扑去,老鼠才能逃走,被捉住的老鼠停止一次游戏。

点评:这类游戏一般没有固定的情节构思,只是随着音乐做动作,相当于律动或律动组合,但这种动作带有一定的游戏性,即含有游戏的规则。

(2)无主题的音乐游戏。

如《抢位子》。儿童只是随着乐曲声自由地做各种动作,但是当音乐一停,必须抢坐一个位子,这便是游戏的规则。

2. 从游戏的形式来分

从游戏的形式来分,可以分为歌舞游戏、表演游戏和听辨反应游戏。

(1)歌舞游戏,如歌曲《袋鼠》:

袋鼠妈妈有个袋袋,

袋袋里面有个乖乖,

乖乖和妈妈相亲相爱，

相亲相爱。

点评：《袋鼠》设计成音乐游戏，主要侧重于引导儿童表现袋鼠妈妈和小袋鼠怎样相亲相爱，可以启发儿童做不同的动作来表现。

又如歌曲《猫捉老鼠》：

小小老鼠，跑来跑去，跑来跑去，跑来跑去，小小老鼠，跑来跑去，找吃的东西。

小小老鼠，现在吃米，现在吃米，现在吃米，小小老鼠，现在吃米，现在吃完了。

小小老鼠，现在睡觉，现在睡觉，现在睡觉，小小老鼠，现在睡觉，现在睡着了。

一只大猫，跑上来了，跑上来了，跑上来了，一只大猫，跑上来了，来捉老鼠了。

《猫捉老鼠》的游戏，儿童在熟悉并学会演唱歌曲的基础上，可以根据歌词的词意自由做表演动作，分别扮演大猫和老鼠；当唱完歌曲的最后一个音后，扮演大猫的儿童才可去抓"老鼠"。

点评：这类游戏一般是在歌曲的基础上产生的，即按照歌词、节奏、乐句和乐段的结构做动作并进行游戏。游戏的规则通常定在歌曲的结束处。这类游戏与有主题的游戏有所不同，它可以有较明显的游戏主题、内容，也可以没有专门表现情节和角色的音乐，相对比较侧重于儿童的创造性动作表现。

(2)表演游戏，如音乐游戏《熊与石头人》，整个音乐由三部分组成——主题歌曲、"熊走"的音乐和"小朋友跳舞"的音乐。

这类游戏是按照专门设计、组织的不同音乐来做动作或变化动作而进行的游戏。从游戏内容上看，一般有一定的情节和角色；从游戏形式上看，带有较强的表演性。

(3) 听辨反应游戏。

这类游戏比较侧重于对音乐和声音的分辨、判断能力的要求，以培养儿童对音乐的高低、强弱、快慢、音色、乐句等的分辨能力。

3．从游戏的典型性来分

从典型性来分，可分为趣味性音乐游戏和奥尔夫音乐。

(1)"奥尔夫"音乐游戏就是音乐活动的游戏化，就是用游戏化、活动化的方法对幼儿进行音乐教育。游戏化的音乐活动使幼儿体验到和"玩"一样的感觉，自觉自愿、不知不觉、快乐、不知疲倦地投身于活动之中，在唱唱、跳跳、玩玩、敲敲打打的过程中去感知音乐的美。奥尔夫音乐教学法是世界上三大音乐教育体系中的一种，它强调儿童广泛接触各种艺术，以游戏作为主要教学手段，是儿童在有趣的游戏中建立起艺术的概念，它强调创新精神，让儿童在音乐活动中即兴创作，表达创意，它以节奏为纽带，以游戏为手段，将音乐、舞蹈、美术联系起来，使孩子循序渐进地掌握拍子时值、基本节奏、小节、强弱规律、力度对比等。

(2)"趣味音乐游戏"是指教师带领孩子在游戏中学习音乐，在游戏中带出学习方法，使孩子在音乐学习中找到乐趣。音乐游戏的最大特点就是"音乐性"，音乐游戏除了具有"音乐性"这一主要特点外，还具有自然性、趣味性、创造性等游戏的共同特点。

(二) 音乐游戏在幼儿教育中的价值

在音乐游戏中无疑应以幼儿为主导，可是长期以来，在音乐教学中往往出现错位。教师在设计和实施音乐游戏时一直处于主体地位，关注的是"教什么"，"主体"成了表演的工具，"主导"变成了主宰，教师想好主题，幼儿只好按规定去表演，整个过程教师包得多干得少，幼儿难有发挥的余地。在这样的氛围中，幼儿的积极性、创造性被压抑了，而对于发展幼儿音乐能力却只能采取"望天收"的策略。转变观念确定幼儿的主体地位，使原来的音乐教学中的师生关系发生了根本性的

改变，将幼儿从被动的知识接受者改变为一个主观能动的人，更多地为幼儿创造性地学习提供时间和空间，挖掘幼儿的潜能，力求让幼儿在自己的探索中学习，在老师指导下提高。例如，学习音乐游戏，可先从幼儿的角度出发，引导他们先欣赏音乐，感知音乐节拍、风格、动作特点等，然后要求幼儿按个人的理解自由表现，教师在一旁提示，以提高动作的准确性和质量，发现好的动作及时表扬和推广学习。这样不仅发展了幼儿音乐表现力，更重要的是有利于幼儿创造性的发展，使幼儿通过音乐游戏在智力、情感、创造性方面得到健康发展。

幼儿音乐游戏条件的创设

（一）幼儿音乐游戏条件的创设原则

(1) 符合幼儿艺术教育的目标及内容。

(2) 符合幼儿生理、心理发展特点。

(3) 趣味性。

（二）幼儿音乐游戏条件的创设途径

(1) 以纯游戏活动为主导，加入一定的教育内容。纯游戏即幼儿自然自发的游戏，它的特点是有约定俗成的规则和极强的趣味，流传广泛，经久不衰。

(2) 在教育活动中加入角色、情节、虚拟动作等虚构性成分和竞赛性因素。这种手段在教学手段中运用最广，变化也较多。

(3) 以游戏性语言、玩具等组织活动。这种手段通常运用较多，在没有精心准备的情况下则运用更多。

幼儿园音乐游戏的具体指导

依据《幼儿园工作规程》精神，以发挥幼儿主体作用，促进幼儿全

面和谐发展为宗旨从"兴趣、感受、表现、能力"等方面入手对幼儿进行培养。在大量的理论学习、探究实践、经验借鉴的过程中而获得了全面和谐的发展，同时也促进了教师观念的根本改变。

（一）培养幼儿在音乐活动中的主动性

幼儿园对幼儿的音乐方面的培养就在于幼儿能够主动参与到老师组织的活动中和自发地进行音乐活动，并且能够创造性地进行歌词和舞蹈动作的创作。

（二）培养幼儿在音乐活动中的创造性

在音乐活动中培养幼儿的创造意识，不能只讲究技巧的训练，应引导幼儿去发现美、表现美、创造美，因为音乐活动包括感受、思想、理解、创造。

（三）培养幼儿在音乐活动中的社会性

音乐活动满足了幼儿的好动性和表演欲望，也提高了幼儿在活动中，同伴之间的协作交往，沟通的能力。从而对幼儿活泼快乐情绪的培养和遵守规则的良好行为的培养具有积极的作用，使幼儿的社会性得以发展。

幼儿音乐游戏案例：

案例一　中班音乐游戏：会跳舞的跳跳糖

【活动目标】

1．自由创编各种跳的动作，能跟着音乐合拍地跳舞。

2．尝试自由讨论创编游戏的玩法和规则进行游戏，并遵守规则。

3．体验与同伴合作游戏的快乐，会找空位跳舞。

【活动准备】

在地上画上巨人的大嘴巴、录音机、磁带、已学会的歌曲。

【活动过程】

1. 以"今天我们来当跳跳糖,一起来跳舞"引出课题。

2. 自由创编各种跳的动作,并合拍地跳。

3. 复习歌曲《会跳舞的跳跳糖》,把跳跳糖快乐的样子唱出来。

4. 你这颗跳跳糖会怎么跳舞呀?(启发幼儿自由创编各种跳的动作:有脚的动作,再加上手的动作)

5. 听着音乐一起来跳舞,可以自由做各种手和脚跳舞的动作。指导小朋友听着音乐的节拍,一拍一下地跳。

【玩法和规则】

1. 听歌曲后尾奏一句,自由想象,跳跳糖怎么了?

2. 看,地上有一张巨人的大嘴巴,跳跳糖到巨人的嘴里去跳舞一定很有趣。今天我们一起来玩这个游戏。想一想:

①跳跳糖什么时候跳到巨人的嘴里去好呢?

②把刚才尾奏的音乐也加到游戏里去,可以怎么玩呢?(鼓励小朋友自由想出不同的玩法和规则)

3. 根据小朋友自己讨论创编的游戏玩法和规则进行游戏。(尝试用不同的玩法和规则游戏,提醒幼儿遵守规则,体验自由创编游戏的快乐)

【观察要点】

自由创编各种跳的动作,能跟着音乐合拍地跳舞。

【指导建议】

尝试自由讨论创编游戏的玩法和规则,教师鼓励小朋友想出不同的玩法。

【价值分析】

游戏让幼儿学会遵循规则,体验音乐的节奏与韵律,培养幼儿的创新意识,让幼儿体会快乐。

案例二 音乐游戏：蜜蜂和小熊

【活动目标】

1．通过轻快的蜜蜂和笨重的小熊形象的对比，引导幼儿感受两段音乐的不同形象，并能用相应的形体动作表现出来。

2．根据音乐能有规则地进行游戏，体验游戏所带来的快乐。

【活动准备】

1．磁带、录音机。

2．蜜蜂和小熊的胸饰、字卡。

3．蜂箱。

【活动过程】

1．导入。老师：今天我们班来了位小客人，听听，它是谁？（放蜜蜂音乐）

2．认识、了解、表现乐曲。

(1)熟悉乐曲：

①你能听出它是谁？

②你是从哪里听出来的？

③你听了这段曲子你想做什么动作？

④你觉得这段音乐怎么样？

(2)了解表现乐曲：

由蜜蜂的翅膀联想到曲子的轻快，并用形体动作表现出来。

(3)用相同的方法认识小熊音乐。

(4)区分两段音乐的不同形象。

3．音乐游戏：蜜蜂与小熊。

(1)由故事导入，帮助幼儿掌握游戏角色。

(2)幼儿佩戴胸饰，分角色进行游戏。

(3)交换角色游戏。

4．巩固对蜜蜂和小熊形象的认识。

【观察要点】

观察幼儿听到音乐的反应，观察幼儿是否准确表述了自己想象的形象。

【指导建议】

在分角色进行游戏中，教师可以引导并强调两段音乐的不同，还可以加入其他动物进行活动延伸。

【价值分析】

此次活动能有效地锻炼幼儿对音乐的感知能力，认识接触不一样的音乐，培养幼儿的想象力与肢体表达能力。

案例三 中班音乐游戏：找朋友

【活动目标】

1. 培养幼儿大方、主动的个性，体验幼儿园的快乐生活。

2. 鼓励幼儿与同伴交往，随着音乐找到朋友。

【活动准备】

磁带、收音机。

【活动过程】

1. 全体幼儿坐成半圆形，跟老师律动、练声。

2. 谈话活动："你的好朋友是谁？在哪里？"激发幼儿找朋友的兴趣。

3. 听音乐《找朋友》。

4. 请幼儿说说歌词里面找朋友后，小朋友之间做了些什么事情。

5. 再听音乐、学习歌曲。

6. 请5个小朋友做邀请者，1—2小节边唱边拍手踏步走到所要邀请的幼儿前，3—4小节邀请者向被邀请者做邀请动作，左右各一次。被邀请的幼儿则站起，5—6小节，相互敬礼、握手。7—8小节两人手拉手互换位置，邀请者坐在被邀请者的座位上，被邀请者成为邀请者，游戏继续。

7. 幼儿一边学习歌曲，一边开始游戏，鼓励幼儿大胆、主动地去找朋友。

【观察要点】

幼儿能否大方地随着音乐节拍愉快地和同伴交往。

【指导建议】

在游戏中，教师应注意鼓励一些害羞的孩子在音乐中寻找朋友、交换朋友，体会其中的乐趣。

【价值分析】

孩子玩这个游戏中，如果孩子特别喜欢这个游戏，在这个游戏中他们结识了更多的朋友，孩子在游戏中很快乐，有些胆子很小的孩子在大家的鼓励下也会跟着音乐拍手找朋友。另外，为了减少孩子等待的时间，在孩子熟悉音乐的情况下，请孩子们自由地站起来随着音乐找朋友、交换朋友，在这个过程中孩子又体会到了与好朋友一起游戏的快乐。

幼儿园体育游戏

幼儿园体育游戏概述

《幼儿园工作规程》指出："幼儿园的任务是：实行保育与教育相结合的原则，对幼儿实施德、智、体、美诸方面全面发展的教育，促进其身心和谐发展。"这一任务充分体现了幼儿年龄特点。因此幼儿年龄阶段，身体的发展和机能的健全发展是其他一切发展的基础，而体育游戏在体育活动中是占主导地位。所以，"规定"强调保教结合，把体育中体育游戏放在首位。

（一）幼儿园体育游戏的概念

幼儿体育游戏是反映现实生活的一种综合性的体育活动，是发展幼儿各项基本动作，提高幼儿基本活动能力，锻炼幼儿身体的主要手段，它是由一定的动作、情节、角色、规则等组成的身体练习。

（二）幼儿园体育游戏特点

1. 思想性

体育游戏是一种锻炼身体的手段，也是进行教育的一种重要方式。游戏应具有明确的目的性，即通过游戏活动对幼儿进行思想品德教育，培养具有创造力、想象力的思维空间。

2. 趣味性

体育游戏是深受幼儿喜欢的活动形式，吸引幼儿的参与。游戏的内容要生动活泼、丰富多彩，具有趣味性和娱乐性。

3. 情境性

幼儿游戏一般都有一定的寓意和情境，也多半含有比赛的成分。幼

儿天性好玩、好胜，通过游戏活动得到身心愉快和满足，所以说游戏不仅具有情境性，而且富有竞赛性。

4．大众性

体育游戏大多由人们日常生活中的走、跑、跳跃、投掷、对抗等基本活动技能组成，它不需要专门的技巧和事先学习、训练，因此它能为幼儿所及时接受。

5．集体性

体育游戏一般都是有组织的集体性活动，有利于集体观念的形成。游戏中的规则不仅可以协调学生之间的关系，而且对加强组织性、纪律性起着良好的作用。

6．综合性

几乎任何体育项目的练习都可以作为体育游戏的素材；几乎任何体育项目都可以将体育游戏作为教学与训练的手段。体育游戏既能培养与提高身体的基本活动能力，又能运用它学习与提高运动技能技术。

（三）幼儿园体育游戏的作用

1．对幼儿身体机能发展具有促进作用

体育游戏是以走、跑、跳、投、平衡等基本动作为主要内容的，并且有一定的角色、情节和规则。它运用游戏的形式进行身体训练，通过反复练习，在发展幼儿走、跑、跳跃、平衡、投掷、钻爬和攀登等基本动作的同时，还可以提高幼儿的速度、力量、耐力、灵敏、协调和柔韧等身体素质。幼儿身体素质得到发展，就有利于提高锻炼效果，增强幼儿体质，体质得到增强以后，反过来又可以促进幼儿基本动作的发展。

2．有助于培养幼儿的智力和思维能力发展

体育游戏还可以培养幼儿的智力发展及思维能力、创造能力和竞争能力。幼儿体育游戏一般都具有竞赛因素，进行游戏时，幼儿为了取胜，不仅是体力的竞争，同时也是智力的竞争。例如，"修长城"游戏，不仅需要幼儿快速奔跑，还需要通过积极的思维，构思长城的模样，才能获取游戏的胜利。此外，游戏的内容、情节和规则都可以使幼儿学到一些简单的知识。例如，"数字对应赛，游戏可以加强幼儿数的概念"。又如，"边说边跳，看旗跳圈"等游戏，可以加深幼儿对几何图形认识上的理解。

3．有助于培养孩子的社会习性和行为习惯

幼儿体育游戏，有严格的规则。同时，集体性的体育游戏还需相互配合，共同克服一定的困难，才能争取胜利。因此，它对培养幼儿集体主义精神，增强幼儿组织性，激发幼儿机智勇敢，团结协作，诚实自制，拼搏奋进等品德，都起着积极作用。幼儿园经常组织幼儿进行体育游戏活动，既能促进幼儿生长发育，增进健康，激发幼儿参加体育锻炼的兴趣和热情，学会和提高幼儿从事体育运动的基本动作，又能发展智力，陶冶幼儿的情操，锻炼意志，提高心理素质，促进个性发展，培养机智勇敢、团结友爱和遵守纪律的品德。

幼儿园体育游戏条件创设

科学、适宜的体育活动，能促进幼儿认知能力的发展。健全的大脑是心理发展的物质基础，体育活动能促进幼儿神经系统反应灵敏，为接受智育提供良好的条件。因此，科学合理的不同阶段体育游戏条件创设，是我们培养幼儿体育活动的基础。但对于幼儿个体来说，不论采取什么类型的体育教学活动形式，也不论其结构如何变化，幼儿体育教学运动量的安排都必须适应幼儿身体生理机能活动变化的规律和特点，运动量应由小开始，逐渐增大，最后再由大逐渐减小。幼儿体育教学的总时间：小班15～20分钟，中班20～25分钟，大班30分钟左右。注意运动的强度与密度的合理搭配，注意上肢活动与下肢活动的有机结合，注意季节、气候的变化适应调整等。这对幼儿身心全面、和谐发展具有十分重要的意义和作用。

幼儿园体育游戏具体指导

（一）幼儿园体育游戏过程的指导

1. 游戏前的准备部分

游戏前的准备部分主要完成整队集合、清点人数、师生问好、检查服装、内容讲解和热身6个部分，其中内容讲解引导小朋友对本次游戏产生浓厚的兴趣，激发参与的热情，热身是进一步提高小朋友的注意力，让身心达到做游戏所需要的状态。

幼儿园情景再现：

听音乐入场，做热身运动。

(1) 教师带领幼儿听音乐拍手入场。

(2) 教师带领幼儿一边说民间童谣，一边用手腕上的小皮筋做民间体

育游戏《拉大锯》《炒黄豆》《打拐》等动作，活动身体的各个关节。

2．游戏过程中的基本部分

基本部分用时较长，是小朋友做游戏的整个过程。在这期间，老师通过讲解示范，让小朋友理解游戏的方法、规则等，并在整个游戏过程中不断巡回指导。

幼儿园情景再现：

通过游戏，初步掌握跳皮筋的方法。

(1) 引导幼儿尝试探索跳皮筋的基本方法。

(2) 结合民间童谣《马莲开花》，练习单脚内外跳皮筋。(幼儿围成圆圈，单脚撑皮筋，另一只脚练习跳)

(3) 听音乐，拍手转圈放松。(动静结合，幼儿稍做休息)

(4) 用8把小椅子撑起4根皮筋，让幼儿自由探索皮筋的多种跳法(单脚跳、双脚跳、双脚交替跳、叉花跳等)。

(5) 通过民间游戏"跳格子"，引导幼儿探索并练习跳皮筋的多种方法。

① 根据手腕上小皮筋的颜色，幼儿分成红、绿两队，进行游戏"跳格子"。

② 红队幼儿跳完后换绿队幼儿跳。

③ 提高皮筋高度，幼儿练习并游戏。

3．游戏后的结束部分

结束部分主要让小朋友从快乐的游戏中恢复到平常状态，通过不同放松方式调节心肺功能。最后收拾器材，小结本次活动收获。

（二）幼儿体育游戏各年龄班的指导

1．小班体育游戏指导

(1) 特点：

3岁幼儿正处在身体生长发育的初期阶段，体力还较弱，对于行走、

奔跑、跳跃、投掷和平衡等基本动作还在初学阶段，许多生活需要的动作还没有正确掌握。游戏过程中，活动还不够自如，动作缺乏协调性和准确性；集体观念、组织纪律、相互配合的能力还很差；喜欢模仿，但注意力不易集中；对游戏中的动作、角色、情节感兴趣，而游戏的结果则不大注意。

(2) 指导要点：

①走。

自然走：

小小班：双脚交替自然地走。指导要点：步子稳健向前走动，目视前方，两臂自然摆动。随着"小熊和洋娃娃跳舞"的舞曲，师生一起唱着歌，跳着舞，边放松边收拾器材，寓教于乐。

小班：上体正直、双脚交替自然地走。指导要点：挺胸，躯干正直，使颈、背在同一直线而上，眼看正前方，步幅大而均匀，落地轻柔，两臂自然前后摆动。

变化走：

向指定方向走。指导要点：设定幼儿比较感兴趣的标志物。

②跑。

自然跑：

小小班：双脚交替自然地跑。指导要点：可以从原地踏步的基础上引入原地跑的教学，使之体会走与跑的根本区别——腾空。摆臂为握拳屈肘前后自然摆动。

小班：上体正直、双脚交替自然地跑。指导要点：步子迈开，落地轻柔，躯干挺直稍前倾，两臂握拳屈肘前后自然摆动。

变化跑：向指定方向跑。指导要点：设定标志物，在跑动中要目视标志物，身体向前倾向前跑进，体会腾空感，两臂自然前后摆动。

走、跑交替：走、跑交替100米。指导要点：走—跑，听到跑的指令，下肢迅速蹬摆做出跑的动作，同时两臂迅速由直臂变屈臂前后摆

动，身体稍向前倾。跑—走，听到走的指令，迅速由跑转变为走，并调节呼吸。

追逐跑：在指定范围四散跑、追逐跑。指导要点：强调限制条件——指定范围。追者要求其讲究方法，逃者要求其有躲闪能力。

幼儿园情景再现：

教师和幼儿站在场地的一端。教师说："小孩小孩真爱玩，摸摸这儿，摸摸那儿，摸摸大树(或滑梯或攀登架等物)跑回来！"当说完"来"字后，幼儿迅速向指定方向跑去，摸到大树(或指定物体)后，再跑回来。游戏重新开始。

③跳。

纵跳：轻松自然地双脚同时向上跳。指导要点：屈膝预摆，蹬伸充分，落地缓冲。

行进跳：轻松自然地双脚同时向前跳。指导要点：屈膝预摆，身体前倾，两脚同时起跳，同时落地。

从高处往下跳：从25厘米高处自然跳下。指导要点：屈膝预摆，身体稍前倾，落地缓冲，注意身体平衡。

幼儿园情景再现：

跳水坑

(1) 请幼儿取一个塑料圈放在地上当"水坑"，自由跳圈，避免相互碰撞。

(2) 带领幼儿双脚并拢，在圈中跳进跳出。

(3) 请跳得好的幼儿表演，游戏反复进行。

④投掷。

投远：单手自然地将沙包投向前方。指导要点：屈臂肩上投掷，沙包出手方向为前上方。

⑤爬。

小小班：手、膝着地向前爬。指导要点：依靠腕撑、腿蹬伸力量和异侧(或同侧)臂推撑力量推动身体前进，爬时抬头前看。

小班：手、膝着地自然，协调向前爬。指导要点：同上。侧重点在两手、两膝的离地顺序上。

⑥钻。

能在65~70厘米高的障碍物下钻来钻去。指导要点：低头、弯腰、屈膝。

⑦队列。

一个跟着一个走，走成一个大圆。指导要点：先设定一个范围，按顺时针或逆时针走。

⑧综合。

球，原地拍球。指导要点：腕指放松，五指自然分开，用伸肘屈腕、屈指力量拍打球的上部。

2.中班体育游戏指导

(1)特点。4~5岁的幼儿体力有所增强，动作有了明显的进步，动作也较协调，活泼好动，平衡能力提高，而且有信心完成一定难度的动作；他们的智力进一步发展，空间能力和独立活动能力也有明显提高，能辨别方向，注意力易集中，能控制自己，比较自觉地遵守游戏规则；随着活动能力的提高，幼儿对周围生活以及对自然环境的认识领域逐步扩大，比较喜欢有情节、有角色、有追逐性的游戏。

(2)指导要点。

①走。

按节奏上下肢协调地走。指导要点：侧重左、右脚落地时机(老师必须有口令提示)，再强调摆臂为"对侧臂前后摆动"。

变化走：听信号变速走。指导要点：发展幼儿灵敏素质，设定的信号必须之前使每一个幼儿都能了解，并能较容易地区分两个信号的不同，以便在活动中作出相应的速度变化。加速走时，要求步子比慢走时要小，但频率要快。手臂的摆臂速度也随之加快。

②跑。

自然跑：按节奏上下肢协调地跑。指导要点：强调脚的蹬伸和摆动的协调，以及两臂的摆动和躯干转动的协调，如步子大些，落地轻些，摆臂用力些。

变化跑：听信号变速跑。指导要点：方法同"听信号变速走"，强调跑的动作要领。

走、跑交替：走、跑交替200米。指导要点：其一，走—跑，听到跑的指令，下肢迅速蹬摆做出跑的动作，同时两臂迅速由直臂变屈臂前后摆动，身体稍向前倾。其二，跑—走，听到走的指令，迅速由跑转变为走，并调节呼吸。

追逐跑：在一定范围内四散追逐跑。指导要点：在强调限制条件——指定范围的基础上，再提出更高的要求：其一，追者要求其讲究方法，比如紧急起动的能力。其二，逃者要求其有躲闪能力。

快速跑：快跑20米。指导要点：强调下肢的蹬、摆充分，步幅要大，步频要快，摆臂要用力，上体稍前倾，目视前方。

③跳。

纵跳：自然摆臂连续纵跳触物(物体离幼儿举手指尖20厘米)。指导要点：强调落地时要屈膝缓冲，突出连续起跳的特点；并要求垂直上跳，不向前跳，掌握手触物时机。

行进跳：在直线两侧行进跳。指导要点：髋的预摆——改变运动方向。

从高处往下跳：双脚站立从30厘米高处往下跳，落地轻。指导要点：屈膝预摆，身体稍前倾，落地缓冲，注意身体平衡。

立定跳远：跳距不少于30厘米。指导要点：预备——腿稍屈，臂后摆，上体稍前倾，也可弹动一次；起跳——腿蹬直，臂向前上摆，展体，使身体向前上方跳出；落地——屈膝全蹲。

助跑跨跳：能助跑跨跳平行线，跳距不少于40厘米。指导要点：向前跑动中单脚起跳，蹬地用力，方向要正，在空中瞬间滞留前弓步，摆腿落地后，不要骤停，应继续向前跑几步。

④投掷。

投远：能肩上挥臂投掷。指导要点：预备时能转体引臂，投时能转体挥大臂带动小臂将投掷物向前上方投出。

⑤平衡。

在平衡木上走：在宽20厘米、高30厘米的平衡木上走。指导要点：双手侧手举调节身体平衡，走步时步幅小，摆腿低，单腿支撑的时间短，上体直，眼看正前方。

自转：原地自转3圈不跌倒。指导要点：以前脚掌为轴旋转，脚跟提起，脚腕用力挺直，上体正直，头正，以髋、腰转动带动上体，双臂自然摆动帮助身体转动。

闭目向前走：闭目向前走10步。指导要点：闭目前应先对准目标正面站立，并记住目标的方位，走时身体要正、颈直，出脚后方向要正，向前移动步幅小。

爬：手、脚着地屈膝向前爬。指导要点：蹬伸腿时，膝部应边蹬伸和臂的推撑力量前进，爬时仰头前看。

钻：能在60厘米高的障碍物下钻来钻去。指导要点：低头、弯腰、屈膝。

滚：能团身滚。指导要点：由蹲立开始，两手抱小腿，低头、团身后倒，经臀、腰、背、肩、头后部依次触垫向后滚动，当头后部触垫时，两手压小腿往回向前滚至蹲撑。

队列：能听信号切断分队走；口令："切段分队——走！"指导要

点：先将幼儿分成前后人数相等的若干组，听到口令后，每组第一名幼儿按教师指定的方向走，后面的幼儿跟随行进。

中大班：一路纵队跑；口令："跑步——走！""立——定！"指导要点：大班幼儿可以用前脚掌着地跑，同时上体稍前倾，两臂前后自然摆动；中班幼儿则要求上下肢协调，轻松地跑；小班幼儿仅要求自然跑即可。

要求：第一步要跃出，跑步时要以前脚掌先着地；臂要前后自然摆动，前不露肘，后不露手。立定时，靠脚同时将手放下。

综合：球，互抛互接球。指导要点：

抛传球：两手握球的两侧，持球于腹前，两腿稍屈，上体稍前倾，抛出时，蹬腿、展体，挥臂屈腕指将球抛出。

双手接球：正确判断球的方位、速度、距离，及时向来球方向伸臂迎球，做好接球手型，各种接球动作的手心都应正对来球，球触手后，双手要及时后移以缓冲来球。

自抛自接球指导要点：抛球方向要正，高度要符合自己接球能力。接球时手张开，掌心向上，接高球时球触手后，要缓冲。

3．大班体育游戏指导

(1) 特点。

5～6岁的幼儿比中班幼儿身体更壮实，体力更充沛，能较熟练地掌握各动作的基本要领，而且动作显得干练有力，灵活自如。对周围生活已有进一步了解，知识范围更广了，观察分析和理解能力有了明显提高，开始具有组织和控制注意的能力，增强了责任感，喜欢有胜负结果的游戏。所以，在这个年龄阶段，竞赛性的追捕游戏可增多，游戏的动作可加多，难度也可增大，游戏中的情节和角色之间的关系可更复杂些，游戏时幼儿可接受语言讲解，并在讲解时可伴随以示范。另外，一些发展体力和智力密切结合的游戏，大班幼儿较为喜欢。

(2) 指导要点。

①走。指导要点：绕障碍曲线走；发展幼儿灵敏素质，设定的信号必须之前使每一个幼儿都能了解，并能较容易地区分两个信号的不同，以便在活动中作出相应的速度变化。加速走时，要求步子比慢走时要小，但频率要快。手臂的摆臂速度也随之加快。

②跑。

变化跑：绕障碍曲线跑；以弧形跑为例，类似跑中的弯道跑，要求在跑动中身体重心稍向内倾，手臂的摆幅也有区别(内臂小点，外臂大点)；以折线跑为例，在跑动中要注意变换方向，所以得控制身体的重心，在快接近改变方位的时候，应放慢速度注重急停和起动。

走、跑交替：走、跑交替300米。指导要点：走—跑，听到跑的指令，下肢迅速蹬摆做出跑的动作，同时两臂迅速由直臂变屈臂前后摆动，身体稍向前倾。跑—走，听到走的指令，迅速由跑转变为走，并调节呼吸。

快速跑：快跑30米。指导要点：强调下肢的蹬、摆充分，步幅要大，步频要快，摆臂要用力，上体稍前倾，目视前方。

③跳。

纵跳：能用力蹬地连续纵跳触物(物体离幼儿举手指尖25厘米)。指导要点：同中班。在此基础上，再强调在起跳前蹬地要用力，手臂要求预摆，这样就会增加跳的高度。

从高处往下跳：双脚站立从35厘米高处往下跳，落地较稳。指导要点：屈膝预摆，身体稍前倾，落地缓冲，注意身体平衡。

立定跳远：跳距不少于40厘米。指导要点：预备——腿稍屈，臂后摆，上体稍前倾，也可弹动一次；起跳——腿蹬直，臂向前上摆，展体，使身体向前上方跳出；落地——屈膝全蹲。

助跑跨跳：能助跑跨跳平行线，跳距不少于50厘米。指导要点：向前跑动中单脚起跳，蹬地用力，方向要正，在空中瞬间滞留前弓步，摆

幼儿园游戏组织与指导

腿落地后，不要骤停，应继续向前跑几步。

助跑跳远：跳距不少于40厘米。指导要点：单脚起跳，双脚同时落地。

助跑屈膝跳垂直障碍：能连续向前跳跃多个高40厘米、宽15厘米的障碍。指导要点：方法同助跑跨跳平行线，但助跑跨跳平行线时它的方向向前上方跳侧重于"前"，而跳垂直障碍时前上方的方向应侧重于"上"。

④投掷。

投远：能单手将沙包等掷过约4米外。指导要点：预备时能侧向站立，重心落于后腿，引臂向后，投时能全身协调用力将沙包向前上方投出，能控制出手的方向和角度。

投准：肩上挥臂投准靶心(距离约3米，标靶走直径不小于60厘米)。指导要点：投掷动作要领不变，侧重于手腕用力控制方向。

⑤平衡。

在平衡木上走：在宽15厘米、高40厘米的平衡木上变换手臂动作(叉腰、平举、投掷上举等)走。指导要点：双手侧手举调节身体平衡，走步时步幅小，摆腿低，单腿支撑的时间短，上体直，眼看正前方。

自转：两臂侧平举闭目起踵自转5圈。指导要点：两手侧平举控制身体在起踵后的平衡，两前脚掌依次为轴心进行转动，头正，闭目，以髋、腰转动带动上体进行旋转。

单脚站立：两臂侧平举单脚站立时间不少于5秒钟。指导要点：重心落在支撑脚上，上体要收紧(挺胸收腹头要正，眼看前方)，两手侧平举，控制身体平衡。

⑥爬：匍匐爬。指导要点：蹬伸腿时，膝部应边蹬边转，防止臀部隆起。爬时应仰头前看，用鼻呼吸。

⑦钻：能侧身、缩身钻过50厘米高的拱形门。指导要点：侧对拱形门，离拱形门远的腿蹲，近的腿向拱形门下伸出，低头，弯腰，然后伸

后腿，屈前腿前移重心，同时转体钻过。

⑧滚：在垫上前滚翻。指导要点：蹲撑，两脚蹬地，同时提臀、屈臂、低头，使头后部、肩、背、腰和臀部依次着垫。当背部着垫时，屈膝团身，两手抱小腿，上体迅速跟紧大腿向前滚动成蹲立。要求滚动圆滑，团身紧，方向正。

大班：在垫上侧滚翻。指导要点：注意保护肘手。

⑨队列：中大班一路纵队跑口令，"跑步——走！""立——定！"指导要点：大班幼儿可以用前脚掌着地跑，同时上体稍前倾，两臂前后自然摆动；中班幼儿则要求上下肢协调，轻松地跑；小班幼儿仅要求自然跑即可。要求：第一步要跃出，跑步时要以前脚掌先着地；臂要前后自然摆动，前不露肘，后不露手。立定时，靠脚同时将手放下。

大班：能按信号迅速集合、分散。

横队集合：口令，"成一（二、三……）列横队——集合！"要领：听到口令，跑步面向老师集合，基准幼儿首先跑到老师左前方适当位置成立正姿势，其余幼儿随基准幼儿依次向左侧排队，站成指定队形，自行对正、看齐、成立正姿势。

纵队集合：口令，"成一（二、三……）列纵队——集合！"要领：听到口令后，基准生迅速跑到老师正左前方适当位置成立正姿势，其余幼儿以基准生为准，依次向后重叠站成指定队形。

解散：口令，"解散！"要领：听到口令后，迅速离开原位（稍息时，先立正）大班能整齐列队。口令："向前看——齐！""两臂放——下！"指导要点：听到口令后，排头不动或侧平举，其余幼儿两臂前平举，同时看前面幼儿头的后部，对正看齐。听到"两臂放——下！"后，迅速将两臂放下。

大班：变化队形(向左、右转走)口令："向左(右)转——走"指导要点：齐步向左(右)转走时，动令落在左(右)脚，右(左)脚向前半步，脚尖稍向左(右)重心右移，以两脚的前脚掌为轴，向左(右)转体90度，同时出

幼儿园游戏组织与指导

左(右)脚向新方向行进。

⑩综合：运球。指导要点：球的落点在身体的侧前方；手拍打球的部位在球中后部。

幼儿园体育游戏教案设计

（一）游戏主题

根据幼儿生理和心理发展不同阶段，并结合幼儿园场地器材的情况选择适合的体育游戏主题。

（二）制订游戏目标

体育游戏的最终目标就是锻炼身体。主要是通过游戏的形式渗入到运动中，达到体育锻炼的目的。在游戏主题明确后，幼儿教师要结合主题内容制订合适的教学目标。目标的确立要具有科学性、阶梯性、适应性和可操作性。

（三）做好游戏准备

(1)技能准备。

(2)器材准备。

(3)心理准备。

（四）设计体育游戏过程

1. 导入

良好的开端是成功的一半，在教学导入阶段，我们通常有开门见山式导入、儿歌导入、音乐导入、情景导入、经验总结导入等几种方式。其中情景导入在幼儿体育游戏中较为常见，通过恰如其分的引入，让小朋友产生积极运动、学习的热情。

2. 制订游戏

规则在我们经常接触的体育游戏中，有接力游戏、接拍游戏、争夺游戏、角力游戏、猜摸游戏等。有游戏就有规则，不然就失去了游戏的

内涵。通过讲解示范，运用最简单有效的方式让每个小朋友明白游戏规则至关重要。

3．游戏过程

指导一是注意安全。幼儿教师在指导游戏的过程中，通过观察随时掌握游戏过程，切记不要出现任何安全问题，以免影响孩子身心健康。

二是适当指导。在体育游戏过程中，幼儿教师必要时可以通过肢体和言语鼓励小朋友，让小朋友在游戏过程中不断学习和培养拼搏进取的精神。

4．小结

在放松结束时，积极鼓励小朋友收拾器材。根据游戏进行的情况和教学要求，及时组织幼儿评价游戏；并对本次体育游戏作客观小结，多数以表扬为主，让小朋友体验成功的快乐！

幼儿体育游戏案例：

案例一 体育活动《小动物找家》(小班)

【活动目标】

1．练习听信号向指定方向走、跑、跳，发展幼儿的基本动作。

2．能找到空的位置，不推他人。

【活动准备】

在场地的四角摆放小猫、小鸡、小兔、小鸭的标记，表示小动物。

【活动过程】

1．开始部分：幼儿跟着教师随音乐一起做模仿操。

2．基本部分：

(1)新授游戏：幼儿四散站在场地中间，教师说："轻轻走，轻轻跑，我的小猫喵喵喵"，幼儿边学小猫边向小猫家走去。教师说："爱吃虫子，爱吃米，我的小鸡叽叽叽"，幼儿边学小鸡边向小鸡家走去。

教师说："黄黄嘴巴大脚丫，我的小鸭呷呷呷"，幼儿边学小鸭边向小鸭家走去。教师说："长长耳朵三瓣嘴，我的小兔"，幼儿边学小兔边向小兔家走去。

(2) 幼儿游戏1～2次后改为跑。（提醒出汗多的幼儿应注意休息）表扬遵守游戏规则和能找到空位置的幼儿。

3. 结束部分：狡猾的狐狸在哪里？幼儿能念完儿歌再跑。

案例二 体育活动《猫和老鼠》(小班)

【活动目标】

1. 通过游戏让幼儿感受战胜困难的喜悦心情。

2. 结合幼儿钻、爬和跑多种玩法，发展幼儿的动作的协调性、敏捷性。

3. 萌发幼儿相互合作的精神。

【活动准备】猫、鼠头饰若干，粮仓一个、鼠洞两个、独木桥一座、山洞一个等。

【活动过程】

1. 开始部分：

(1) 幼儿听音乐开汽车进场地。

(2) 游戏前的活动准备，主题《小动物找家》。

(3) 启发幼儿讲出猫、鼠的作用及特征，交代及规则。

2. 基本部分：

(1) 猫保护粮仓巡逻，鼠乘虚而入找粮吃，没吃到。

(2) 在鼠妈妈的带领下，小老鼠们趁猫巡逻时，在路上设障碍，搬来跳圈等，鼠获得偷粮的成功。

(3) 猫找出失误的原因，卸下铃铛，排除路障，想办法给鼠一个错觉，终于抓住了老鼠，减少了粮仓的损失。

3．结束部分：

(1) 表扬角色扮演得好的幼儿。

(2) 幼儿开汽车离开场地。

案例三 体育活动《能干的小蚂蚁》(小班)

【活动目标】

1．学习转道爬行动作。

2．练习听信号向指定方向爬行及变速爬行。

3．增进幼儿的方向感及身体的协调性。

【活动准备】

1．蚂蚁头饰若干(每个幼儿一个)、录音、磁带、铃鼓一个、纸箱4个。

2．场地布置：大草坪一块(长7米、宽6米)，上放有许多皮球，草坪旁有4个纸箱，3米长的垫子4块，摆成转道形。

【活动过程】

1．开始部分：

(1) 扮演角色，准备活动。

(2) 出示蚂蚁头饰：这是什么呀？今天我扮蚂蚁妈妈，你们扮蚂蚁宝宝。"蚂蚁宝宝！""哎！""我带你们到草地上玩游戏，我看我的宝宝谁最聪明，最能干好吗？我们开着车子走吧。"

(3) 放《洋娃娃和小熊跳舞》的音乐带领幼儿做走、跑、跳动作，活动身体的各个部分。

2．基本部分：

(1) 学习带球转道爬行。

(2) "草地到了，你们看这草地上有什么呀？"(皮球)"我们能玩游戏吗？""那我们把皮球收到四周的箱子里吧。怎么收呢？仔细看妈妈是怎么收的。"

（3）老师示范讲解带球转道爬行。手膝着地向前爬行，球贴前胸，用身体带动前进。

（4）幼儿练习带球转道爬行，教师指导。

（5）组织幼儿练习向指定方向爬行及变速爬行。

皮球收完了，我们来玩游戏吧。妈妈让你们爬到哪边，你们就爬到哪边好吗？

"真棒！""你们看我这是什么？"（铃鼓）"我的铃鼓摇得快，你们就爬得快，摇得慢，你们就爬得慢，没摇你们就原地不动，好吗？"

3．结束部分：

放松活动，调整活动量，让幼儿适当休息一会儿。幼儿一边放松一边回教室。

案例四 体育活动：跳皮筋(中班)

【活动目标】

1．掌握跳皮筋的方法，对民间体育游戏感兴趣。

2．发展幼儿双脚协调地跳，通过幼儿自主活动，相互学习，培养合作精神，体验合作游戏的快乐。

【活动准备】

3～5米长的橡皮筋或松紧带一条，两头打个结。

【活动过程】

玩法一：三人为一组，两名幼儿扯皮筋，一名幼儿跳皮筋，幼儿双脚站在皮筋左侧，右腿迈入皮筋里左脚跟上，右脚在左脚之后向皮筋外侧点，接着右脚再收回，同时左脚跳出，右脚跟着跳出皮筋。跳皮筋的高度逐渐加高，以增加难度，幼儿可边念儿歌边跳皮筋，注意节奏。

玩法二：四人一组，其中三人把橡皮筋套在各自的小腿处站成等边三角形，一人在中间跳。跳的方法可自选，可先用右脚腕勾住三角形的"一条边"，然后左脚跟进去，接着右脚跳出来，左脚跟着也跳出来。

如此连续跳三次，"一条边"跳完后，小跑步到"第二条边"，"第三条边"上跳，方法同前。就这样顺着三角形跳，边跳边念儿歌，当跳念到"一百零一"时，与角上幼儿对换，换上的一名幼儿用同样的方法跳。

注意事项：

(1) 在跳的过程中，如果被橡皮筋勾住脚脱不掉，就得停下换别人跳。

(2) 必须按儿歌节奏，顺着三角形跳。

附：儿歌

马兰花，马兰花，马兰开花二十一，

二五六，二五七，二八二九三十一，

三五六，三五七，三八三九四十一，

四五六，四五七，四八四九五十一，

五五六，五五七，五八五九六十一，

六五六，六五七，六八六九七十一，

七五六，七五七，七八七九八十一，

八五六，八五七，八八八九九十一，

九五六，九五七，九八九九一百零一。

案例五 体育活动：小兔搬家(中班)

【活动目标】

1．练习双腿夹物跳的动作，发展腿部力量。

2．激发对体育活动的兴趣，充分体验游戏的快乐。

【活动准备】

可乐瓶若干，塑料圈人手一个，斜坡一个，杂物若干，录音机，磁带。

【活动过程】

1．准备运动：兔子舞。

老师戴头饰：孩子们，我们一起来跳个舞吧!(音乐起)

2．基本动作：游戏《狼来了》。

老师：这儿真美，我们在这儿安家吧!(取下圈，放在地上当家)我们还有很多粮食没搬，得把它们搬到仓库里。(指定一个地点为仓库)示范：走到场地一侧，取一件物品，用双腿夹住，跳到仓库处放下，再继续。(请个别幼儿示范，强调动作要领：在搬时一定要用夹物跳的方法)当大灰狼出现时，小兔要立即在塑料圈中蹲下，大灰狼走了，再继续搬东西。幼儿在音乐伴奏下练习两次。

3．游戏：小兔搬家。

老师：大灰狼真讨厌，经常欺负我们，我们还是搬家吧。

讨论：怎样把这么多的东西都搬走? 引出夹物跳。

(1)造新家。兔妈妈介绍路线，与几只小兔示范夹物跳的搬家方法：背着圈跳过小树林(可乐瓶搭成)，搭个新家，将粮食放在指定位置，再冲上山坡，跳下，返回原地。

(2)搬家。(音乐起)小兔在妈妈的带领下沿路线搬家。教师根据幼儿的活动情况进行指导。为小兔鼓励、加油。

4．整理活动。

老师：哈，终于搬完了，这里很安全，大灰狼再也不会欺负我们了!(幼儿做高兴状：耶!)

真累呀，让我们放松一下吧!(互相敲敲腿，捶捶背，揉揉肩)

天快黑了，妈妈给你们讲个《小兔搬家》的故事吧!(幼儿边听故事边做休息状结束)

案例六　体育活动：调皮的小袋鼠(大班)

【活动目标】

1．练习多种跳的方法：单脚跳、双脚跳。

2．通过游戏中不同障碍物的设置，尝试多种跳的方法。

3．乐意参与跳的活动，并努力克服困难，一直跳到活动结束。

【活动准备】

圈若干、椅子两把。

【活动过程】

1．准备活动。幼儿园大班体育活动——调皮的小袋鼠(单双脚跳)。

游戏袋鼠妈妈：教师请幼儿手拉手围成一个大圆圈，大家边唱歌边跳跃，可以手拉手跳，也可以自己叉腰跳，教师注意在过程中引导幼儿按照儿歌内容变换跳的姿势。

2．游戏活动：调皮的小袋鼠。

(1) 幼儿扮演：小袋鼠，教师带领幼儿原地练习单脚跳及双脚开合跳。再将幼儿分成数量相等的两队站在场地的一端，另一端两把小椅子。

(2) 游戏开始前，教师先示范讲解动作要领及过程，让幼儿明白游戏的规则及玩法。

游戏开始，排头的两位先单脚跳过圈，再绕过弯曲的小桥(即绳子)，再进行开合跳圈，最后绕过小椅子，跑回自己的小队，拍一下第二位幼儿的手，站至队尾，第二位幼儿继续进行第一位幼儿的动作。

3．放松活动。

教师带领幼儿边唱边进行游戏。

附儿歌

跳跳跳，双脚跳，跳跳跳，单脚跳，跳跳跳，转身跳，天天跳，身体好。

案例七 体育活动：平衡凳游戏(大班)

【活动目标】

1.通过多种平衡凳游戏，发展幼儿的灵敏、力量和协调性。

2.培养幼儿积极思维、主动创想团结合作、富有责任感的品质及遇事沉着冷静、勇于克服困难的良好心理素质。让幼儿体验成功的喜悦、运动的快乐。

【活动准备】

平衡凳12条。

【活动过程】

1．开始部分：

(1) 活动手腕、脚踝。

(2) 跳热身操。

2．基本部分：

(1) 幼儿自由选择平衡凳，探索创造平衡凳的各种玩法。

(2) 教师组织幼儿集中展示比较有新意和锻炼价值的几种玩法，并让幼儿选出三种感兴趣的进行练习。

(3) 将选出的三种动作串起来，幼儿分成四队进行平衡凳竞赛。(两遍)

(4) 老师教授平衡凳趣味游戏：

①幼儿尝试十人同时站上一条平衡凳。

②择优示范，请他们谈谈为何能成功，并总结归纳出以下几点：

要稳住重心，不要摇晃，不要推挤。

多想到同伴，采取紧贴和侧站的方式，以增加空间。

间隔幼儿手臂互拉的技巧。

(5) 请幼儿们再次活动，牢记同伴获得成功的经验：控制平衡，站的姿势要有序。

(6) 结合已有经验，增加难度，再次游戏。将两条平衡凳并在一起，减小空间，让20名幼儿站上去。

(7) 如果失败，引导幼儿分析原因，再次尝试。如果再次失败，教师将协助幼儿完成，并告诉他们要注意的地方，然后再集体完成一次。

(8) 如果成功，老师加入再玩一次。用表扬的方式告诉他们成功的关键所在。

(9) 一起感受成功的喜悦，欢呼。

3. 结束部分：

玩了半天,累了吧? 现在两个小朋友互相帮助按摩一下,放松放松。

【活动过程】

和幼儿一起交流分享没完成任务时的沮丧心情,以及通过合作,互相帮助后全体站上平衡凳的喜悦心情,引导幼儿认识到只要开动脑筋,相信自己,团结合作,再大的困难也能克服。

第 4 章 幼儿园其他游戏

　　本章共四节，分别论述了幼儿园民间游戏、幼儿园手指游戏、幼儿园亲子游戏、幼儿园数学游戏的基本概况，理解幼儿园民间游戏、幼儿园手指游戏、幼儿园亲子游戏、幼儿园数学游戏实施的基本途径，通过以上理论知识的学习并结合实践，更好地体验幼儿园民间游戏、幼儿园手指游戏、幼儿园亲子游戏、幼儿园数学游戏的内容及运用。

幼儿园民间游戏

幼儿园民间游戏概述

在长期的社会发展过程中，中国雅、俗文化并驾齐驱，从不同角度为文化的发展注入了活力。作为俗文化组成部分的传统民间游戏无时无刻不存在于人们的生活之中，起着陶冶情操、休闲娱乐、愉悦精神的作用，有的甚至用自己的规则约束以及教化作用潜移默化地影响着人们的思想、意识、观念等。但长期以来，传统民间游戏并没有作为一个专门的概念和课题提出来加以系统地研究。根据对各类具体的民俗游戏、游艺活动的考察可知，传统民间游戏必须满足以下几个条件：一是传统性，即必须是世代相传、经历一定时间跨度的，并且得到某些地域或阶层群体的广泛认可、约定俗成的；二是民间性，是在劳动人民中间、主要是下层民众之中广为流传的；三是游艺娱乐性，具有很大程度的自主、娱乐特征，即便有较强的竞技特征，也不属于正式的比赛项目。

因此，传统民间游戏的定义可以理解为：一定区域内广泛流传于民间并世代相传的、含有竞技特征但排除在正式比赛项目之外的、能够带来充分娱乐效果的游艺活动。

（一）幼儿园民间游戏的分类

传统民间儿童游戏取材于民间，内容丰富多彩，多反映当地百姓生活，材料简单，就地可取，游戏灵活，自由度大，不受时间、空间条件的限制。将传统游戏按照不同性质划分为四大类：

1. 民间益智游戏

这类民间游戏包括：七巧板、拼图、猜谜语、翻绳、跳棋、五子

棋、闯关棋等。主要有拼图和棋艺类。这种游戏将智力活动和娱乐活动巧妙地结合起来。

2．民间美术游戏

民间美术包括剪纸、折纸、撕纸、编织、民间玩具及废旧物品的合理利用等。

3．民间体育游戏

民间体育游戏包括跳方格、跳皮筋、跳绳、踢毽子、打沙包、滚铁环、跑垒、捉迷藏、丢手帕等。

4．民间童谣说唱游戏

童谣有着很长的历史，流传于民间的童谣更易为幼儿接受。

（二）幼儿园民间游戏的教育意义

作为一种儿童感兴趣的游戏形式，民间游戏对于儿童成长具有多方面的教育价值。传统民间游戏不仅对儿童身体发育大有裨益，而且为儿童心理品质的发展提供了有效的载体和宽阔的平台。传统民间

幼儿园游戏组织与指导

游戏的教育意义不仅体现于促进儿童身心各方面发展的重要价值，还是培养儿童本土文化认同感和民族精神的有效形式，起到教化作用。例如，"马兰开花二十一，二五六，二五七，二八二九三十一……九五六，九五七，九八九九一百一"，"小老鼠，上灯台，偷油吃，下不来……咕噜咕噜滚下来"，韵律和谐的童谣，不仅强化了游戏的节奏感，生动朴实直白的内容，更增强了游戏的情景性、生活气息和娱乐性。

1. 幼儿园民间游戏有助于幼儿身体的发展

幼儿期是幼儿身体发展最为迅速的时期，幼儿民间游戏特别是民间体育游戏，符合幼儿好动的特点，可以引起幼儿参加游戏的兴趣，从而发展幼儿的基本动作，为幼儿运动能力的提高和身体的发展奠定良好的基础。许多民间体育游戏都离不开跑、跳等动作，让幼儿在玩中锻炼了躲闪、灵敏性、平衡协调能力和肌肉能力，同时增强了幼儿体质和体能锻炼，促进了幼儿身体的健康发展。另外，幼儿可以随时利用空闲时间和一定的空间练习民间体育游戏，具有较大的灵活性和随机性，幼儿活动的总量得以保证。利用民间游戏还可以使幼儿的身体器官得到发育，促使幼儿的力量、速度得到增强和提高，也在一定程度上锻炼了幼儿的耐力，促进了幼儿身体的发育，提高了儿童的体能。这是传统民间游戏在幼儿身体发展方面的重要功能和价值。

2. 幼儿园民间游戏有助于幼儿智力的发展

集各种动作、有趣的语言和开放的思维等各个方面于一体的传统民间游戏在幼儿智力发展方面有积极的作用和影响。首先，传统民间游戏的开展有利于提高幼儿的知识水平和扩大幼儿的视野。随着传统民间游戏的开展，幼儿的生活知识和社会知识得到丰富，学习能力和技巧得到发展，能更好地感知和认识现实生活。从这个意义上说，传统民间游戏是幼儿认识世界的途径之一。其次，民间游戏有助于幼儿的语言能力的发展和提高。尤其是一些伴随着朗朗上口的民谣一起进行的民间游戏，更给幼儿

带来了无穷的乐趣。如果能将一些节奏和旋律明快优美的民谣运用到课程教学实践中，则能更有效地调动幼儿的积极性，吸引幼儿。最后，有些民间游戏可以锻炼幼儿的观察力和注意力，培养幼儿空间想象力和形象思维力，有些民间游戏还能培养幼儿的动手能力和创造能力。

3. 幼儿园民间游戏有助于幼儿良好品质和人格的培养

我们面对的大都是独生子女，他们所处的环境都很优越，再加上个性的差异，有的孩子表现出任性，将自己喜欢的器械霸为己有，不与同伴一起玩；有的孩子喜欢扮演自认为"本领大"的角色，不想充当一些"弱小"的角色。

通过民间游戏的开展，原来较霸道的小朋友也能与同伴友好地相处，喜欢扮"本领大"的角色的小朋友也能与同伴互换角色，幼儿的良好品格，得到有力的促进。

幼儿园情景再现：

例如，"老鹰捉小鸡"的游戏，有部分幼儿总喜欢扮"老鹰"，不愿扮演"小鸡"的角色；还有的小朋友不愿和大家一起游戏，总喜欢自己玩。我们在组织游戏时就有意识地选择一些必须通过合作好才能玩的游戏。如《扯皮条、拉皮条》《抓大鱼》等游戏，幼儿必须通过密切合作才能完成。

幼儿园情景再现：

例如，《抬轿子》游戏需要两个人用手搭一顶轿子，另一个人就坐在轿子上，然后走到终点，孩子们知道要在游戏中取得胜利，就必须与同伴友好合作、互相帮助，克服困难。再如游戏《炸碉堡》，做碉堡的孩子知道要与同伴合作游戏外，他还必须遵守游戏的规则，克服自己的冲动，学会忍耐、等待，与他人轮流游戏。而在奔跑的过程中，经常会出现互相碰撞的现象，老师就及时鼓励孩子互相道歉，原谅对方，等等。

当幼儿在游戏中获胜，他们体会到了成功的喜悦和满足感，增加了自信心和成就感；当他们面临失败，会产生挫折感，但幼儿好胜心强，丰富有趣的民间游戏又深深吸引着幼儿，使他们能承受失败和挫折给他们带来的不安，分析自己的不足，克服自身的弱点，继续参加游戏。所以，在这个过程中，幼儿学会自我控制，锻炼了抗挫能力，增强了明辨是非、正确评价的能力，形成乐观、开朗的性格。由此可见，民间游戏活动为培养孩子良好的社会适应能力及良好的个性品质创造了有利的条件和机会。其次，幼儿民间游戏本身就具有浓厚的趣味性，它符合了幼儿好奇、好动的特点，又能让幼儿在游戏中充分享受到自由。在自然、自发的民间游戏中，幼儿没有受到任何干预，没有心理压力，情绪是放松的，他们自娱自乐，敢于大声说笑，大方地表现，大胆地想象；他们随时随地、自由结合，不用任何道具就玩得很开心。这说明幼儿民间游戏为幼儿创设了良好的情绪环境，使幼儿跨越了情绪障碍。因此，民间游戏的开展过程，可以说是幼儿逐步形成良好个性心理和积极情感的过程。

《纲要》指出："实行保育和教育相结合的原则，以幼儿发展为本，促进幼儿身心和谐地发展，是幼儿园的主要任务。"其中，加强幼儿的品德教育和进行行为习惯的培养、训练，对促进幼儿身心和谐发展，起着十分重要的作用。如果在物质文明不断发展的今天，忽视德育，不能为幼儿良好道德品格、行为习惯奠定基础，并且随着幼儿年龄的增长逐步巩固和提高德育的成果，那么，当今因道德造成的社会问题，绝不亚于生态环境遭受破坏造成的恶果。

民间游戏中编配的部分儿歌对幼儿良好品德的形成有不可低估的作用。

幼儿园情景再现：

如游戏《摇元宵》："摇摇摇，摇元宵，我的元宵是宝宝。穿红衣，戴红帽，不说话，总爱笑。吃饭不让妈妈喂，走路不让爸爸抱。看见小鸟

点点头，看见客人问声好。"

在玩民间游戏《摇元宵》时，是由两名幼儿合作边念儿歌边玩的。而这首儿歌融于此游戏中，不仅教育孩子自己的事情自己做，培养了孩子的生活自理能力(吃饭不让妈妈喂，走路不让爸爸抱)；而且又教育了幼儿从小懂礼貌，争做文明人(看见小鸟点点头，看见客人问声好)。从中也增添了游戏的情趣，幼儿能从中受到感染和熏陶，从而形成良好的道德品质。

4. 幼儿园民间游戏有助于幼儿文化认同感的培养

认同感是个体聚合在一个群体中的认同感，它是在伦理观念、价值观念相同或相近的文化背景下形成的。它对幼儿来说是非常陌生、抽象的，仅凭教师单方面的说教，幼儿只能是茫然无知的。而民间游戏中蕴藏着悠久的历史与丰厚的文化意蕴，它受心理、习惯、地域、气候诸因素的有效制约，所表现的内容往往是当时人们的生活方式、风俗风情、思维模式等。幼儿在玩的过程中亲近生活、了解生活，凭借模拟现实生活中的人、物的行为风俗，易受到当地民俗文化的熏陶，从而建构起初步的认同感。在游戏中幼儿通过模仿、交流、改进，对当地的民俗就会有进一步的认识，而如此的"观察—模仿—再观察—再模仿"就会让幼儿产生一种认同感，形成一种习惯，自然流露到日常生活中。

幼儿园传统民间游戏课程实施的基本途径

要发挥传统民间游戏对幼儿的积极作用，就需要把传统民间游戏落实到幼儿园的各项活动中去，贯穿于幼儿的一日生活中，让幼儿有机会玩。传统民间游戏在幼儿园的课程实施主要有以下基本途径。

(一) 幼儿园零散时间中的传统民间游戏

传统民间游戏的顺利进行和开展，需要有足够的时间保障，这就要

求幼儿园必须为幼儿游戏提供充足的时间。幼儿在园一日活动的各个环节紧密相连，在环节之间也有一些幼儿在游戏活动中交流过渡时间，幼儿来园之后、离园之前和饭后都是属于环节过渡中的零散时间。然而正是这些看来毫不起眼的零散时间组成了幼儿在园一日活动的整体，使幼儿全部的活动有机联系起来。所以重视并科学利用零散时间使之更好地为幼儿服务，显得尤为重要，而民间游戏本身的趣味性和娱乐性特点很符合幼儿的年龄特征，可以拿来为幼儿所用。幼儿园可将传统民间游戏穿插在零散时间中进行开展。

各零散时间段及相应开展的民间游戏种类与目的具体见下表：

零散时间	适合开展的民间游戏	游戏目的
来园后	七巧板 挑棍 抓子	获得愉悦的心情和体验 发展幼儿小肌肉群或手眼协调能力
分组喝水，吃饭前	攻城 骑马 跳皮筋 打沙包 编花篮 斗鸡 跳房子 扎地画圈	促进幼儿大肌肉群的发展，又避免了盲目奔跑带来的安全隐患 训练幼儿的控制能力和协作意识
离园前	弹豆豆 烟盒三角块 拍手游戏	保证安全 让幼儿学会安静、有序地离开活动室，稳定情绪

通过在零散时间穿插民间游戏的形式，幼儿在园中排队和等待游戏或活动的时间大大减少，也使幼儿体验到快乐。这样不仅使幼儿一日活动的各个环节自然地得到过渡，提高了幼儿在园一日生活质量，也使教师一日的教学活动井然有序，很好地体现了动静交替的原则。

（二）幼儿园集体教学活动中的传统民间游戏

将传统儿童民间游戏融入幼儿园的课程中，作为一个重要的实施形式，应充分发挥集体教学的优势和作用。在集体教学活动中，要依据教学目标的要求，并结合幼儿的年龄特点和班级实际情况，选取适宜幼儿发展的民间游戏。如为了实现中班健康教育的目标之一，即幼儿能够在一定范围内四散追逐跑动，教师可以选择"猫捉老鼠几更天"等游戏。

第4章 幼儿园其他游戏

幼儿在生动有趣的游戏中不但能够愉快地体验游戏乐趣，还发展了跑的动作，实现了教育目标。在教学过程中，教师可以系统地传授给幼儿民间游戏的名称和玩法等，在日常零散的时间中，幼儿就可以自行练习与游戏，同时教师在教学实践及教学研究过程中，可将民间游戏与幼儿园教育的五大活动领域进行有效的融合，对民间游戏以外的民间文化知识加以扩展。

幼儿园可以通过一系列园本教研活动，探讨儿童传统游戏与课程的融合、与其他游戏的融合，在学期计划和周计划中作出安排，并落实到一日活动计划中。每个幼儿园可以依据和结合本园的实际要求和特点，使幼儿的传统民间游戏在户外活动时间和室内自由活动时间得到有效的开展。幼儿园可将不同类型的游戏依据幼儿各年龄阶段的不同，制订一系列民间游戏计划，这样在开展民间游戏活动时便有了更强的针对性。传统民间游戏要与幼儿园日常教学活动相融合。首先，教师可以以幼儿在区角游戏中所发现的有趣的问题为基点，结合各班的日常教育目标，把传统民间游戏设计和引申到各领域的教学活动之中。其次，在预设活动方面，民间游戏活动可为其提供相对丰富的题材，充当预设活动的桥梁，使教育教学活动变得富有趣味性。

（三）幼儿园区域活动中的传统民间游戏

在传统民间游戏中，有一些适合在室内开展的需要有一个相对固定的场所，教师可以考虑在室内创设一个相对固定的游戏区域，鼓励幼儿开展传统民间游戏，如挑棍、翻绳、五子棋等。鉴于区域活动具有自由性、指导间接性等特征，可以充分发挥和挖掘幼儿参与传统民间游戏活动的潜能，在游戏过程中形成和发展幼儿良好的个性，是幼儿园课程实施的重要方式。教师应该对幼儿的游戏和活动的情况多加注意观察，根据幼儿游戏情况的发展变化，不断调整游戏的投放材料，优化区域设计，使区域活动更加针对幼儿的发展需求和特点，从而取得良好的效果，不断丰富和深化区域活动。

（四）把民间游戏纳入活动区开展，在各区角投放相应的材料，具体活动安排见下表：

民间游戏 活动区域	民间游戏形式或材料	游戏目的
体育活动区	高跷 滚铁环 跳绳 踢毽子 风车 赶小猪 跳房子 跳皮筋	用幼儿感兴趣的方式发展基本动作，提高动作的协调性、灵活性 培养幼儿坚强、勇敢、不怕困难的意志品质和主动、乐观、合作的态度
益智区	挑绷绷 找东南西北 跳游戏棒 翻麻将牌 刮刮片 玩火柴棒	使幼儿在轻松的状态下积极开动脑筋
探索区	打子弹 拉纽扣 捻捻转	幼儿在轻松愉悦的游戏过程中学会观察与探究
美工区	泥塑 剪纸 编织等材料	培养幼儿的耐心和细心 激励幼儿大胆实践、积极创新，提高其审美能力
表演区	民族服装 民间小乐器 小道具	体验中华民间艺术的美，增强了民族自豪感

在具体的民间游戏实施活动中，随着主题教学内容、幼儿兴趣等的改变，所划分的区域以及在各民间区域所投放的材料相应的也要发生改变。

幼儿园民间游戏集

1. 骑马

玩法：三人一组，一人站立作马头，另一人在他背后双手搭他双肩弓身俯首作马身。第三人为骑马者，骑在作马身者的肩上。玩时三人同时口喊"嘿!嘿!嘿⋯⋯"，数匹"马"竞相跑步向前，比谁跑得快。

2. 坐轿

玩法：三人一组，两人抬轿，一人坐轿。抬轿的两人各自把左手

第4章 幼儿园其他游戏

掌握在右手腕上，然后互相把右手握在对方左手腕上，形成一"井"字形。坐轿者双脚各插进抬轿者双手形成的环圈中，坐在手掌形成的"井"字上。玩时各组侧向疾跑，快者为胜。坐轿、抬轿者轮换担任。

3. 滚铁环

玩法：器具是一个水桶大小的铁环（旧时农村常用废旧水桶铁箍），一根1米左右长的小竹竿，竹竿一头插进以粗铁丝弯成的"U"字形弯钩。玩时手持竹竿一端，以另一端的"U"形铁弯钩推着铁环在地上滚动前进。多人玩时，看谁跑得快，且铁环不倒下。

4. 踢鸡毛毽

玩法：鸡毛毽的制作很简单，取一根鸡翅膀上的粗羽毛，剪下一小截中间空的羽毛柄，往空管中插进一束细鸡毛，再以布捆扎后固定在一个或两个铜钱中间的孔中，使鸡毛不致脱落即可。可一人以脚踢出各种花样，如踢至膝、肩、背、头等各部位；也可多人互相传递踢出各种花样。竞技时，以踢的数目多者为胜。

5. 老鹰抓小鸡

玩法：一人扮老鹰，一人扮母鸡，其余人数不定，扮作小鸡。一"小鸡"在"母鸡"背后抓住"母鸡"衫尾，其余"小鸡"也都各牵住一人的后背衫尾，形成一列纵队。玩时，"老鹰"尽力设法要抓住"母鸡"后面的"小鸡"，"母鸡"则张开双臂拦住"老鹰"，保护"小鸡"不被抓，众"小鸡"也在"母鸡"后面不断躲闪。若有"小鸡"被"老鹰"的手摸到，便算被抓住，就得退场。达到一定时间后，"老鹰"抓到的"小鸡"超过"小鸡"数的一半，则"老鹰"胜；不到一半则"母鸡"胜。老鹰、母鸡、小鸡由游戏孩童抽签轮流担当。

6. 抛沙包

玩法：器具是5个4厘米见方的布缝沙包。玩时，先把全部沙包放桌上(或地上)，以右手先取一个往上抛，同时抓起桌上的一个沙包在掌心，再接住落下的沙包；然后再往上抛一个，同时抓起两个桌上的沙包，再

接住落下的沙包。如此接着抓起三个桌上的沙包。第二遍玩时上抛两个沙包，第三遍三个沙包。接住下落的沙包时，若有沙包跌落为失败，则换另一人玩。往上抛沙包数多者胜。有的地方不用沙包而用小石子，称为"打五子"，玩法一样。

7. 跳四方

玩法：四人一组站在一起，分别面向东、南、西、北四方，后背相向，各自左脚站地，右脚向后勾起，使四只脚掌相互交叉结合成一个"井"字，使之不会分开。然后四人同时单脚跳跃，双手拍掌打节拍，以统一跳的节奏。坚持时间最长者为胜。

8. 斗鸡(又称顶牛)

玩法：斗鸡者，拐起自己的一腿，双手抱脚，膝头为角，相互顶斗。两人单斗，也可多人群斗。斗倒对方或所抱腿脚落地为输，不可用手去推对方，最后不败者为将军。斗鸡是一种锻炼身体平稳性及耐力的活动。热闹激烈，过去很受青少年们喜爱。

9. 翻花绳

玩法：绳儿是一根三尺长短的绳线，两端绾结成圈。为两人游戏，多是女孩子们玩。一人把线圈拉套在两手上，用手指穿拉出一个花样，对方绾赶到自己手上，形成一种新的图案，对方再赶绾，自然又成一种形式，如此反复绾赶。有上翻、下翻和左右翻。绾赶有样式走向，而且讲究先后顺序、章法规矩。心灵手巧者能绾赶出簸箕、筛子、斗、花面旗、长条旗、斜面、方块、雨伞等花样。

10. 捉蜻蜓

玩法：参加者一人将手掌掌心朝下向前伸。其余幼儿每人伸出食指顶住伸掌者的手心，念儿歌。儿歌念到最后一个字时，伸掌者迅速抓握掌心中的食指，伸食指者要尽快逃脱，被抓住食指者就做下一次游戏的伸掌者。

11．"警察"捉"小偷"

幼儿平均分为两组，一组为"警察"，一组为"小偷"。场地上，分别画两个圈为各自的"家"。游戏开始，"小偷"出来活动，四散跑开，"警察"出来捉"小偷"，把"小偷"捉回"警察"的"家"，未被捉住的"小偷"如果跑回自己的"家"，"警察"就不能再捉了。

12．扎手绢

玩法：几位幼儿手拉手，围成一个圆圈。甲乙两位幼儿在圈外相对的地方分别将手绢扎在圈上幼儿的手腕上；然后以最快的速度往顺时针方向跑，将对方扎的手绢解下，扎在前一位幼儿的手腕上；扎好再往前跑去解前面的手绢……若另一位幼儿还未扎好被追上则为输者，与被扎幼儿换位，游戏继续开始。

13．切西瓜

玩法：几位幼儿手拉手围成一个大圆圈(做"大西瓜")。一位幼儿"切西瓜"，边念儿歌边绕着圆圈走，并做"切西瓜"的动作，念到最后一个字时，将身边两位幼儿拉着的手切开，然后站在被切开的位置。被切到的两位幼儿则必须立即朝不同方向跑一圈，再回到原位，先到达原位者即为再次游戏的"切瓜人"。

14．舞龙灯

玩法：利用稻草、竹筒或雪碧瓶制一个象征性的"龙头"，再制出"龙身"(稻草"龙身"用稻草扎成大约20厘米长的草扎若干个，中间穿上一根绳子，若给小班幼儿玩可不穿绳)，用小竹竿或木棍插进"龙头""龙身"，让幼儿举着舞，可以两条"龙"嬉戏，乐在其中。

幼儿园手指游戏

幼儿园手指游戏概述

　　《幼儿园工作规程》中提出"以游戏为基本活动"是幼儿园教育工作的原则之一。《幼儿教育纲要(试行)》指出：幼儿园的教育要"尊重幼儿身心发展的规律和学习特点，以游戏为基本活动，促进幼儿富有个性的发展"。作为一名合格的幼儿园教师，应该主动转变观念，从尊重幼儿发展和需要出发，主动寻求游戏在幼儿园课堂教学中的特殊价值，发现游戏在幼儿园课堂教学中的特点，提高课堂教学的质量，让幼儿园的教学适宜孩子的发展需求。苏霍姆林斯基说："幼儿的智慧出在手指尖上"，也说明了动手即动脑，拓展延伸手脑并用能促进幼儿心智发育。

　　手指游戏能够促进儿童智力的发展和表现力，还能提高手指的灵活性，在幼儿园的教学活动中能促进教学活动的开展，但是如何运用手指游戏以及发挥手指游戏在教学中的作用，在这里我要针对这一问题进行相应的研究。

(一) 幼儿园手指游戏的特点

　　手指游戏内容丰富、音韵和谐、朗朗上口，游戏具有便捷、简朴、轻巧、灵活的特点，手指游戏还可以促进幼儿之间的合作与协商。手指游戏不受时间、条件、年龄的限制，随时可以开展，有适合室内教学活动的手指游戏，有适合户外教学活动的手指游戏，教师可以根据幼儿的接受能力，教育内容的需要来选择适合的手指活动，使他们在轻松愉快的氛围活动中由浅入深地进入学习。它可以带给幼儿独特的体验和智慧的启迪，作为教育者，手指游戏的教育价值就是手指游戏给幼儿带来手

指的活动、语言认知的发展、思维想象的萌芽和创造表现的欲望以及愉快的情感体验。

（二）幼儿园手指游戏在教学中的意义

1．手指游戏能促进教学常规的培养

刚入园的幼儿情绪不稳定，不能很好地投入到教学活动中，要建立班级常规不容易，组织正常的教学活动就更不容易，但是面对孩子喜欢的游戏，老师的教学就会达到事半功倍的效果，将手指游戏和班级常规结合起来，让手指游戏渗透到常规教育的每一个环节中，让幼儿在轻松愉快的环境中建立常规。

2．手指游戏促进幼儿语言的发展

语言是多元智能中的基础智能，人们运用语言进行交流、学习，以及各种思维活动，家长和学校都非常重视语言的发展，我们必须抓住幼儿语言发展的敏感期，运用多种方式来帮助孩子学习语言，促进幼儿期语言的发展。对于3岁左右的幼儿，除了日常的语言交流和阅读活动外，我们采用手指游戏更能促进幼儿的语言发展。

3．手指游戏能提升幼儿的逻辑思维能力

《幼儿园教育纲要》指出，数学学习扎根于儿童的生活和经验，由于幼儿年龄小，对于数的认识和理解记忆都很模糊，运用手指游戏从生活中的经验帮助孩子学习数学。

幼儿园情景再现：

谁的小手藏得好——我的小手藏得好；小手小手拍一拍，我把小手伸出来。小手小手拍一拍，我把小手举起来。小手小手拍一拍，我把小手藏起来。

在组织幼儿课前活动时，可以运用这样的手指活动集中幼儿注意力，培养幼儿课前活动中的常规习惯。通过手指游戏让幼儿有序地学习班级常规，对于孩子是非常适用的。

幼儿园情景再现：

一座房、两块糖、三把伞、四把枪、五副眼镜、六碗汤、七只白兔、八头象，再加九朵小红花，十个小朋友笑哈哈！

孩子在游戏中既锻炼了实验协调的能力，还能理解数的概念。

4．手指游戏培养幼儿的合作交往能力

幼儿园的教育目标是培养幼儿乐意与人交往，学会互助，合作分享，有同情心的好品质。现在的孩子绝大多数是独生子女，在家里大人呵护太多，所以走出家门后交往能力较弱，不太容易与人交往，而手指游戏营造了一种轻松、随意的氛围，可以单独表演，也可以找朋友合作玩，老师鼓励幼儿自己找玩伴，在游戏中自己去协商、配合、合作，这样孩子能主动与别人交往，游戏的规则自己来商讨，也培养了他们解决问题的能力。

幼儿园情景再现：

《包饺子》(双人)炒了吧炒了吧，切切切；包饺子包饺子，捏捏捏；小九九揿电钮。《拍手歌》(双人)你一我一，一休哥；你二我二，王小二；你三我三，三太子；你四我四，少林寺；你五我五，五当山；你六我六，六小龄童；你七我七，七仙女；你八我八，猪八戒；你九我九，

九龙王；你十我十，降龙十八掌。《捏捏捏》(小组)一二三，爬上山，四五六，捏捏肉，七八九，握握手。

孩子们可以运用多种方式与同伴交流，不仅可以锻炼孩子的合作交往能力，还能帮助教学过程的开展。

幼儿园手指游戏的实施途径

(一) 可集中孩子的注意力，有利于教学活动的开展

孩子的天性就是活泼好动，就算是专心致志也不过几分钟，然而我们的教学活动却是半个小时。这时老师就应该灵活掌握活动情况，发现大多数孩子开始说话、打闹时，老师就可以带领孩子做一些有趣的手指游戏，吸引孩子的注意力。

幼儿园情景再现：

《十指歌》：一根手指转转转，变成牙刷刷刷刷；二根手指转转转，变成小兔蹦蹦蹦；三根手指转转转，变成小猫喵喵喵；四根手指转转转，变成叉子叉叉叉；五根手指转转转，变成老虎啊啊啊；六根手指转转转，变成电话喂喂喂；七根手指转转转，变成老鼠叽叽叽；八根手指转转转，变成手枪啪啪啪；九根手指转转转，变成钩子钩钩钩；十根手指转转转，转到身后看不见。

这样老师可以说："看看哪个小朋友小手藏得最好啊？"班级小朋友就会都将小手放背后，孩子的注意力又会重新集中。

(二) 可作为知识传授的手段

现在的幼儿教育不再是老师"灌输式"地将知识教给孩子，而应该

以孩子为主体，运用多种教学手段，在愉快的情境下，将知识传授给孩子。手指游戏会起到有效的作用。

幼儿园情景再现：

幼儿玩手指游戏：我有两只手，左手和右手，大拇哥，二兄弟，三中间，四小弟，小妞妞来游戏。手心、手背，心肝宝贝。

这个手指游戏教给了孩子们：人有两只手和十根手指的识别。朗朗上口的儿歌配合手指的运用，孩子是不难记住知识的。

（三）为课堂教育活动"做导入环节"

在上课之前，老师可以运用手指配合儿歌、音乐做一些手指活动，吸引孩子的注意力，激发孩子的学习兴趣。

老师运用教学方式、方法生动地导入要讲的学习活动内容，相信课前的"热身"会给教学活动带来不一样的收获。

幼儿园情景再现：

组织数学活动《认识5以内的数》：可以运用"五只猴子"的手指谣来导入，让孩子对5的数有初步的了解。五只猴子在水边，看见鳄鱼被水淹，ɑmɑm吃掉了；四只猴子在水边，看见鳄鱼被水淹，ɑmɑm吃掉了；三只猴子在水边，看见鳄鱼被水淹，ɑmɑm吃掉了；两只猴子在水边，看见鳄鱼被水淹，ɑmɑm吃掉了；一只猴子在水边，看见鳄鱼被水淹，ɑmɑm吃掉了；没有猴子在水边，看见鳄鱼被水淹，ɑmɑm没吃掉。

手指游戏是幼儿的基本活动，符合幼儿的年龄特点；手指游戏具有趣味性，幼儿在游戏中观察、思考、想象。在游戏中运用各种感官，动手，动脑，学会与人交往合作，将手指游戏运用到教学中，既有可行性也有操作性，同时对幼儿自身发展的提高起到促进作用，将手指游戏利

用到教学中，不仅满足了幼儿年龄的发展需要，更为老师组织教学活动起到很大的辅助作用。因此，将手指游戏运用到一日教学活动中，充分挖掘其内在价值，发挥其教育功能，让游戏和学习结合在一起，让孩子更快、更开心地成长！

幼儿园手指游戏集

1. 小兔子盖新房(小班)

小兔子，盖新房（双手做小兔耳朵状，五指并拢，指尖碰指尖各三下），

小猴、小狗来帮忙（双手做小狗、小猴状，右手手背向上，左手手指爬过）。

锯的锯，钉的钉（左手并拢做锯子状，右手心向上，同样左手握拳做锤子），

新房盖得真漂亮（双手交叉，手指自由晃动）。

进屋一看黑漆漆（双手做眼睛状，左右观望），

原来忘了安个窗（双手食指在头两侧画圈，双手大拇指、食指再做照相机状）。

2. 小乌龟(小班)

一只小乌龟呀（双手握拳，右手食指点左手手背骨节），

长着硬硬的背（同上）。

饿了把头伸出来（双手伸出大拇指），

困了把头缩进去（大拇指缩进拳头里）。

睡呀睡呀（双手握拳做睡觉状），

睡醒了（双手从身体两侧打开）。

伸出四条腿（伸出五指），

爬呀爬呀（双手轮流做爬状），

爬着去游戏（双手轮流做爬状）。

3．五指歌（中班）

一二三四五（右手食指依次点数左手每个手指一次），

上山打老虎（左手大拇指与小指伸直，中间三指弯曲做老虎头，右手握拳击打三次）。

老虎打不到（双手伸直，五指张开，曲直三次），

打到小松鼠（左手小指伸直，其他几指握拳，右手握空拳，左手小指插入右手拳心随节奏进出三次）。

松鼠有几只（双手食指伸直，其余手指握拳，指向头方向食指自绕三圈）？

让我数一数（双手张开手心向上一次，再向下、向上各一次）。

数来又数去（左手张开，右手食指点左手三次，左手随右手点的节奏翻转两次），

一二三四五（右手食指依次点数，左手每根手指一次）。

4．小动物爱清洁(中班)

小鸡叫，叽叽叽，叫我擦鼻涕。（"小鸡叫"，拍手一下，然后两手食指指尖相碰，其余手指相握；"叽叽叽"，食指互碰两下；"叫我擦鼻涕"，两手食指伸直相对，其余握拳横放脸前，同时由右向左动三下）

小鸭叫，嘎嘎嘎，叫我剪指甲。（"小鸭叫"，拍手一下，然后双手五指合拢左手在下，右手放在左手上；"嘎嘎嘎"，两手同时反方向开合两下；"叫我剪指甲"，右手做小兔耳朵状，横放胸前，左手手心向上，右手做剪刀剪指甲动作五下）

小猫叫，喵喵喵，叫我把脸洗。（"小猫叫"，拍手一下，然后拇指、中指、无名指相捏，食指、小指伸直，手心对外；"喵喵喵"，双手手腕同时由外向内转动两下；"叫我把脸洗"，五指张开双手在脸面前绕三圈）

小狗叫，汪汪汪，叫我换衣裳。（"小狗叫"，拍手一下，然后大拇

指、小指伸出，其余手指握紧，手心向外，放在头两侧；"汪汪汪"，手腕转动二下；"叫我换衣裳"，双手手心相对拍一下，然后手背相交手指互相穿插，最后手心相碰）

小朋友，爱清洁，人人都欢喜。（"小朋友"，拍手二下；"爱清洁，五指并拢手心、手背分别向上一次；"人人都欢喜"，其余手指握拳，大拇指相对弯曲二下，然后手臂伸直，手形不变）

5．小蜜蜂（小小班）

一只小蜜蜂（前四个字大拇指指尖相对，其余手指握拳，最后两字两手手心对着自己，手指向外，大拇指相扣），

飞到花丛中（左右手除拇指外，其余手指同时上下摆动4次。手臂由下向上移动）。

花儿齐开放（一、二两字左手五指并拢手心向上，三、四两字右手五指并拢手心向上，最后两字双手手腕并拢，食指弯曲做花开状），

蜜蜂采蜜忙（手指相对，手心向下，手臂稍微张开一些，除大拇指外，其余手指同时上下动4次，做蜜蜂飞状，手臂由下向上慢慢移动）。

6．手指宝宝做运动（小班）

一个手指点点点（伸出一根手指点宝宝），

两个手指敲敲敲（伸出两个手指在宝宝身上轻轻敲）。

三个手指捏捏捏（伸出三个手指在宝宝身上轻轻捏），

四个手指挠挠挠（伸出四个手指在宝宝身上挠一挠）。

五个手指拍拍拍（双手对拍），

我们一起爬上山（从宝宝脚面上爬到腿上坐好）。

7．石头剪刀布（中班）

石头剪刀布石头剪刀布（双手握拳、五指张开），

左手是石头（左手握拳），

右手是石头（右手握拳），

胖胖脸胖胖脸（双手握拳分别贴在脸两边）。

石头剪刀布石头剪刀布（双手握拳、五指张开），

左手是剪刀（左手），

右手是剪刀（右手），

小白兔小白兔（双手放在头两边）。

石头剪刀布石头剪刀布（双手握拳、五指张开），

左手是布（左手五指张开），

右手是布（右手五指张开），

小螃蟹小螃蟹（双手五指张开放在头两边）。

石头剪刀布石头剪刀布（双手握拳、五指张开），

左手是石头（左手握拳）。

8．手指打鼓（中班）

上敲咚咚鼓（双手运动食指），

下敲鼓咚咚（双手运动小指）。

上下一齐敲（食指小指同时运动），

中间开了缝（食指、中指向上运动，无名指、小指向下运动）。

你敲鼓我敲锣（左手上下运动食指，右手上下运动小指），

我敲鼓你敲锣（左手动小指，右手动食指）。

大家一齐敲（食指小指一起运动），

中间开了河（食指、中指向上运动，无名指、小指向下运动）。

9．包饺子（小班）

小手摊开，咱们来包饺子吧（伸出左手手掌）。

擀擀皮（右手在左手上做擀皮状），

和了和了（右手手指立起在左手手掌上做和馅的动作，就像手指在抓挠）。

包个小饺子（说一个字，用右手食指依次点着左手的手指），

香喷喷的饺子给谁吃（用右手把左手指包起来，盖住，问孩子）（然后孩子说给谁吃，就把饺子递到嘴边）。

10．宝宝的小手（小班）

爸爸瞧（左手从背后伸出，张开手指挥动），

妈妈看（右手从背后伸出，张开手指挥动），

宝宝的小手真好看（双手一齐摇动）。

爸爸瞧（闭合左手，往背后收），妈妈看（闭合右手，往背后收），

宝宝的小手不见了（双手都放在背后了）。

爸爸妈妈快来看，宝宝的小手出现了（双手从背后再拿出来）。

11．花园里（中班）

花园里百花开（先向下压腕再向上伸直），

万紫千红多姿多彩（小花舞两次，手心合拢成没开的花苞）。

菊花张开小嘴巴（大拇指先开成菊花），

兰花扬起小下巴（绕腕相对向下压成兰花指，手心面向大家）。

鸡冠花（手花状）真神气（手腕对在一起，另一只手成花状直立），

喇叭花开早早起（左上、胸前、右上、胸前）。

什么花儿晚上开（食指伸出放大脑边绕想问题）？

节日喜庆（由上向下水波状）烟花开（手指握拳猛地张开分三次）。

12．小桌子（大班）

小桌子四方方（手背对外、手指相对、对缝插进、手腕向下压大拇指靠压食指），

小朋友们坐边上（大拇指先开慢慢都打开）。

拓展延伸一个我（指我），

一个你（指你），

大家一起做游戏（拍两下手）。

一张纸（左手），

一支笔（右手），

画幅画儿真美丽（左右大拇指食指呈长方形）。

画座楼房高又高（小指放小指上面、无名指放无名指上面……大拇

指向上伸得直直的），

画座小桥弯又弯（楼房变成手腕向下压成桥），画群和平鸽飞过桥。

13．大拇哥（中班）

大拇哥，二拇弟，中鼓楼，四兄弟（唱大戏）。

小妞妞（抓住孩子的小手，边点着她的手指头边说），

爬呀爬呀爬上山（食指从胳膊一步步点到肩膀）。

耳朵听听（捏捏耳朵），

眼睛看看（点点眼睛），

鼻子闻闻（点点鼻子），

嘴巴尝尝（点点嘴巴），

咯吱一下（停顿，突然把手伸到孩子脖颈处，咯吱一下，以后每次孩子都会惊喜地等着这一时刻）。

14．手指睡觉（小班）

老大睡了（两手心向上，拇指弯曲），

老二睡了（食指弯曲），

大个子睡了（中指弯曲），

你睡了（无名指弯曲），

我睡了大家都睡了（小指弯曲，同时两手心转向下方）。

小不点醒了（小指伸直），

老四醒了（无名指伸直），

大个子醒了（中指伸直），

你醒了我醒了（食指、拇指先后伸直），

大家都醒了（两手相互拍）。

幼儿园亲子游戏

幼儿园亲子游戏概述

幼儿园亲子活动是由幼儿园创造一定的条件，以亲缘关系为基础，以教师为主导、教师与家长共同组织幼儿活动的一种幼儿园教育方式。

亲子教育是幼儿、家长和教师三者互相配合，互相协调的过程，在这个过程中，老师既是玩教具、游戏的提供者，也是知识、技能的传授者，同时还是家长和幼儿活动的指导者。

家长在活动中应是参与者，同时也应是教育方法的学习者，家长要把学到的方法和经验运用到自己孩子的身上。孩子在活动中既是游戏的参与者、学习者，又是适应集体教育环境、学校交往的实践者，以及体验生活的快乐者。

（一）幼儿园亲子活动的特点

1. 多元主体性

在幼儿园亲子活动中，教师、家长、幼儿都是活动的主体，都应积极参与活动。

2. 多向互动性

多元主体性决定了幼儿园亲子活动的多向互动性，师幼间、亲子间、幼儿间、教师与家长间积极交流、互动。

3. 全面教育性

幼儿园亲子活动的目的最终要落实到幼儿身心的健康、和谐发展上，因此，其目标应是关注幼儿的全面发展。

（二）亲子活动的类型

1. 观摩式的亲子活动，例如，半日开放、汇报表演等。

2. 互动式的亲子活动，例如，亲子运动会、亲子音乐游戏等。

3. 助教式的亲子活动，例如，成果汇报活动是综合式的亲子活动，包含观摩式和互动式。

幼儿园亲子游戏实施的途径

（一）幼儿园亲子活动开展的建议

1. 教师的培训

幼儿园成立"亲子活动研究课题组"，选送课题组成员到外地参观学习，把学习内容进行录像，然后分析学习研究，并请专家来幼儿园集中培训，以多种形式帮助教师了解亲子活动的根源、宗旨，学习如何组织亲子活动。

2．让家长有所认识

对幼儿家长进行亲子活动的宣传，主要是通过召开家长会、家园联系手册、宣传橱窗向家长介绍亲子活动目的、意义及一些在家中和幼儿交往应注意的问题，如对幼儿提出的所有问题，都要耐心和诚实地作答等。

3．活动前充分准备

教师把活动的地点、内容、形式、注意事项以表格的形式提前分发给参加活动的家长，以便家长对活动做到心中有数。同时做好亲子活动设计，要以游戏为主要形式，做到既生动活泼又符合幼儿身心特点。我们在设计每个亲子活动时，应考虑到幼儿的心理、年龄特点，尤其是认知特点，将活动课程生活化、游戏化，使亲子活动成为幼儿感兴趣的活动。

4．亲子活动的过程

应借助游戏的特性，安排尽可能多的肌肤接触。从某种意义上讲，幼儿需要的是爱而不是知识和技能的灌输。亲子活动中游戏的主角只能是幼儿，家长是活动的参与者和合作者。亲子活动中游戏应体现宽松、平等、低要求、多赞许。

（二）幼儿园常开展亲子活动

(1)亲子活动策划的目标指向是孩子的快乐与发展。

(2)亲子活动策划与园本课程相吻合。

(3)亲子活动策划要有宣传效应。

(4)亲子活动策划要有主题。

(5)亲子活动策划要有超前性。

(6)亲子活动策划要兼顾全体。

（三）亲子活动策划的格式

(1)活动背景或者设计思路。

(2)活动主题和宣传口号。

(3)活动目标。

幼儿园游戏组织与指导

(4)活动准备：节目的准备和要求、服装道具和音响的准备和要求、材料的准备和要求、环境和场地的准备和要求、人员的准备和要求、经费的预算、活动准备的步骤和时间要求。

(5)活动的程序。

(6)活动的扩大宣传途径与措施。

（四）常见的亲子活动策划

(1)成果汇报亲子活动策划。

(2)六一亲子活动策划。

(3)新生亲子活动策划。

(4)主体亲子活动策划。

(5)亲子运动会策划。

幼儿园亲子游戏集

1. 变魔术

目标：通过游戏培养孩子的观察比较能力和语言表达能力，以及边听边用动作表示数量，在游戏中享受成功的快乐。

准备：牛奶一瓶，手电筒一个，筷子一根，清水，无色透明玻璃杯两只，动物玩具两个。

玩法：

(1)亲子一起往玻璃杯中倒入清水，家长用手电筒光透过玻璃杯照射白色墙壁，与孩子观看墙上有什么？(墙上的影像是白色的)

(2)将一个动物玩具放在墙与杯中间，请孩子说说有什么发现，让孩子拿着玩具在墙与杯之间任意做各种动作，再说墙上影像的变化。(玩具的影像是黑色的)

(3)一只有水的杯子加入少许牛奶并用筷子搅拌均匀，再用手电筒透过杯子照射，继续观察有何变化？(光线是红色的)

(4)孩子用玩具继续表演，然后描述看到的情景。

(5)亲子在墙与光之间玩各种手影，启发孩子想象——影像像什么？

(6) 亲子分别轮流竖手指，另一人根据手指数量学动物叫，或听声音竖手指。

2．神秘的图形

目标：激发孩子的活动兴趣，引导幼儿在操作中巩固图形的认识，以及手口一致点数。

准备：盐水或糖水半杯，毛笔两支，打火机一只，白纸若干张，剪刀等。

玩法：

(1) 家长用毛笔蘸些糖水在纸上画图形外形，请孩子将图形内涂满。

(2) 亲子说一说图形的名称，数一数各图形的个数。

(3) 晾干图形再让孩子看图画，说说变化。(图案消失)

(4) 家长与孩子用打火机烤一烤纸张，再看有何变化。(火烤之后，图案因糖分脱水而呈现黑褐色，从而又看到图形)

(5) 孩子再用盐水画图案晾干后观察变化。

(6) 亲子合作将图案剪下图色、拼图，家长引导孩子说自己变的魔术。

3．小小音乐家

目标：养成孩子认真倾听的习惯，手口一致点数的能力，培养孩子大胆探索的精神。

准备：相同的玻璃杯七个，筷子两根，水若干。

玩法：

(1) 七个玻璃杯并排在桌上，请孩子数数共有几个杯子。

(2) 在杯子里注入不同高度的水，让孩子给杯子按照水位由低到高排队。

(3) 孩子用筷子敲击杯沿，听一听，说一说像什么音？

(4) 家长引导孩子观察比较水位与声音的关系。

(5) 家长调整水量，以便发出do、rei、mi等音阶声音，然后演奏乐曲，激发孩子演奏兴趣。

(6) 亲子合作演奏歌唱，家长鼓励孩子边敲杯子边歌唱。

(7) 亲子轮流当乐师、歌唱家、舞蹈家。

4．调皮的小鸟

目标：激发孩子的探索欲望，亲子共享操作成功的喜悦。

准备：硬卡纸约8厘米×16厘米一张，筷子一根，胶带一卷，彩色笔一盒。

玩法：

(1) 家长将卡纸自中间画一条线形成两个正方形格子，在格子中央处各画一只鸟和一个鸟笼。

(2) 引导孩子观察鸟身体上的图形以及个数，再涂上自己喜欢的颜色。

(3) 亲子合作用胶带把卡纸从中间线位置固定在筷子的顶端。

(4) 家长启发孩子快速转动筷子，让卡纸左右转动，看看图画有什么现象发生。(筷子快速搓转，由于视觉暂留的原因，看起来小鸟是关在鸟笼里的)

(5) 家长引导孩子找出小鸟进出笼子的奥秘。

5．铺路

目标：巩固幼儿对图形的认识，通过游戏激发幼儿活动的主动性和积极性。

准备：圆形、三角形、长方形、梯形、正方形、椭圆形等彩色积木或卡纸若干，玩具小猫、小狗各一只，玩具房子两个，彩色笔一盒，剪刀两把。

玩法：

(1) 家长以故事帮助小猫和小狗铺路的口吻激发孩子的活动兴趣。

(2) 亲子一起画图形、涂色、剪图形。

(3) 家长引导孩子用各种图形按一定的规则铺路。

(4) 孩子告诉小猫和小狗漂亮的路上圆形、三角形、梯形、正方形、

长方形、椭圆形各有多少个以及图形排列的规律。

(5) 孩子拿着玩具小猫、小狗在路上跳舞、游戏。

6．捉迷藏

目标：巩固孩子对方位的认识，融洽亲情。准备：各种动物玩具。

玩法：

(1) 家长藏动物玩具，请孩子找一找说一说。

(2) 孩子藏起来家长找一找，说出孩子藏的方位，如床下、门后、被子里等。

(3) 家长藏起来孩子找，引导孩子说说从哪里找到的。

(4) 孩子拿玩具，按家长说方位放玩具，如头上、背后、衣服里面、桌下等。

(5) 亲子拿着玩具唱歌、跳舞。

7．奇妙的口袋

目标：巩固孩子对形状的认识，以及边听声音边点数的能力。准备：口袋一个，内装圆形、三角形、方形饼干若干以及苹果、橘子等。

玩法：

(1) 孩子将手伸进口袋摸一摸，说一说是什么。

(2) 家长说形状，孩子摸出相应的物体。

(3) 家长说数量，孩子摸出相应数量的物体。

(4) 亲子将食品摆放在盘子里，家长引导孩子学习按一定的规律排放。

(5) 亲子品尝食物，边吃边说食物形状，数数有多少，吃掉几个还剩下几个。

8．给气球娃娃戴帽子

目标：培养孩子观察比较物体数量多少的能力，激发孩子探索科学的欲望。准备：气球、纸杯、塑料杯、热水、彩笔、线。

玩法：

(1) 亲子给气球吹气并用线绑好，孩子用彩笔在气球上画上眼睛、嘴等。

(2) 孩子说说气球的颜色，数数每种各有几个。

(3) 请孩子试着把杯子倒扣在气球上看能否戴住。

(4) 家长将热水倒入杯中，过20秒后再把杯中水倒出来，立即将杯口紧密倒扣在气球上，片刻后轻轻把杯子举起，孩子观察并说出结果。(帽子戴住啦)

(5) 家长引导孩子比较不同颜色气球的个数，气球与帽子的个数。

9．有趣的转盘

目标：培养孩子的动手涂色能力，观察比较和手口一致点数的能力，以及亲子合作能力，增进亲情。准备：彩笔一盒，圆规一只，细绳三条，直径为6 cm的白色圆形卡纸三张。

玩法：

(1) 家长将三张圆形卡纸制作成：A纸为三个同心圆，B纸画上三等分的扇形，C纸十二等份。孩子在卡纸上涂色，A上分别涂上红、黄、蓝三色，B上涂上红、黄、蓝相间的颜色，C用黑色按涂一空一的规律图绘。

(2) 孩子寻找图形排列规则，数一数三张纸上各有红、黄、蓝几处。

(3) 亲子一起将卡纸在圆心左右打两个小孔，穿入绳线并打结。

(4) 转动绳线让转盘快速转动，看看三个转盘颜色变化，家长并引导孩子描述同一转盘转动速度不同颜色的变化。(甲盘转动时，仍然保持红、黄、蓝三种色环；乙盘转动时，会呈现白色，转速不同时也会有颜色变化；丙盘快速转动时呈灰白色，转速放慢时则呈现橙色线条)

10．瓢虫旅行记

目标：

(1) 锻炼钻、爬、跑的动作，发展动作的协调性和灵敏性。

(2) 感受参与大型亲子体育游戏活动的乐趣。准备：拱门3个、淘米竹筐15个、瓢虫头饰15个、毛毛虫30条、大白菜一棵、滑滑梯3组、垫子3组。

玩法：

(1) 幼儿扮演瓢虫从起点趴下，沿垫子爬过，然后钻过拱门，站起跑向大白菜，捉一条毛毛虫回起点。

(2) 每组10人，分三组进行。

规则：家长不能在幼儿的活动场地走、跑，幼儿要独立完成。

11．猜爸爸妈妈

目标：加深亲子依恋之情，培养孩子热爱自己父母的情感。

准备：小椅子5～6把，蒙眼巾5～6条。

玩法：幼儿5～6人，蒙眼坐成一排，父母分别走到幼儿面前，主持人说出此人特征，如发式、衣着，由幼儿猜出自己的爸爸妈妈。

注意：①猜不着时可以让幼儿听被猜人的声音。②猜对时可由父母对孩子做亲昵的动作，以表示奖励。

12．小心陷阱

目标：培养幼儿与妈妈一起动手动脑，细心地合作。准备：空奶瓶4个，火柴棍若干。

玩法：发给每个参赛家庭空奶瓶1个、火柴若干。比赛开始，孩子与妈妈一起将火柴巧妙地随意摆放在瓶口上，但不能掉入瓶中，在规定时间内，瓶口上堆放火柴最多的那家为胜。

规则：火柴掉进瓶里一根就被淘汰。

13．大西瓜、小西瓜

目标：增进亲子情感交流，培养孩子对学习的兴趣，训练反应的灵敏性。

玩法：家长和孩子面对面站立，家长说："小西瓜"，孩子就做"小西瓜"的手势。家长说："大西瓜"，孩子就做"大西瓜"手势。错者淘汰，最后未被淘汰者为胜。每两次游戏开始后，互换角色进行。

注意：①此游戏也可由主持人发出信号，家长和孩子一起做。②另选一些词语，如高、矮、胖、瘦来进行这种游戏。

14．小鸡出壳

目标：培养孩子动作的灵活性、细心和自信心。

准备：大张的废报纸若干，每张画大鸡蛋，分散放在地上。

玩法：让孩子发令说"预备—起！"父母和孩子赶快拿起报纸，小心机灵地从蛋中间撕破一个洞，然后将头、肩、躯干和脚从报纸中钻过，再跨出报纸。发出"叽、叽"声，一只小鸡孵成了。可以接着再撕再钻，要是将报纸撕破了，就算失误。最后孵出小鸡最多的人为优胜。

幼儿园数学游戏

分数前教育游戏

"分类教育"的游戏

小兔搬家

适宜班级：小班

游戏目标

(1) 能把相同名称的玩具归并到一起。

(2) 初步学习用"把××和××放一起"进行表述。

游戏准备

创设"小兔的家"环境：玩具柜三个；娃娃、积木等玩具若干；汽车若干。

游戏玩法

老师扮演猫妈妈，幼儿扮演小猫。游戏开始，猫妈妈说："今天，小兔要搬家，我们帮小兔子把相同名称的玩具搬到同一辆汽车里。"然后，引导小猫把相同名称的玩具搬到汽车里，要求边搬东西边说："把××和××放一起。"

游戏规则

分类完要用"把××和××放一起"进行表述。

游戏建议

游戏的内容可以换成按大小、颜色分类。

坐火车

适宜班级：小班

游戏目标

(1) 进一步学习按物体的名称分类。

(2) 能够用自己的语言表达学习的内容。

游戏准备

一列火车(车厢贴有不同的水果图案)；人手一张火车票。

游戏玩法

小动物(幼儿扮演)自由选择车票，根据所拿车票的水果图案，乘坐不同水果标志的火车车厢。乘坐时，要求幼儿说出："我拿……车票(如草莓车票)，我要乘……车厢。"

游戏规则

要求幼儿必须用语言讲出来，而且讲对才能坐上火车。

游戏建议

可以提供不同特征的蔬菜、生活用品等图片，增加游戏的难度。

黑猫警长

适宜班级：小班

游戏目标

(1) 能够根据大小、颜色的标志对物体进行分类。

(2) 体验参与数学游戏的快乐。

游戏准备

(2) 幼儿会念儿歌《黑猫警长》并会做动作。

(3) 设置小鸡家的场景：大小、颜色不一的老鼠图片若干，放于小鸡家的各个地方；贴有大小、颜色标记的四个箩筐。

(4) 幼儿人手一个小猫的胸饰；黑猫警长警服一套。

游戏玩法

老师扮演黑猫警长，幼儿扮演白猫警士，黑猫警长带领白猫警士去小鸡家捉老鼠。游戏开始时，大家一起边念儿歌边做动作。当听到"啪啪啪"时，白猫警士要根据标志将抓到的老鼠分类关进笼子里。

游戏规则

要根据标志把老鼠关进笼子里。

游戏建议

(1) 抓完老鼠，可让幼儿数一数所抓老鼠的数量。

(2) 此游戏也可以在中班开展，把标志换成中班学习的内容。

黑猫警长，黑猫警长，喵喵喵。(双手打开，放嘴边，扮猫)

开着警车，开着警车，滴滴滴。(拇指伸出来，弯曲两下)

小小老鼠，小小老鼠，哪里跑。(食指中指，来回走动)

一把手枪，两把手枪，啪啪啪！(两只手摆成手枪形式，开始射击)

找朋友

适宜班级：小班

游戏目标

(1) 学习按图形的颜色、形状等特征进行分类。

(2) 喜欢参与数学游戏。

游戏准备

不同颜色、形状的图形胸卡人手一份；《找朋友》的音乐。

游戏玩法

游戏开始，幼儿随音乐做《找朋友》的动作。音乐停，教师发出指令，如"红色的朋友碰一碰""圆形的朋友抱一抱"。幼儿要根据老师的指令找到相应的朋友并做相应的动作。

游戏规则

要根据教师的指令做动作。

幼儿园游戏组织与指导

游戏建议

(1) 游戏可以改成按颜色、大小等特征分类。

(2) 可以把送的过程与体育活动结合起来。

找家

适宜班级：小班

游戏目标

(1) 能把相同形状的图形归并在一起。

(2) 喜欢参与分类的游戏。

游戏准备

(1) 幼儿已认识三角形、圆形、正方形。

(2) 标有三角形、圆形、正方形的房子模型；三角形、圆形、正方形若干。

游戏玩法

幼儿观察房子模型上的图形，说一说："这是什么图形的家？"并与同伴一起把该图形送回家。

游戏规则

要求送回家的图形要与标志相符。

游戏建议

(1) 分类后可以引导幼儿数数。

(2) 最后可以把图形送回家。

我的动物朋友

适宜班级：小班

游戏目标

(1) 学习按物体的大小分类。

(2) 进一步认识常见的动物及它们所喜欢吃的食物。

游戏准备

(1) 幼儿已认识各种常见的动物，初步知道它们喜欢吃的食物。

(2) 森林情景；大小不同的动物；大小不同的动物喜欢吃的食物的图片。

游戏玩法

游戏开始后，老师带领幼儿到森林里寻找各种动物，然后把动物带回家，并按大小进行分类，用动物喜欢吃的食物喂它们。

游戏规则

喂的食物的大小要与动物的大小相匹配。

游戏建议

提供的动物及食物可依据游戏的进展逐步增多。

下雨了

适宜班级：小班

游戏目标

(1) 认识大小标记，能按照大小标记将物体分类。

(2) 对数学游戏感兴趣。

游戏准备

(1) 幼儿已认识过大、小标志。

(2) 大小不同的图形若干；贴有大、小标记的两座房子；音乐。

游戏玩法

幼儿扮演大小图形宝宝。音乐响起，全体图形宝宝出门散步，听到打雷的声音，迅速根据大小标记跑到家里躲雨。找错家的图形宝宝要被赶出去，重新找家。

游戏规则

听到打雷的声音立即躲雨。

游戏建议

此游戏可以进行其他类型的分类学习。

送礼物

适宜班级：小班

游戏目标

(1) 学习给物品配对分类，获得对应的经验。

(2) 懂得礼貌做客。

游戏准备

(1) 知道各种动物喜欢吃的食物。

(2) 布置小猴、小兔、小猫等动物的家；桃子、萝卜、鱼等食物卡片。

游戏玩法

以"过节到小动物家做客，为小动物送礼物"的形式开展游戏。个别幼儿当小动物，请其他幼儿选择一种小动物喜欢的食物当礼物，并对小动物说："你好，这个礼物送给你。"小动物要说："谢谢你!"

游戏规则

要求送礼物时用语言表达，礼貌做客。

游戏建议

(1) 可增加买礼物的环节提高趣味性。

(2) 可让幼儿选择到自己喜欢的动物家做客。

会…不会…

适宜班级：小班

游戏目标

(1) 能按物体的某一个特征进行肯定和否定的分类。

(2) 体验参与分类活动的乐趣。

游戏准备

太阳的头饰；会飞的动物头饰若干；会跑的动物头饰若干；会游的动物头饰若干；音乐《太阳咪咪笑》。

游戏玩法

老师指定一个小朋友扮演太阳，其他小朋友当各种小动物。太阳站中间，小动物围成圆圈唱歌，唱到结尾句后，太阳说："会飞的动物跳一跳，不会飞的动物蹲一蹲。会游的动物游进来，不会游的动物蹲下来……"扮演小动物的幼儿根据太阳的要求做相应的动作。

游戏规则

幼儿根据教师的指令做出相应的判断。

游戏建议

(1) 可增加动物的运动方式，也可改成动物喜欢(不喜欢)某种食物。

(2) 游戏熟练后，教师发出的指令可以提高难度。

乘火车

适宜班级：中班

游戏目标

(1) 会根据标记把同一名称的平面图形放在一起。

(2) 体验与同伴共同游戏的乐趣。

游戏准备

(1) 布置火车站场景；火车头头饰若干。

(2) 三角形、圆形、正方形做成的"火车票"若干；《开火车》音乐。

游戏玩法

请若干幼儿扮演火车，随《开火车》音乐在教室中自由行驶。当听到"火车进站了"的提示后，在站台停靠。其他幼儿手持"火车票"选择与自己所持车票形状相同的火车上车。列车员验票。验票结束后，乘客随"开火车"音乐继续前行。

游戏规则

所乘的火车要与自己所持的车票形状相同。

游戏建议

幼儿可以互换火车票乘车。

糖果屋

适宜班级：中班

游戏目标

(1) 能按标志把物体分成粗细两类。

(2) 喜欢参与数学游戏。

游戏准备

(1) 幼儿已有粗细的经验。

(2) 两种粗细不同的棒棒糖；糖果屋(贴有粗和细的标志)。

游戏玩法

请幼儿根据糖果屋上的标志将粗细不同的两种棒棒糖分到各自的糖果屋，分完后把糖果屋包装好。

游戏规则

要求根据标志分类。

游戏建议

(1)可根据幼儿的能力将粗细不同的棒棒糖增加到三至五种。

(2)可用于学习其他分类内容。

小熊维尼的生日

适宜班级：中班

游戏目标

(1) 能按物体的用途分类。

(2) 有良好的分类整理习惯。

游戏准备

小熊维尼的头饰；常见玩具、食品、文具等若干；三个架子。

游戏玩法

小熊维尼过生日，请幼儿选一种礼物送给小熊维尼，并请幼儿帮小熊维尼按用途分别把礼物整齐地摆放在三个架子上，然后画出用途标志贴在架子上。

游戏规则

按礼物的用途分类摆放并画标志。

游戏建议

(1) 指导幼儿和同伴协商合作。

(2) 可用于学习其他分类内容。

过新年

适宜班级：中班

游戏目标

(1) 能按物体的用途分类。

(2) 有良好的分类整理习惯。

游戏准备

常见玩具、食品、服装、文具等若干；框子4个。

游戏玩法

以过新年为灾区小朋友送新年礼物的形式，请小朋友说说自己为灾区小朋友准备了什么礼物，这些礼物都有什么用途。请幼儿把这些礼物按用途分类整理，摆放在4个框子内，并做上标志。

游戏规则

要求按用途整理礼物。

游戏建议

(1) 指导幼儿和同伴协商合作。

(2) 可用于学习其他分类内容。

我的朋友在哪里

适宜班级：中班

游戏目标

(1) 能以制作材料为标准对物体进行分类。

(2) 愿意参与数学游戏，感受和体验参与数学游戏的快乐。

游戏准备

不同材料（布、毛线、塑料、纸张等）做的小花；音乐《我的朋友在哪里》。

游戏玩法

幼儿每人挂一朵不同材料做的小花四散站开。音乐开始，幼儿随音乐节奏边拍手边找自己的好朋友(胸前所戴的小花材料一样的为好朋友)。音乐结束时，教师检查幼儿是否都找对了，并请幼儿说说自己找的标准。互换小花，游戏重新开始。

游戏规则

按小花的材料异同来找朋友。

游戏建议

游戏熟练后，可以提供不同特征的生活用品等图片，增加游戏的难度。

捡球球

适宜班级：中班

游戏目标

(1) 能以制作材料为标准对物体进行分类。

(2) 具有一定的快速反应能力。

游戏准备

不同材料(玻璃、塑料、铁、木头等)的小球；贴有不同材质的标志的筐。

游戏玩法

师幼围在小球周围念儿歌："小小球球真调皮，一眨眼儿跑掉了。"念完儿歌后，教师把不同材料的小球向四周滚出去，幼儿分散捡球，并迅速把捡到的小球放到筐里，然后对旁边的幼儿说："我捡到一个××的球球。"

游戏规则

应把捡到的小球放进贴有不同材质的标志的筐里。

游戏建议

(1) 游戏内容由易到难。

(2) 游戏速度可以由慢到快。

看谁找得对又快

适宜班级：中班

游戏目标

(1) 能正确感知数量的多少，能根据物体的数量进行分类。

(2) 体验数学游戏的快乐。

游戏准备

每个幼儿挂一胸卡(胸卡上贴有7以内数量的物体图片)；音乐。

游戏玩法

幼儿站成一个大圆圈，音乐响起的时候，随音乐做动作。音乐停下，挂有数量一样多物体的胸卡的小朋友马上站在一起。比比看，谁找得又快又对。

游戏规则

(1) 要求幼儿音乐停止时才可找朋友。

(2) 找到的朋友应该是挂有相同数量物体的朋友。

游戏建议

(1) 也可将音乐更换为拍手、击鼓的方式。

(2) 此游戏也可以换成"找家"的游戏。

坐火车

适宜班级：中班

游戏目标

(1) 能正确感知数量的多少，能根据物体的数量进行分类。

(2) 体验参与分类活动的乐趣。

游戏准备

胸卡5张（贴有1、2、3、4、5的数字）；车票(票上分别贴有1~5的圆点数量）；音乐。

游戏玩法

请5名幼儿挂上数字胸卡分别当1、2、3、4、5号小火车。其他幼儿每人取一张车票，根据车票的圆点数量，坐上相应的小火车。扮演火车的幼儿检查自己的乘客。幼儿全部坐对了，开火车的音乐响起，火车开动起来。音乐停，火车到站。互换胸卡，游戏重新开始。

游戏规则

要求幼儿根据车票的圆点数量，坐上相应的小火车。

游戏建议

(1) 小火车可更换为5辆公共汽车进行游戏。

(2) 火车与乘客应由幼儿轮流扮演。

捉迷藏

适宜班级：中班

游戏目标

(1) 喜欢参与分类活动。

(2) 尝试按物体的数量进行归类。

游戏准备

(1) 不同的家和树的场景(家门上和树干上分别贴有10以内的数字)。

(2) 胸卡人手一张(胸卡上分别贴有10以内的实物数量)。

游戏玩法

每个小朋友挂上胸卡,观察自己胸卡上物体数量的多少。游戏开始时,一起念儿歌:"小动物,捉迷藏,都想藏个好地方,哎呀呀,藏哪里?请你动脑想一想。"儿歌念完后,赶快躲在与自己卡片数量一样的树或房子后面。教师检查,请藏错位置的小朋友出来。

游戏规则

要求幼儿躲在与自己卡片数量一样的树或房子后面。

游戏建议

也可以以请客的方式进行游戏。

送货

适宜班级:中班

游戏目标

(1) 观察并判断物体的数量,能尝试按物体的数量进行归类。

(2) 有初步的观察力。

游戏准备

货框10个(框上贴有1~10的数字);卡片若干(卡片上贴有1~10物体数量的图案)。

游戏玩法

以"熊猫请小朋友帮助送货"为题开展游戏。幼儿当小小送货员,将画有相同数量物体的卡片送到商店相应的货框里。教师和个别幼儿以熊猫的口吻检验货物,并感谢幼儿。

游戏规则

应将画有相同数量物体的卡片送到相应的货框里。

游戏建议

可增加统计表，引导幼儿记录并统计各种数量的货物卡片（什么货物？有几张？）。

两个好朋友

适宜班级：中班

游戏目标

(1) 能按事物的关系进行分类。

(2) 体验参与"找朋友"游戏的乐趣。

游戏准备

(1) 认识几种颜色。

(2) 树、花、白云等事物挂卡；颜色挂卡。

游戏玩法

一部分幼儿戴上树、花、白云等事物的挂卡，另一部分幼儿戴上颜色挂卡，在音乐声中找到自己的朋友，并说说为什么是好朋友。

游戏规则

音乐停的时候要找到朋友，并说出为什么是好朋友。

游戏建议

根据幼儿的经验设置事物挂卡。

看谁找得快

适宜班级：中班

游戏目标

(1) 认识日常生活中的几种用品。

(2) 能按事物的关系进行分类。

游戏准备

(1) 牙膏、脸盆、花瓶、桌子、锤等卡片；牙刷、毛巾、花、椅子、

第4章 幼儿园其他游戏

钉等卡片。

(2) 场地布置：起跑线，起跑线上有小旗。

游戏玩法

幼儿手持牙刷、毛巾、花、椅子、钉等卡片，听到信号声，从起跑线出发，把卡片贴在牙膏、脸盆、花瓶、桌子、锤等卡片相应的位置。先贴好的跑回起跑线拿起小旗，贴对的获胜。

游戏规则

要听到信号声后才能出发。

游戏建议

要在幼儿有相关物品的经验的基础上开展活动。

迷迷转

适宜班级：中班

游戏目标

(1) 能按物体的某一个特征进行肯定和否定的分类，能用"是什么"和"不是什么"来表述分类的理由。

(2) 体验同伴间相互学习的乐趣。

游戏准备

服装类图片、水果类图片、玩具类图片、动物类图片若干；水果、蔬菜、玩具胸卡若干。

游戏玩法

师幼围成一个圆圈，一起念："迷迷转，迷迷转，大风吹来快快站。"这时，由老师发出指令，幼儿根据自己佩戴的胸饰特征按老师的指令选择相应的位置站好。如教师说："是水果的站中间，不是水果的站外面。"或"是玩具的站左边，不是玩具的站右边。"

游戏规则

幼儿根据教师的指令选择位置站好。

游戏规则

游戏熟练后，教师发出的指令可以提高难度。如："是酸酸甜甜的水果站中间，不是酸酸甜甜的水果站外面。"

走线

适宜班级：大班

游戏目标

(1)能根据二维特征对物体进行分类。

(2)能根据教师的指令做出快速反应。

游戏准备

场地布置"走线图"；活泼欢快的音乐。

游戏玩法

幼儿在音乐伴奏下和教师一起走线，并按要求做动作。音乐结束后，教师说出幼儿的两种特点，请具有这两种特点的幼儿做一些动作，如：请扎辫子的女孩子原地转个圈，请穿黄色衣服的男孩子跳进圈子里等。

游戏规则

做动作的幼儿要符合老师所说的两种特征。

游戏建议

游戏熟练后，教师发出指令的难度可以提高。如：请扎辫子的女孩子原地转个圈学小猫叫。

请你到我身边来

适宜班级：大班

游戏目标

(1)尝试按物体的二维特征进行归类。

(2)有初步的辨别能力和归类能力。

游戏准备

几何图形的头饰(大小、颜色、形状各不相同)。

游戏玩法

幼儿戴上头饰,围成一圈站着。老师站在圈中,发出指令:"大的三角形请你到我身边来;红色的圆形请你到我身边来……"幼儿根据指令,判断自己是否符合老师提出的指令特征,若符合就要走到圆圈中间。

游戏规则

幼儿要根据指令走到教师身边。

游戏建议

幼儿可轮流发指令进行游戏。

水果蹲

适宜班级:大班

游戏目标

(1) 尝试按物体的二维特征进行归类。

(2) 能注意倾听指令,并快速做出反应。

游戏准备

水果头饰若干(不同种类、大小、颜色)。

游戏玩法

幼儿头戴水果头饰分几队排好,教师发出指令:"红色的苹果蹲。"头戴红色苹果头饰的幼儿马上蹲下。没马上蹲下或错误蹲下的幼儿,退出本组游戏。教师不断发出指令:"大的红色的水果蹲;绿色的西瓜蹲……"哪队最后剩下的幼儿多,哪队为胜。

游戏规则

(1) 要求指令要包含两个特征。

(2) 没马上蹲下或错误蹲下的幼儿,退出本组游戏。

游戏建议

(1) 水果头饰可换为动物头饰或几何图形头饰。

(2) 游戏速度可逐步加快。

服装管理员

适宜班级：大班

游戏目标

(1) 能够按物体的多种特征进行多角度分类。

(2) 有归类整理物品的好习惯。

游戏准备

不同的橱柜；不同季节、不同颜色、不同类型的衣服。

游戏玩法

幼儿扮演服装管理员，对每张桌子的服装进行分类(多角度)整理，并将衣服分层放在橱柜里，在柜子边上画上分类的标志。分完后向同伴介绍自己分类的情况："我是按××进行分类的，××样的衣服放在第一层，××样的衣服放在第二层……"其他幼儿相互检查分类是否正确。

游戏规则

(1) 进行多角度分类。

(2) 分类后要画出、说出自己的分类标准。

游戏建议

(1) 衣服也可换成帽子、围巾等材料。

(2) 可增加统计表，引导幼儿记录并统计各种特征的衣服有几件。

停车场

适宜班级：大班

游戏目标

(1) 能尝试按物体的不同特征进行多角度归类。

(2) 有初步的辨别能力和归类能力。

游戏准备

停车场若干个(内有不同标志的停车位);不同大小、颜色、类型的汽车卡片若干。

游戏玩法

幼儿挂上汽车的卡片,开车进入停车场,观察停车场各场地的标志,根据自己所挂汽车卡片的特征,将车开到相应标志的停车场。汽车管理员看看哪辆车开得又对又快。游戏进行若干次,汽车管理员可不断更换停车声的标志(大小、颜色、类型等)。

游戏规则

(1) 要求幼儿根据自己所挂汽车卡片的特征,将车停放在相应标志的停车场。

(2) 停车时要有序,不推挤。

游戏建议

(1) 汽车管理员可由老师扮演,也可让幼儿扮演。

(2) 可增加统计表,引导幼儿记录并统计各种特征的车辆。

树叶找妈妈

适宜班级:大班

游戏目标

(1) 能仔细观察物体的特征和异同。

(2) 尝试按物体的不同特征进行多角度归类。

游戏准备

不同形状、大小、颜色树叶头饰;树叶分类标志的头饰。

游戏玩法

部分幼儿头戴一个树叶头饰当"小树叶",部分幼儿头戴树叶分类标志的头饰当"树妈妈"。游戏开始,"树妈妈"说:"我的树叶宝

宝在哪里?""小树叶"根据自己所戴头饰的特征找到相应标志的"妈妈",并说:"妈妈,我在这里。"游戏进行多次,"树妈妈"不断更换自己所戴的树叶分类(大小、颜色、形状)标志,"小树叶"根据要求找"树妈妈"。

游戏规则

"小树叶"根据自己所戴头饰的特征找相应标志的"树妈妈"。

游戏建议

头饰也可换为卡片或图片。

小动物分家

适宜班级:大班

游戏目标

(1) 喜欢参加层级分类活动。

(2) 能按物体的特征进行二次分类。

游戏准备

(1) 幼儿已初步学习过层级分类。

(2) 楼房模型;各种各样动物图片若干。

游戏玩法

以"小动物分家"的形式引入,要求先按照小动物的某一特征(如两条腿和四条腿)进行分家;然后再按照小动物的另一特征(如家养和野生)进行分家。

游戏规则

要按层次进行分类。

游戏建议

鼓励幼儿可以按照水生、陆生或食草、食肉等其他特征分类。

第4章 幼儿园其他游戏

"认识1和许多"的游戏

玩转盘

适宜班级：小班

游戏目标

(1) 喜欢参与数学游戏活动。

(2) 能够区别"1"和"许多"。

游戏准备

贴有或画有"1"和"许多"的各种物体的转盘若干。

游戏玩法

拨动转盘，根据卡片上的物体数量做动作，例如：指针转到1个苹果，可拍一下手，指针转到许多泡泡，可连续拍手。

游戏规则

要根据指针指向的物体的数量是"1"或"许多"，做出相应的动作。

游戏建议

(1) 除了做动作，也可以用语言表达。

(2) 如果转到的是小动物，可学小动物的叫声或动作。

小蚂蚁搬豆

适宜班级：小班

游戏目标

(1) 喜欢参与数学游戏。

(2) 能区别"1"和"许多"。

游戏准备

(1) 幼儿已认识过"1"和"许多"。

(2) 创设游戏情景：蚂蚁洞；玩具大豆。

游戏玩法

请幼儿扮演"小蚂蚁",老师说:"今天天气真好,请小蚂蚁们去搬一粒大豆(或许多大豆)吧!""小蚂蚁"就去搬一粒大豆,或搬许多大豆。

游戏规则

按老师的要求搬豆。

游戏建议

(1) 小蚂蚁可换成其他小动物。

(2) 大豆换成小动物喜欢吃的食品。

巴啦巴啦小魔仙

适宜班级:小班

游戏目标

(1) 喜欢参与数学游戏。

(2) 能区别"1"和"许多"。

游戏准备

糖果、玩具等。

游戏玩法

教师以"巴啦巴啦小魔仙变魔术"的形式,念咒语:"巴啦巴啦小魔仙,变出一颗糖果(或许多颗糖果)!"幼儿当小魔仙,根据老师的要求变出"1"或"许多"的糖果。

游戏规则

小魔仙要根据咒语变出相应的糖果。

游戏建议

可变出各种玩具或幼儿感兴趣的物品。

181　第4章 幼儿园其他游戏

菜市场

适宜班级：小班

游戏目标

(1) 能区别1个物体和许多个物体。

(2) 懂得购物的简单礼仪。

游戏准备

(1) 菜篮子、蔬菜、水果卡片(1个或许多个)；菜市场的情境(有许多蔬菜和水果)。

(2) 已有玩"菜市场"的经验。

游戏玩法

幼儿当顾客，拿着蔬菜、水果卡片到菜市场买菜。买菜时，根据卡片上的数量向服务员提出购买的要求。如："服务员，我要买一个萝卜(或许多萝卜)。"如果说对了，服务员就把东西卖给他，并说："我卖给你一个萝卜(或许多萝卜)，欢迎下次再来。"

游戏规则

顾客讲对了服务员才能把东西卖给他。

游戏建议

(1) 应注意幼儿购买时的礼仪。

(2) 可以先请能力强的幼儿扮演服务员。

摸一摸

适宜班级：小班

游戏目标

(1) 能通过触摸区分1个物体和许多物体。

(2) 喜欢参与数学游戏。

游戏准备

(1) 实物玩具、花片或珠子若干；眼罩；托盘或摸箱盒。

(2) 玩过摸箱的游戏。

游戏玩法

幼儿2人一组，一人戴上眼罩后，另外一人准备玩具。请戴眼罩的孩子摸一摸玩具，判断是一个还是许多个。说对的可以互换角色。

游戏规则

(1) 戴眼罩后才可以开始摸玩具材料。

(2) 说对了才能互换角色。

游戏建议

可以请能力强的幼儿说一说物品有几个。

串项链

适宜班级：小班

游戏目标

(1) 区分"1"和"许多"，理解"1"和"许多"之间的关系。

(2) 喜欢动手操作。

游戏准备

(1) 幼儿已认识过"1"和"许多"及其关系。

(2) 回形针若干。

游戏玩法

幼儿将回形针一个一个地串起来，并用语言表述"一个一个串起来，一个变成许多个""一个一个拿下来，许多个变成一个一个"。

游戏规则

(1) 要一个一个地串起来，一个一个地拿下来。

(2) 要用语言表达。

游戏建议

可根据颜色或大小的规律串项链。

小猴儿摘桃子

适宜班级：小班

游戏目标

(1) 感知"1"和"许多"之间的关系。

(2) 喜欢参与数学游戏。

游戏准备

(1) 幼儿已认识过"1"和"许多"及其关系。

(2) 桃树；篮子一个；小猴头饰人手一个。

游戏玩法

游戏开始，幼儿戴上头饰扮演小猴，老师请每只小猴子从桃树上摘一个桃子，边摘边说："我摘了1只桃子。"感知"许多"可以分成1个1个。再要求小猴把桃子一个一个地放到篮子里，边放边说："我放了1只桃子。"感知1个1个合起来是"许多"个。

游戏规则

每只小猴只能摘一个桃子。

游戏建议

可将桃子换成其他水果。

"比较两组物体多少"的游戏

小猫钓鱼

适宜班级：小班

游戏目标

(1) 运用一一对应方法，比较两组物体的数量。

(2) 感知、体验对应关系

游戏准备

(1) 创设鱼池情景。

(2) 小猫头饰；钓鱼工具；小鱼。

游戏玩法

小猫(幼儿扮演)围坐在鱼池边钓鱼。教师发出指令后，小猫开始钓鱼。每只小猫只能钓一条鱼，然后让幼儿说说："小猫和鱼是不是一样多？什么多？什么少？"启发幼儿回答："什么比什么多，什么比什么少，什么和什么一样多。"

游戏规则

一只小猫只能钓一条鱼。

游戏建议

(1) 游戏以小组的形式开展为妥。

(2) 应控制好小猫(幼儿)和小鱼的数量。

娃娃过生日

适宜班级：小班

游戏目标

(1) 会用重叠对应的方法比较两组物体的数量。

(2) 会用"一样多""不一样多""多""少"表述比较的结果。

游戏准备

(1) 幼儿已有重叠比较的经验。

(2) 创设家的情境：家中准备各种餐具及食物，数量在4~5之间；礼物5件。

游戏玩法

以"娃娃过生日"为题，请5个幼儿当客人，5个幼儿当小主人。客人来到主人家，每人把1件礼物送给主人，并说一句祝贺的话，然后比较主人多还是礼物多。主人请客人坐下，每位客人分一种餐具或食物，分完后说说："客人和餐具或食物，谁多？谁少？还是一样？"

游戏规则

每人只能送1件礼物或分1件东西。

游戏建议

(1) 要求表述比较的结果。

(2) 小主人的人数可以根据需要进行控制。

抢椅子

适宜班级：小班

游戏目标

(1) 会用重叠对应的方法比较两组物体的数量。

(2) 会用"一样多""不一样多""多""少"表述比较的结果。

游戏准备

椅子若干（数量在3～5之间），摆成一长排。

游戏玩法

每次请3～5名幼儿参与游戏。游戏开始，幼儿听音乐围着椅子走。音乐停，幼儿赶快找一把椅子坐下，其他幼儿比较椅子和幼儿数量的多少。

游戏规则

(1) 每把椅子只能坐一个小朋友。

(2) 听到音乐停下来，才能开始抢椅子。

游戏建议

(1) 也可以用占圈的方式进行游戏。

(2) 椅子和幼儿的数量要控制。

捕鱼和虾

适宜班级：小班

游戏目标

(1) 会用一一对应的方法比较两组物体的数量。

(2) 会用"一样多""不一样多""多""少"表述比较的结果。

游戏准备

(1) 幼儿已学会一一对应比较的方法。

(2) 鱼和虾的头饰若干(数量各在5以内)。

游戏玩法

部分幼儿戴上头饰，扮演鱼和虾，站在圆圈中间。其他幼儿当渔网，围成一个大圆圈。游戏开始，当渔网的幼儿边转圈边念儿歌："小鱼小虾游啊游，游到西来游到东，小鱼小虾快快游，小心渔网网住你!"当鱼和虾的幼儿要同时做游的动作。儿歌念完，鱼和虾想办法找空隙钻出去四散跑开。渔网尽量把鱼和虾网住。最后，被网住的小鱼和小虾一一对应排成两排。教师引导幼儿比较网到的小鱼和小虾的数量。

游戏规则

儿歌念完，鱼和虾才能开始钻出去，渔网才能网鱼。

游戏建议

此游戏建议在户外进行。

揪尾巴

适宜班级：小班

游戏目标

(1) 会用一一对应的方法比较两组物体的数量。

(2) 会用"一样多""不一样多""多""少"表述比较的结果。

游戏准备

(1) 红纸条和绿纸条若干。

(2) 已学会一一对应比较的方法。

游戏玩法

幼儿分为红、绿两组，每人把红纸条或绿纸条夹在裤子成裙子后面。游戏开始，幼儿相互揪对方的尾巴。听到结束的信号时，把各组揪

下来的尾巴，按红、绿组一个一个地对应比较，看哪种颜色的尾巴被揪下最多，哪组就输了。

游戏规则

在指定的范围内游戏，听到结束的信号时停止揪尾巴。

游戏建议

(1) 注意幼儿的游戏安全。

(2) 还可以比较尾巴的长短。

花儿开

适宜班级：小班

游戏目标

(1) 会用一一对应的方法比较两组物体的数量。

(2) 会用"一样多""不一样多""多""少"表述比较的结果。

游戏准备

(1) 两色花若干(一面为红色，一面为黄色)；草地。

(2) 已学会一一对应比较的方法。

游戏玩法

两名幼儿为一组一起游戏。游戏开始时，一起念儿歌："红花开，黄花开，红花黄花齐开放。"然后将花撒在草地上，并把花面朝上的红花和黄花按一一对应的方法排成一排进行比较，看哪种颜色的花多。游戏反复进行。

游戏规则

花撒完后，不能随意更换花的颜色。

游戏建议

花儿可更换为其他材料，如叶子、瓶盖等。

送信

适宜班级：小班

游戏目标

(1) 会用一一对应的方法比较两组物体的数量。

(2) 会用减一或增一的方法使两组物体变成一样多。

游戏准备

(1) 信封若干(上面贴有小动物图片，小动物数量2～5个)；信封里放有各种食物图片；数量为2～5张；小动物的房子玩具。

(2) 已学会一一对应比较的方法。

游戏玩法

每位幼儿随意选择一个信封，取出信封中的食物图片，用一一对应的方法比较动物及食物的数量，若数量一样多，就可把信封送到小动物的家。若数量不一样，可用减一或增一的方法使食物图片与动物图片一样多，再将信封送到小动物的家。

游戏规则

(1) 要用一一对应的方法进行比较。

(2) 数量一样时才能将信送到小动物的家。

游戏建议

食物图片可更换为各种材料，如：花儿、糖果等。

好玩的摸箱

适宜班级：小班

游戏目标

(1) 会用一一对应的方法比较两组物体的数量。

(2) 体验参与数学游戏的快乐。

游戏准备

(1) 绿色及黄色小球4～5个，放在纸箱内；蛋托若干。

(2) 已学会一一对应比较的方法。

游戏玩法

两位幼儿轮流从纸箱里随意摸出一个小球，按颜色以一一对应的方法，分别放在蛋托里(可分别摸2~5次)，然后逐次比较摸到的黄色球或绿色球的数量。

游戏规则

(1) 将球取出后就不能再放入箱中。

(2) 要轮流玩，每次只能摸一个球。

游戏建议

增加球的数量，让更多小朋友参与游戏。

蝴蝶采花

适宜班级：小班

游戏目标

(1) 会用一一对应的方法比较两组物体的数量。

(2) 会用"一样多""不一样多""多""少"表述比较的结果。

游戏准备

(1) 椅子若干(数量在3~5之间)，摆成一长排；蝴蝶、花头饰若干；音乐。

(2) 已学会一一对应比较的方法。

游戏玩法

每次游戏时，请部分幼儿当蝴蝶，部分幼儿当花。音乐起，当蝴蝶的小朋友随音乐做蝴蝶飞的动作。音乐停，每只蝴蝶赶快找一朵花做采花的动作。然后，请其他小朋友比较蝴蝶和花的数量。

游戏规则

(1) 一只蝴蝶只能采一朵花。

(2) 蝴蝶要听到音乐结束时才能找花。

游戏建议

蝴蝶和花的数量可不断调整。

数概念教育游戏

"认识10以内基数"的游戏

我来当售货员

适宜班级：小班

游戏目标

(1) 巩固对5以内数字和数量的认识。

(2) 会按指定的数目取出相应数量的物体。

游戏准备

(1) 幼儿已学习过5以内的数量，并认识5以内的数字。

(2) 食品若干。

游戏玩法

售货员(幼儿扮演)站在柜台前，顾客(幼儿扮演)来柜台买东西。要求售货员必须按顾客的需要拿出相应数量的食品。如顾客说："我要买五个苹果。"售货员必须拿出五个苹果。

游戏规则

售货员必须按顾客的需要拿出相应数量的食品。

游戏建议

(1) 可以提供不同数量的实物卡、点子卡和数字卡以适应不同能力的幼儿。

(2) 此游戏可以在中班开展，把数量换成10以内的数。

(3) 食品可换成其他东西。

小刺猬背果子

适宜班级：小班

游戏目标

(1) 巩固对5以内数字和数量的认识。

(2) 会按实物范例和指定的数目投相应数量的果子。

游戏准备

(1) 幼儿已学习过5以内的数量，并认识5以内的数字。

(2) 小刺猬、小猴子的头饰；水果玩具若干；可背的篮子；数字卡片若干。

游戏玩法

部分幼儿当小刺猬背着篮子，篮子上贴上不同数量或数字的实物卡、点子卡或数字卡片。部分幼儿当小猴子选择一只小刺猬，根据小刺猬背着的篮子的数量或数字，把果子投掷到篮子中。最后小刺猬和小猴子一起验证，正确为胜。互相交换篮子，重新游戏。

游戏规则

应根据小刺猬背着的篮子的数量或数字来投掷果子。

游戏建议

(1) 可以提供奖品，激发幼儿游戏的积极性。

(2) 此游戏可以在中班开展，把数量换成10以内。

(3) 投掷的距离可根据幼儿的能力来设定。

东南西北中

适宜班级：小班

游戏目标

(1) 巩固对5以内数字和数量的认识。

(2) 会按指令做相应数量的动作。

192

游戏准备

(1) 幼儿已学习过5以内的数量，并认识5以内数字。

(2) "东南西北中"玩具一个。

游戏玩法

教师手持"东南西北中"的纸质玩具，幼儿对教师说："我要'东'五下。"教师就按幼儿的要求，操作手中的"东南西北中"的纸质玩具几下，并看"东南西北中"的纸质玩具中"东"内侧写什么，如纸上写"学小狗叫三声"，幼儿就必须模仿相应的动作。

套圈圈

适宜班级：小班

游戏目标

(1) 巩固对5以内数字和数量的认识。

(2) 能对准目标套圈，锻炼手眼的协调性。

游戏准备

(1) 幼儿已学习过5以内的数量，并认识5以内的数字。

(2) 写着不同数字的套圈若干。

(3) 游戏场地布置。

游戏玩法

让幼儿站在起点线上，根据套圈上数字或圆点的数量，将圈套到相同数字的套把上，看谁套得准又对。

游戏规则

根据套圈上的数字或圆点数量将圈套在相应数字的套把上。

游戏建议

(1) 可根据幼儿的能力差异，交换角色游戏。

(2) 此游戏可以在中班开展，幼儿2～3人一组进行游戏，把数量改成10以内。

(3) 可根据幼儿的能力差异，调整起点线的位置。

(4) 此游戏可以将套圈改为小动物，增加游戏的趣味性。

好玩的扑克牌

适宜班级：小班

游戏目标

(1) 巩固对5以内数字和数量的认识。

(2) 会比较数字的大小。

游戏准备

(1) 幼儿已学习过5以内的数量，并认识5以内数字。

(2) 扑克一副(各花色1～5，共20张)。

游戏玩法

幼儿2人一组，将扑克牌背面展开，然后双方按顺序各抽取一张牌比大小，牌大为胜，牌小就让对方刮鼻子一下。抽出的牌放在一边，游戏继续进行。

游戏建议

(1) 可把刮鼻子改换成贴纸条，增加游戏的趣味性。

(2) 此游戏可以在中、大班开展，改成10以内数量的比较。

打保龄球

适宜班级：中班

游戏目标

(1) 巩固对10以内数字和数量的认识。

(2) 学会用自己的方式进行记录。

游戏准备

(1) 幼儿已学习过10以内的数量，并认识10以内数字。

(2) 易拉罐；小球若干；笔；记录纸。

(3) 游戏场地布置。

游戏玩法

10个易拉罐摆在终点线上。幼儿站在起点线上，将小球掷向终点处的易拉罐，记录掷倒的数量，最多为胜。游戏重新开始。

游戏规则

必须从起点处掷球。

游戏建议

(1) 引导幼儿说说掷倒了几个罐。

(2) 此游戏可以在小班开展，把数量改成5以内，同时将起点、终点的距离缩小。

抽签

适宜班级：中班

游戏目标

(1) 巩固对10以内数字和数量的认识。

(2) 能根据指令做相应动作。

游戏准备

(1) 幼儿已学习过10以内的数量，并认识10以内的数字。

(2) 画着不同的抽签纸若干。

游戏玩法

游戏前，将抽签纸撒在桌子上。游戏开始，每位幼儿抽取一张抽签纸，按抽签纸上的内容做相应的动作几下。如，抽签纸上写有"学习小青蛙跳8下"，幼儿就学青蛙跳8下，做对的贴一朵红花。最后看看谁贴的红花多。

游戏规则

按抽签纸的内容做动作。

游戏建议

可根据幼儿的兴趣点调整抽签纸的内容。

鞋袜商场

适宜班级：中班

游戏目标

(1) 巩固对10以内数字和数量的认识。

(2) 会将相同数量的物体摆放在一起。

游戏准备

(1) 幼儿已学习过10以内的数量，并认识10以内的数字。

(2) 画有不同数量的袜子、鞋子、衣服、帽子图片若干。

游戏玩法

以"鞋袜商场"开业为题，请幼儿当售货员，将一样数量的物品找出来并叠放在一起，看谁找得对。

游戏规则

必须将数字一样的物品摆放整理。

游戏建议

根据幼儿的能力差异，可增加不同图案、颜色的干扰因素。

"认读10以内数字"的游戏

有趣的夹夹乐

适宜班级：中班

游戏目标

(1) 认读10以内的数字。

(2) 体验参与数学竞赛游戏的乐趣。

游戏准备

(1) 幼儿已认识过1~10的数字，并感知过10以内的数量。

(2) 各色回形针或夹子；1~10数字卡片若干。

游戏玩法

两名幼儿各自选择一组数字卡片。游戏开始，各自依次认读卡片上的数字，并根据卡片上的数字夹上相应数量的回形针或夹子。先将数字卡片夹完的为胜。

游戏规则

(1) 要正确认读出卡片上的数字才可以夹夹子。

(2) 夹子的数量要与卡片的数字相同。

游戏建议

可更换或增加夹子的种类。

卡片接龙

适宜班级：中班

游戏目标

(1) 加深对数字1~10的认识。

(2) 进一步感知10以内的数量。

游戏准备

(1) 幼儿已认识过1~10的数字，并感知过10以内的数量。

(2) 自制1~10的接龙卡(卡上的左边有数字，右边有物体的数量)。

游戏玩法

两至三名幼儿合作游戏。一幼儿取出一张接龙卡，先认读左边的数字是几，并正确点数出右边物体数量后放在桌上，由另一幼儿根据接龙卡上的右边物体数量，找出一张左边数字与它相对应的接龙卡接在其后，看谁的接龙卡最快出完、出对。

游戏规则

(1) 要正确认读出卡片左边的数字才能接龙卡片。

(2) 说错或接错的幼儿要将卡片收回。

游戏建议

可根据幼儿水平差异提供不同形式的物体的接龙卡片。

数字书

适宜班级：中班

游戏目标

(1) 认识数字1～10，理解10以内数的实际意义。

(2) 体验合作参与数学游戏的乐趣。

游戏准备

(1) 幼儿已认识过1～10的数字，并感知过10以内的数量。

(2) 自制数字书；图片。

游戏玩法

两名幼儿合作游戏。一幼儿翻开数字书的任意一页，请另一幼儿认读数字，并在书中标记上面摆放相应数量的图片。两名幼儿依次轮换翻数字书、摆图片。

游戏规则

要正确认读数字、摆放相应数量图片后，才能换人。

游戏建议

可更换形式，引导幼儿根据数字画出相应数量的标记。

跳格子

适宜班级：中班

游戏目标

(1) 巩固10以内的数字认读。

(2) 能按行进路线进行双脚向前跳。

游戏准备

在地上画三至四个格子组，每个格子里写上1~10的数字(每组书写顺序可不同但不能有重复，幼儿易认错的多写些)。

游戏玩法

幼儿分成三至四组扮演小兔等跳跃的动物，分别站到要跳的格子前。请每组幼儿随机抽取本组所有幼儿的行进路线，如8376，让本组全体幼儿准确认读并记住，然后根据行进路线跳到相应的数字格里，先跳完的一组为胜。

游戏规则

(1) 跳错的必须回到起点重跳。

(2) 跳完者跑回来轻轻击本组下一位幼儿的手心后，下一位幼儿才可以开始跳。

游戏建议

可以根据幼儿情况调整游戏难度（如：单脚跳、跳的数字的多少等）。

有趣的印章

适宜班级：中班

游戏目标

(1) 认读10以内的数字。

(2) 能在规定的范围内进行躲闪。

游戏准备

在场地上画一个圆圈；各种数字小印章；印泥；罩衣(上面贴空心数字底图)。

游戏玩法

幼儿穿上罩衣，观察并认读自己和同伴罩衣上的空心数字，同时，任意选择一个数字印章，沾上印泥。游戏开始，幼儿(在圆圈内走动，寻

找相应的空心数字盖上印章)根据自己选择的数字印章，去盖穿有相应数字罩衣的幼儿，并躲避同伴在自己身上盖印。

游戏规则

(1) 只能在圆圈内走动和躲避。

(2) 被盖印章超过3个的出局。

游戏建议

更换或增加印章的种类以及底图样式。

数字找朋友

适宜班级：中班

游戏目标

(1) 认读数字1～10，感知数字表示的基数意义。

(2) 对生活中的数字感兴趣。

游戏准备

(1) 旧台历。

(2) 卡片：图片数字

(3) 学具：数字拨珠

游戏玩法

翻动台历认读数字，并按数字所示拨动相应数量的彩珠或找出相应数量的实物图片。

游戏规则

要求根据数字拨动相应数量的彩珠或找出相应数量的实物图片。

游戏建议

此游戏也可在小班开展，数字改为5以内。

老鹰捉小鸡

适宜班级：中班

游戏目标

(1)认识数字1~10,体验游戏的快乐。

(2)具有奔跑躲闪的能力。

游戏准备

(1)幼儿已认识10以内数字。

(2)老鹰头饰;1~10数字挂牌。

游戏玩法

一幼儿扮"老鹰",其余幼儿站成一路纵队,排头幼儿扮"母鸡",其他幼儿扮"小鸡",分别戴上数字卡片。游戏开始后,"老鹰"尽力抓"小鸡","小鸡"如被"老鹰"捉到,"老鹰"要正确地认读出"小鸡"身上挂牌的数字,才能与"小鸡"调换角色继续游戏。

游戏规则

"老鹰"要正确地认读出"小鸡"身上挂牌的数字才能与"小鸡"调换角色继续游戏。

游戏建议

此游戏建议在室外进行。

捶捶背

适宜班级:中班

游戏目标

(1) 认读1~10的数字。

(2) 体验参与数学竞赛的乐趣。

游戏准备

(1) 幼儿已认识了10以内数字。

(2) 椅子;1~10的数字卡。

游戏玩法

把小椅子摆成几列小火车,幼儿坐在小椅子上。每列小火车最后面

一位幼儿有一套1～10的数字卡，该幼儿任意抽取一张数字卡，数字卡是几，就给前面的小朋友捶几下背，前面的小朋友认真计数被捶的次数，然后再给前面的小朋友捶一样多的次数。依次传到最前面的一位幼儿，最前面一位幼儿大声地说出是数字几，看哪一组传得又快又对。

游戏规则

要求数字卡不能让前面的小朋友看到。

游戏建议

(1) 小班游戏可以认读5以内的数字。

(2) 注意提醒幼儿捶的时候力量要适当。

打电话

适宜班级：中班

游戏目标

(1) 认读10以内的数字。

(2) 会根据数字拨打电话。

游戏准备

(1) 幼儿已认识10以内的数字。

(2) 自制电话卡；电话机玩具若干。

游戏玩法

幼儿两人一组，一人随意抽取电话卡，认读电话卡上的数字，并根据电话卡上的数字拨打电话，并用一句话向同伴问候。

游戏规则

(1) 要根据电话卡上的数字拨打电话。

(2) 能礼貌地向同伴问候。

游戏建议

游戏熟悉后可要求幼儿记住电话号码，然后不看号码拨打电话。

幼儿园游戏组织与指导

有趣的数字画

适宜班级：中班

游戏目标

(1) 认读10以内的数字。

(2) 体验数字的有趣和有用，感受数字变形的乐趣。

游戏准备

(1) 幼儿已认识10以内的数字。

(2) 数字组合画若干；10以内的数字卡片。

游戏玩法

正确认读画中的数字并把相应的数字卡片找出来，比比谁找出的数字又快又多又对。

游戏规则

找出的数字必须是数字组合画有的。

游戏建议

幼儿可以用10以内的数字以绘画的形式设计出各种不同的数字画。

"认识10以内序数"的游戏

听序数赛跑

适宜班级：中班

游戏目标

(1) 认识5以内的序数，了解序数的含义。

(2) 进一步感知序数的顺序性。

游戏准备

(1) 幼儿已认识过5以内的序数。

(2) 1～5数字头饰；在相隔5米处画两条平行线分别做起点线和回返线。

游戏玩法

幼儿每人戴一个数字号码头饰并记住自己的序数，按序号顺序成纵队站在起点线上。游戏开始，叫号人任意叫1～5序数中的一个号码，戴该号码头饰的幼儿立即向前跑，绕过回返线后再跑回原队列。

游戏规则

(1) 听到叫自己的号码才能跑。

(2) 听到号码没有立即向前跑的不能归队。

游戏建议

可根据幼儿人数调整号码或起点线与回返线的距离。

找座位

适宜班级：中班

游戏目标

(1) 进一步认识5以内的序数。

(2) 能从前后方向寻找自己在火车中的位置。

游戏准备

(1) 用椅子搭成三列火车，分别编上1、2、3号。

(2) 幼儿每人一张编号的车票，如：第三列火车第五节车厢就写3-5；音乐。

游戏玩法

幼儿当乘客依照车票号码找座位坐下，教师当列车员检票，看谁找得又快又对。全对了，音乐起，幼儿做开火车的动作。音乐停，调换火车头方向，请幼儿说说刚才是在第几节车厢，现在是在第几节车厢。然后，下车重新调整位置，火车继续出发。

游戏规则

要根据火车头的方向寻找正确的车厢位置。

游戏建议

(1) 幼儿熟练后可分小组进行，并请幼儿当列车员查票。

(2) 火车的长度可以根据序数的学习内容做调整。

数碰数

适宜班级：中班

游戏目标

(1) 进一步认识5以内的序数。

(2) 能与同伴进行合作游戏。

游戏准备

(1) 幼儿已认识过5以内的序数。

(2) 将5把椅子摆成一个圆圈，并给每把椅子标上一个号码（按1～5的顺序编号）。

游戏玩法

幼儿各坐一把椅子，游戏开始由第1名幼儿发出口令，如第1碰第3，3号椅子上的幼儿就要站起来，接着发出口令，如第3碰第4，3号椅子上的幼儿坐下，4号椅子上的幼儿站起来，这样依次下去。

游戏规则

(1) 被喊号的幼儿要立即站起来，并迅速喊号，喊完号后又要立即坐下。

(2) 没有被喊号就站起来或喊错号的均为出错，暂时退出游戏。

游戏建议

游戏内容可改为学习10以内的序数。

小动物找家

适宜班级：中班

游戏目标

(1) 能从左到右或从上到下正确地辨认序数。

(2) 能用语言正确表述小动物所在的楼层序号。

游戏准备

(1) 幼儿已认识过10以内的序数。

(2) 楼房底图；摸箱；小动物玩具若干。

游戏玩法

两名幼儿合作游戏。一名幼儿从摸箱里拿出一只小动物，根据拿到的小动物身上的楼层序号寻找它在楼房中的位置，并说出该小动物的家在第几层楼。说对了才能换另一名幼儿摸动物。

游戏规则

(1) 一次只能摸一只小动物。

(2) 找到动物的家后要说出"什么动物住在第几层楼"才算正确。

游戏建议

可增加区别基数和序数的内容。

小剧院

适宜班级：中班

游戏目标

(1) 能按10以内的序号找到正确的位置。

(2) 能用语言表述正确的序数。

游戏准备

(1) 幼儿已认识过10以内的序数。

(2) 布置剧院场景；编号座位票若干(不同颜色的票代表不同的排，不同数字代表不同的号)。

游戏玩法

幼儿购票入场，根据座位票，找到相应的排和号坐下。老师查票，

请幼儿说出自己是几排几号。

游戏规则

(1) 要根据座位票的颜色寻找正确的位置。

(2) 要正确说出"几排几号"才能留在座位上。

游戏建议

幼儿熟练后可增加难度，采用相同颜色的座位票。

送快递

适宜班级：中班

游戏目标

(1) 巩固10以内的序数，会从不同的方向辨别序数。

(2) 体验参与数学游戏的乐趣。

游戏准备

(1) 幼儿已认识过门牌号。

(2) 房子图(10个楼层，每层10个房间)；快递包若干(每个快递包上写有房间号)；小红旗。

游戏玩法

一幼儿说出快递包上的门牌号，另一幼儿把快递包送到对应的房间上，送对的幼儿可取一面小红旗。幼儿轮流玩，得小红旗多的为胜者。

游戏规则

要根据快递包上的门牌号将快递包送到对应的房间。

游戏建议

(1) 游戏也可以一个幼儿单独玩。

(2) 可将快递包换上相应的材料。

蜜蜂采蜜

适宜班级：中班

游戏目标

(1) 感知、理解10以内的序数。

(2) 对序数操作游戏感兴趣。

游戏准备

(1) 彩色花朵排成一排；提示卡片若干。

(2) 小蜜蜂卡片若干；红、绿记分牌各一个。

游戏玩法

两名幼儿轮流随意抽出一张提示卡，对方则根据提示将蜜蜂放在花的相应位置上，并说出蜜蜂停在第几朵花上，正确的给一分。然后两人轮流，比一比谁的得分高。

游戏规则

要根据提示卡放蜜蜂，并进行表达。

游戏建议

(1) 可把蜜蜂换成其他动物。

(2) 花朵的排列方向可以调整。

翻板游戏

适宜班级：中班

游戏目标

(1) 巩固对10以内序数的认识。

(2) 能有意识地观察并记忆物体。

游戏准备

(1) 幼儿已学过10以内的序数。

(2) 画有不同内容的木板10块。

游戏玩法

将10块木板正面朝上一字排开。两人一起观察、记住每块木板所在的位置，接着一起将木板翻过来。采用剪刀、石头、布的方法，赢的说

出第几块木板的内容，然后翻开验证。最后，看看谁猜对的木板最多。

游戏规则

赢的幼儿才能翻木板。

游戏建议

(1) 木板的数量可根据序数的学习内容做调整。

(2) 游戏熟悉后可同时翻开两块木板。

"认识10以内倒数"的游戏

小猫爬楼梯

适宜班级：大班

游戏目标

(1) 掌握10以内顺数和倒数的方法。

(2) 知道从1到10，顺数逐个多1，倒数逐个少1。

游戏准备

(1) 幼儿已学过10以内的顺数、倒数。

(2) 小猫指偶；楼梯背景图（楼梯上标有数字1～10）。

游戏玩法

幼儿戴上小猫指偶，边上(下)楼梯，边数楼梯的层数，并说出顺数与倒数的特点。

游戏规则

要求上(下)楼梯后，要说出顺数和倒数的特点。

游戏建议

可以准备多种指偶，设置故事情节，让幼儿多次复习顺数和倒数。

夹跳珠

适宜班级：大班

游戏目标

(1) 学习10以内的顺数和倒数。

(2) 能积极主动地参与数学游戏。

游戏准备

(1) 幼儿已学过10以内的顺数和倒数。

(2) 人手一双筷子；一盘跳珠；一个碗。

游戏玩法

幼儿用筷子把跳珠从盘子里夹出来放碗里，边夹边顺数，再从碗里把跳珠夹到盘子里，边夹边倒数。

游戏规则

边夹边数，盘子夹到碗里是顺数，碗里夹到盘里是倒数。

游戏建议

(1) 珠子可换为其他物品，如：水饺、包子。

(2) 可以采用比赛的形式进行。

(3) 跳珠上可贴有数字1～10，可要求幼儿按跳珠上的数字来夹。

小动物过马路

适宜班级：大班

游戏目标

(1) 学习倒着数数，能从相反的方向感知自然数的顺序。

(2) 有初步的逆向思维能力。

游戏准备

(1) 幼儿已学过10以内的倒数。

(2) 表示红绿灯的数字卡片1～10；动物头饰；警帽。

(3) 创设十字路口情境。

游戏玩法

幼儿带上头饰，扮演小动物准备过马路。一幼儿扮演交警，拿着红

幼儿园游戏组织与指导

绿灯的数字卡片站在十字路口的中间。游戏开始，扮演交警的幼儿按顺数的方式逐一拿出绿色的数字卡片，表示绿灯亮了。此时，小动物边从1数到10边通过马路。之后，扮演交警的幼儿按倒数的方式逐一拿出红色的数字卡片，表示红灯亮了。此时，小动物边从10数到1边站在路口等待。

游戏规则

要求根据红绿灯的数字，进行顺数或倒数。

游戏建议

可以渗透过马路的安全知识。

连线猜物

适宜班级：大班

游戏目标

(1) 复习10以内的倒数。

(2) 能主动地参与数学游戏。

游戏准备

(1) 幼儿已学过10以内的倒数。

(2) 数字连线图；彩笔。

游戏玩法

幼儿自选数字连线图，先观察图片上数字的排列顺序，说出倒数顺序，然后取彩笔沿着图案上的数字从10连到1，最后看看连出的图案是什么。

游戏规则

要求按倒数顺序来连线。

游戏建议

此材料也可复习10以内的顺数。

<h1 style="text-align:center">贴红花</h1>

适宜班级：大班

游戏目标

(1) 会倒数10以内的数。

(2) 乐于参与倒数活动。

游戏准备

(1) 幼儿已学过10以内的倒数。

(2) 红花贴纸；写有倒数的题卡；10以内的数字卡；记分牌。

游戏玩法

两个幼儿为一组，轮流抽题卡考对方。如：甲抽考题9-3，乙边摆数卡边读：9、8、7、6、5、4、3，读对了，甲就在乙的记分牌上贴一朵红花贴纸。最后红花最多的为胜。

游戏规则

要读对数卡才能贴红花。

游戏建议

(1) 可以进行顺数、倒数的综合练习。

(2) 更改考题卡，也可复习10以内的加减。

<h1 style="text-align:center">跳房子</h1>

适宜班级：大班

游戏目标

(1) 掌握10以内的倒数。

(2) 体验和同伴游戏所带来的快乐。

游戏准备

(1) 幼儿已学过10以内的倒数。

(2) 房子图；小沙包。

游戏玩法

幼儿拿一个小沙包站在房子图的起始线前。游戏开始时，幼儿手拿沙包扔向房子图中的数字格中，然后捡起沙包，从沙包所在的数字格开始，按倒数的顺序边数边跳方格直至跳出房子图。

游戏规则

要求幼儿要按倒数的顺序来游戏。

游戏建议

(1) 此游戏可多名幼儿一起轮流玩。

(2) 此游戏可用于复习10以内的顺数。

拼火车

适宜班级：大班

游戏目标

(1) 复习10以内的倒数。

(2) 能积极地参与数学游戏。

游戏准备

(1) 幼儿已学过10以内的倒数。

(2) 写有(倒数顺序)提示卡的火车头；10以内的火车数字车厢。

游戏玩法

幼儿随意选取一辆火车头，根据火车头上的提示卡(如：10→1)，按10→1的顺序排出一辆完整的火车，看谁排得对又快。

游戏规则

要求按倒数的顺序排火车车厢。

游戏建议

可让幼儿根据车厢上的数字装载货物，复习10以内的数量。

"认识10以内单双数"的游戏

摆筹码

适宜班级：大班

游戏目标

(1) 进一步理解单数与双数的含义。

(2) 学习区分10以内的单数和双数。

游戏准备

(1) 幼儿已学过10以内单、双数。

(2) 1~10的数字卡片；筹码若干。

游戏玩法

将数字卡片按顺序排好，并在数字卡片下摆上相应数量的筹码(要两个两个摆)，然后找一找单数、双数。

游戏规则

要两个两个地摆放筹码。

游戏建议

可就地取材更换摆放的物品。

捉一捉

适宜班级：大班

游戏目标

(1) 复习单双数，进一步理解单双数的含义。

(2) 体验参与数学游戏的快乐。

游戏准备

(1) 幼儿已学过10以内的单、双数。

(2) 场地上画一个圆圈，圈外画有表示"单数"和"双数"的家。

(3) 数字胸卡；音乐。

游戏玩法

幼儿每人挂一个数字胸卡,在圆圈里听音乐自己做动作。音乐停,老师说:"单数"抓"双数",挂"单数"胸卡的幼儿就去捉挂"双数"胸卡的幼儿,挂"双数"胸卡的幼儿赶快跑回家。然后,数一数捉了几个挂"双数"胸卡的幼儿。游戏重新开始,可换成挂"双数"胸卡的幼儿去捉挂"单数"胸卡的幼儿。

游戏规则

音乐停,才能开始捉或跑。

游戏建议

可以改为让挂"单数"或"双数"胸卡的幼儿各自找家。

翻纸牌

适宜班级:大班

游戏目标

(1)学习区分10以内的单数和双数。

(2)能与同伴合作游戏。

游戏准备

(1)幼儿已学过10以内单数、双数。

(2)1~10的纸牌。

游戏玩法

将纸牌背面朝上放好,幼儿轮流翻纸牌,猜一猜是单数还是双数,猜对了可赢得这张牌,赢得牌多的为胜。

游戏规则

先猜后翻,猜对的赢牌。

游戏建议

(1)游戏也可以让幼儿比较数字的大小。

(2)可两人或多人合作游戏。

接长龙

适宜班级：大班

游戏目标

(1) 复习10以内的单数和双数。

(2) 体验与同伴游戏的乐趣。

游戏准备

(1) 幼儿已学过10以内的单数、双数。

(2) 1～10数字胸卡若干；歌曲《找朋友》。

游戏玩法

每个幼儿分别戴上数字胸卡围成圆圈，两名分别戴着单数、双数胸卡的幼儿站在圈内。游戏开始，大家边唱歌边拍手，圈内的两名幼儿分别邀请一名同伴接在自己后面，音乐停，大家一起检查是否找对。游戏重复进行，直到将自己的朋友找完，排成两条长龙。

游戏规则

单数找单数同伴，双数找双数同伴。

游戏建议

(1) 可以让幼儿比较两条"龙"的长短。

(2) 也可以让幼儿玩找相邻数的游戏。

(3) 幼儿对游戏熟悉后，可以把同伴全部找完后再停下。

猫抓老鼠

适宜班级：大班

游戏目标

(1) 能进一步分辨单数和双数。

(2) 体验参与数学游戏的乐趣。

游戏准备

(1) 幼儿已认识过10以内的单数和双数。

(2) 猫头饰和老鼠头饰若干；数字胸卡；音乐。

游戏玩法

扮演"老鼠"的幼儿戴上胸卡。音乐起，扮演"老鼠"的幼儿随音乐做各种动作。音乐停，戴单数或双数胸卡的幼儿手拉手站着。"猫"巡视，拉错的"老鼠"要被"猫"吃掉(暂时离开游戏)。游戏重新开始。

游戏规则

要等音乐停了，"老鼠"才能手拉手，"猫"才能抓"老鼠"。

游戏建议

角色可以换，如"老鹰捉小鸡"。

看谁反应快

适宜班级：大班

游戏目标

(1) 能区分单双数，并按规定做动作。

(2) 能遵守游戏规则。

游戏准备

(1) 幼儿已认识过10以内的单双数。

(2) 扑克牌一副(每种花色从1到10)。

游戏玩法

老师从扑克牌中随机抽出一张，如果抽出的是单数，幼儿就做双臂交叉抱状；如果是双数，就找一个朋友相抱。

游戏规则

根据单数或双数，做出相应的动作。

游戏建议

游戏中要求做的动作可以引导幼儿自己设计。

单、双号限行

适宜班级：大班

游戏目标

(1) 进一步认识10以内单双数。

(2) 理解单数和双数在生活中的应用。

游戏准备

(1) 幼儿已认识过10以内的单数和双数。

(2) 每人一辆玩具汽车，汽车上贴有1～10的数字。

游戏玩法

幼儿当司机，每人驾着一辆汽车，停在停车场等待，游戏开始，车辆管理员(由教师扮演)宣布：今天单号(或双号)汽车可以出行，单数(或双数)汽车就开出来，玩"开汽车"的游戏。车辆管理员发出信号，汽车开进停车场休息。

游戏规则

(1) 汽车要根据车辆管理员的指令出行。

(2) 违反规则的汽车要到警戒区停止游戏一次。

游戏建议

(1) 游戏中的汽车可以更换成飞机、轮船等交通工具。

(2) 可以把游戏与角色游戏中的"汽车站"结合起来。

老狼老狼几点钟

适宜班级：大班

游戏目标

(1) 学习区分10以内的单数和双数。

(2) 能及时躲避、四散追逐跑。

游戏准备

(1) 幼儿已玩过"老狼老狼几点钟"的游戏。

(2) 老狼头饰一个；10座小房子分别标有1~10的数字。

游戏玩法

一个幼儿当老狼，其他幼儿当小羊跟在老狼后面，不停地问："老狼老狼几点钟?"老狼先随意回答几个时间，等到老狼说"天黑了，单数时间(双数时间)到"时，小羊赶快跑到单(双)数相应的房子里躲起来。

游戏规则

躲错的、没有躲进的、被老狼抓住的要停止游戏一次。

游戏建议

提醒幼儿跑动时注意安全、不推挤。

跳格子

适宜班级：大班

游戏目标

(1) 巩固对10以内的单数和双数的认识。

(2) 提高动作的灵活性。

游戏准备

(1) 幼儿已学习过10以内的单数和双数，并认识10以内数字。

(2) 沙包若干；地板上画有跳格子的图案(格中有1~10的数字)。

游戏玩法

幼儿将沙包扔到格子图的任何一个格子中，并说说是扔到了数字几的格子，是单数还是双数。然后根据格子里的单数或双数，单数用单脚、双数用双脚跳格子，将沙包拾起，放在手背上，跳回起点。

游戏规则

要求根据格子里的单双数并用相应的单脚或双脚跳格子。

游戏建议

(1) 可以根据幼儿的能力将沙包扔到远近适宜的位置。

(2) 此游戏可以在小班开展，学习内容改为5以内的数量。

第4章 幼儿园其他游戏

"认识10以内相邻数"的游戏

骰子找邻居

适宜班级：大班

游戏目标

(1) 学习5以内的相邻数，感知相邻两数之间的数差关系。

(2) 主动参与数学游戏。

游戏准备

(1) 幼儿已学习过5以内的相邻数。

(2) 骰子；印章；印泥；小房子三格图；6以内的数字卡片。

游戏玩法

先掷骰子，根据骰子的点数，用印章蘸色在小房子三格图的中间格印上相应数量的图形，然后在它的两边格中印出少1个和多1个的图形。最后在小房子三格内各贴上相应的数字卡。

游戏规则

要求根据相邻数的关系印图形。

游戏建议

小房子中的三格图也可以有事前印好的图案。

喂小兔

适宜班级：大班

游戏目标

(1) 复习5以内的相邻数，理解相邻两数多1或少1的关系。

(2) 能按要求喂相应数量的"萝卜"。

游戏准备

(1) 幼儿已学习过5以内的相邻数。

(2) 三小兔；三个碗；一双筷子；5以内的数字卡；"萝卜"若干。

游戏玩法

将三只小兔排成一排，先给中间的小兔插上数字卡，并夹相应数量的"萝卜"放入中间小兔的小碗里。根据中间小兔的数字想一想它的相邻两数分别是几和几，应喂几根"萝卜"，并给旁边的两只小兔子插上相应的数字卡，喂相应的"萝卜"。

游戏规则

要求根据相邻数的关系喂"萝卜"。

游戏建议

可一名幼儿单独游戏，也可多名幼儿开展竞赛游戏。

接牌

适宜班级：大班

游戏目标

(1) 复习10以内的相邻数。

(2) 体验合作游戏的快乐。

游戏准备

(1) 幼儿已学习过10以内的相邻数。

(2) 1~10数字卡三套。

游戏玩法

三名幼儿一组，每人一份1~10数字卡。游戏开始，由一名幼儿任意出一张牌，其他两名幼儿依次根据相邻数接牌，如一名幼儿出数字卡6，其他两名幼儿应在数字卡6的前面接数字卡5，后面接数字卡7。幼儿无牌接时可以跳过，由后面的幼儿跟着接牌。3张牌组成相邻数放在一旁。游戏重复进行，以牌先出完者为胜。

游戏规则

应根据相邻数的要求接牌。

游戏建议

可根据幼儿的能力将数字卡更换成点卡。

找朋友

适宜班级：大班

游戏目标

(1) 能正确区分10以内的相邻数。

(2) 思维的灵活性和敏捷性有一定的发展。

游戏准备

(1) 幼儿已学习过10以内的相邻数。

(2) 印有数字1～10的背心若干套。

游戏玩法

请幼儿自由挑选背心穿上，手拉手围成圆圈。教师随意用手指点人，被点到的幼儿立即跑到圆心处站好，边拍手边念儿歌："我是5；我的朋友在哪里？"数字朋友4和6迅速跑到圆内，并拍手一起说两遍儿歌："我是4(6)，我是你的小(大)朋友。"游戏可反复进行。

游戏规则

(1) 必须是被老师手指点到的幼儿才可以跑到圆心处。

(2) 必须按相邻数的关系找朋友。

游戏建议

(1) 游戏内容应遵循由易到难的原则。

(2) 可以把背心换成胸卡。

编车号

适宜班级：大班

游戏目标

(1) 复习10以内的相邻数。

(2) 感知相邻两数间的关系。

游戏准备

(1) 幼儿已学习过10以内的相邻数。

(2) 动车车厢图卡；1~10数字卡若干。

游戏玩法

共有10节动车车厢，有的车厢有编号，有的车厢没有编号。游戏开始，幼儿先找出有编号的车厢，看看是几号车厢。思考前后相邻两节车厢应该编几号和几号，并找出相应的数字卡插在动车车厢中。

游戏规则

应按相邻数的关系为车厢编号。

游戏建议

(1) 根据幼儿的能力差异可更换成点卡。

(2) 可以采用竞赛的形式开展游戏。

住新房

适宜班级：大班

游戏目标

(1) 巩固对10以内相邻数的认识。

(2) 能主动参与数学游戏。

游戏准备

(1) 幼儿已学习过10以内的相邻数。

(2) 标有数字的房子若干座；标有数字的动物头饰若干。

游戏玩法

幼儿头戴动物头饰，找到和头饰上数字一致的房子住进去，并邀请头饰数字比自己小1和大1的邻居一起住进新房。在找邻居的过程中要边找边说出和邻居的数量关系。

游戏规则

要求用语言表述相邻数之间的多1或少1的关系。

游戏建议

(1) 根据学习相邻数的教学进度调整数字。

(2) 也可以某一个数的两个相邻数先住进房子，再邀请它们的共同邻居住进来。

密码门

适宜班级：大班

游戏目标

(1) 熟练掌握10以内相邻数的关系。

(2) 体验参与数学游戏的乐趣。

游戏准备

(1) 幼儿已学习过10以内的相邻数。

(2) 城堡；数字卡片；邀请卡；笔；纸。

游戏玩法

游戏开始，幼儿到城堡做客，要走进两扇门，必须解密门上的密码。第一扇门：要把3个数字排列成相邻数的密码才能进入。第二扇门：根据已有的数字，推断猜出其他密码，写在纸上，交给城堡主人。正确的可以获得一张邀请卡。

游戏规则

要求幼儿找出密码后，还要说出猜出密码的依据。

游戏建议

已经猜出密码的幼儿可以当城堡主人，为下一位幼儿出题。

快乐旅行

适宜班级：大班

游戏目标

(1) 学习10以内的相邻数，理解相邻数之间大1、小1的关系。

(2) 愿意在同伴面前讲述自己的思考和操作过程。

游戏准备

(1) 幼儿已学习过10以内的相邻数。

(2) 小火车一列(贴有1～10的数字)；小乌龟、小老鼠、小蜗牛、小象等头饰；车票(写有1～10的数字)；音乐。

游戏玩法

幼儿来到火车站坐车旅行。每位幼儿观察自己车票上的数字，寻找相应的车厢。列车员检查，要求幼儿说出自己是几号车厢，几号座位，邻座是×号和×号，临近车厢是×号车厢和×号车厢，说对的才能坐上火车。全对了，火车随着音乐开动。

游戏规则

幼儿说对了，才能上火车。

游戏建议

(1) 可根据幼儿的能力设置列车长、乘务员等，减少等待验证的时间。

(2) 可以让车票是相邻数的幼儿组成一列火车。

摸彩票

适宜班级：大班

游戏目标

(1) 能正确区分10以内数的相邻数。

(2) 能用自己的语言表达操作的结果。

游戏准备

(1) 幼儿已学习过10以内的相邻数。

(2) 摸箱(里有1～10数字纸条)；笑脸娃娃；彩票券；笔。

游戏玩法

让幼儿在摸箱里摸出一个数字，说出它的相邻数并填写在彩票券上，正确即可奖励笑脸娃娃一个。最后比比谁的笑脸娃娃最多。

游戏规则

必须正确说出相邻数并填写在彩票券上。

游戏建议

(1) 游戏时由幼儿充当彩票员。

(2) 游戏可分组进行。

扑克王国

适宜班级：大班

游戏目标

(1) 复习10以内的相邻数。

(2) 体验和同伴一起游戏的乐趣。

游戏准备

(1) 幼儿已学习过10以内的相邻数。

(2) 1～10的扑克牌。

游戏玩法

两名幼儿为一个游戏小组，以"石头、剪刀、布"的形式开始游戏。赢的幼儿先出牌，另一位幼儿找出此牌的两个相邻数。找对了，变成自己出牌，另一位幼儿对牌；对错了，出牌的幼儿继续。

游戏规则

对对了，互换，对错了，继续出牌。

游戏建议

(1) 可设置一位裁判帮忙判断对错。

(2) 也可多名幼儿参与，按序轮流出牌。

幼儿园游戏组织与指导

"认识10以内数的组成"的游戏

猜硬币

适宜班级：大班

游戏目标

(1) 感知5以内数的组成。

(2) 能积极参与数学游戏。

游戏准备

(1) 幼儿已学过5以内数的组成。

(2) 面值一角的硬币若干；小红花若干。

游戏玩法

两名幼儿为一游戏小组。幼儿取若干硬币(5以内)，并将硬币分成两份，放在两只手中。然后，伸出一只手让另一幼儿看，请他猜出另一只手中硬币的数量。猜对了，互换；猜错了，继续。

游戏规则

猜时，另一只手中的硬币不能让猜的幼儿看见。

游戏建议

可根据幼儿学习的进度调整硬币的数量。

夺红旗

适宜班级：大班

游戏目标

(1) 感知10以内的组成。

(2) 有初步的竞争意识。

游戏准备

(1) 幼儿已学过10以内数的组成。

(2) 10以内分合题卡若干，插有红旗的梯级台。

游戏玩法

幼儿轮流抽出分合题卡完成填空，其他幼儿检查，做对了可上一级台阶，比一比谁先夺到红旗。

游戏规则

每答对一题上一级台阶，先至者为胜。

游戏建议

(1) 可根据幼儿的能力调整分合题卡的难易。

(2) 此游戏可多人合作游戏。

搭房子

适宜班级：大班

游戏目标

(1) 复习10以内数的组成。

(2) 会根据互换和互补规律推理出答案。

游戏准备

(1) 幼儿已学过10以内数的组成。

(2))房子图(8、9、10的分合式)；数字卡片若干。

游戏玩法

幼儿观察房子图上已有的数字，根据互换和互补规律推理出各层或屋顶上的数字，然后，放上相应的数字卡片，完成搭房子的任务。看看谁先搭完房子。

游戏规则

根据互换和互补规律放相应的数字卡片。

游戏建议

(1) 可根据幼儿的能力调整分合题卡的难易。

(2) 要求幼儿用语言表达自己的推理。

蝴蝶找翅膀

适宜班级：大班

游戏目标

(1) 巩固认识10以内数的组成。

(2) 体验参与数学游戏的乐趣。

游戏准备

(1) 幼儿已认识过10以内数的组成。

(2) 贴有1~10数字的蝴蝶身体胸片和蝴蝶翅膀胸卡人手一个；音乐。

游戏玩法

每个幼儿戴好胸卡。游戏开始，幼儿跟着音乐边拍手边在场地内找"朋友"。一个戴蝴蝶身体胸片的幼儿，找两个戴蝴蝶翅膀胸卡的幼儿，三人按某一数字的组成关系组合成一只蝴蝶。音乐停，老师进行检查。互换胸卡，游戏继续。

游戏规则

三个幼儿所戴胸卡要按某一数字的组成关系组合成一只蝴蝶。

游戏建议

此游戏也可以改成"蝴蝶找花"的形式，增加游戏的趣味性。

翻得数

适宜班级：大班

游戏目标

(1) 掌握10以内数的组成。

(2) 能较快地找出卡片上数字的两个部分数。

游戏准备

(1) 幼儿已认识过10以内数的组成。

(2) 30张1~10的数字卡片。

229

游戏玩法

两名幼儿游戏，先把30张卡片打乱，游戏者轮流摸10张，剩余10张反扣在桌子中间。其中一幼儿先翻开桌面的任意一张卡片，此卡片上的数即表示总数。再从自己的手中找两个数字，这两个数字必须是分解后的部分数，确认找对后就把这三张卡片整齐地放在自己的一旁。接着就轮到另一游戏者翻开桌面的一张卡片，依次类推。如果自己手中没有两张卡片的数字合起来与翻开卡片的数字一样大，那么就把这张卡片拿到自己手中。桌子中间的卡片翻完后，手中牌少者为胜。

游戏规则

从手中找出的两张卡片上的数字必须是翻开卡片上的数字的部分数。

游戏建议

此游戏适合在学习数的组成的各个阶段进行。

碰球

适宜班级：大班

游戏目标

(1) 复习巩固10以内数的组成。

(2) 能快速、正确地说出某一部分数。

游戏准备

(1) 幼儿已认识过10以内数的组成。

(2) 10以内的数字卡片一套。

游戏玩法

老师先出示一张数字卡片，然后说："我的×球碰×球。"幼儿回答："你的×球碰×球。"如老师出示数字卡片8。老师："我的1球碰几球？"幼儿："你的1球碰7球。"游戏速度逐渐加快。

游戏规则

幼儿说出的数和老师说出的数合起来要等于数字卡片上的数。

游戏建议

(1) 此游戏也可用于数的加减的学习。

(2) 游戏可以改为每位幼儿根据所翻出的卡片上的数字一人出一张。

蝴蝶找花

适宜班级：大班

游戏目标

(1) 复习巩固10以内数的组成。

(2) 体验和同伴合作游戏的快乐。

游戏准备

(1) 幼儿已认识过10以内数的组成。

(2) 蝴蝶的头饰（幼儿人数的一半）；花的头饰（幼儿人数的一半）；每人胸前贴有10以内的一个数字。

游戏玩法

班级一半幼儿扮演花，一半幼儿扮演蝴蝶。音乐开始时，蝴蝶在场地中自由飞舞。音乐停时，教师说出一个数字，蝴蝶找到一朵花，蝴蝶和花的数字合起来必须是老师说出的数字。

游戏规则

蝴蝶和花的数字合起来必须是老师说出的数字。

游戏建议

可交换蝴蝶和花的角色。

10以内加减教育游戏

"认识10以内加减运算"的游戏

扑克王

适宜班级：大班

游戏目标

(1) 会用加减运算技能玩游戏。

(2) 在游戏中体验快乐。

游戏准备

扑克牌(除去L、Q、K、王)若干副。

游戏玩法

手心手背心肝宝贝，我有一双小手宝贝，手心拍拍、手背碰碰，手心手背心肝宝贝。幼儿两人一组，每人一副扑克牌进行游戏。游戏开始，两位幼儿从各自的扑克牌中抽出两张牌，两张牌相加，和大的为胜。胜的一方把对方的两张扑克牌收起，放在旁边，重新抽牌比赛，直到各自的扑克牌抽完。最后，各自计算赢了多少张牌，多的一方为胜。

游戏规则

应按顺序抽牌，不能故意换牌。

手心手背心肝宝贝

适宜班级：大班

游戏目标

(1) 会快速地进行10以内数的加减运算。

(2) 体验参与数学游戏的快乐。

游戏准备

(1) 幼儿会玩拍手游戏《手心手背心肝宝贝》。

幼儿园游戏组织与指导

(2) 幼儿具有10以内加减运算的技能。

游戏玩法

幼儿两人一组一起念儿歌《手心手背心肝宝贝》。念完儿歌后，两人同时出手指(如甲出3、乙出5)，然后快速算出两人所出的手指加(或减)起来等于几。

游戏规则

(1) 念到"手心手背心肝宝贝"时才能出手指。

(2) 要同时出手指。

游戏建议

(1) 可以同时进行减法运算。

(2) 可以多人进行游戏。

逛超市

适宜班级：大班

游戏目标

(1) 会用10以内加减法解决生活中的问题。

(2) 了解买卖规则，学会使用礼貌用语。

游戏准备

(1) 幼儿有超市购物经验。

(2) 布置超市情境；货物上贴加、减的算式；1~10数字卡片。

游戏玩法

一幼儿当售货员，其他幼儿当顾客。顾客进门时售货员说："欢迎光临!"顾客在货架上自由挑选物品。买单时，必须先算出物品上贴的算式题，如桃子贴有"4+3="，然后找出7的数字卡片交给售货员。售货员进行验证，正确的才能卖出物品。顾客出门时，售货员说："谢谢!欢迎下次光临!"

游戏规则

(1) 售货员和顾客要使用礼貌用语。

(2) 售货员要验证顾客的计算结果，算得正确才能将物品卖出。

游戏建议

(1) 幼儿对此游戏较熟悉后允许一次买两样或两样以上的物品，增加难度。

(2) 物品的标价卡也可以只标一个价格，要求顾客买两样物品。

找朋友

适宜班级：大班

游戏目标

(1) 体验参与数学游戏的乐趣。

(2) 能认真倾听，并快速准确地算出结果。

游戏准备

(1)10以内的加减算式卡；1～10数字卡片。

幼儿有玩抢答游戏的经验。

游戏玩法

提问者举起一张算式卡如"2+5="问："我的朋友在哪里?"抢答者迅速地举起该算式答案的数字卡"7"，并答："你的朋友在这里，2+5=7。"提问者可逐渐加快速度，增加挑战性。抢答正确的得一红花，错误的扣一红花。游戏结束时统计，红花多的为胜者。

游戏规则

需等提问者说完并举起算式卡后，抢答者才能举手抢答。

游戏建议

可以两两竞赛或多人竞赛。

开火车

适宜班级：大班

游戏目标

(1) 能进行10以内的加减运算。

(2) 体验参与数学游戏的快乐。

游戏准备

(1)10以内的加减算式卡；1~10数字卡片。

幼儿有乘火车、验票的经验。

游戏玩法

一幼儿当火车头，边说"呜～～北京的火车就要开了，几点开？"边举起算式卡，其他幼儿迅速算出得数并拿出数卡接到火车头后面，验票员进行验票，如果验票员验出不正确的就请该幼儿下车，然后火车开动。

游戏规则

(1) 要算出火车头举起的算式卡的得数，并拿出相应的数卡才能上火车。

(2) 验票员验票结束，火车才能开动。

游戏建议

(1) 可以替换为10以内的分合式进行游戏。

(2) 可根据班级幼儿对10以内加减的掌握情况决定算式的具体内容。

接龙

适宜班级：大班

游戏目标

(1) 巩固10以内的加减运算。

(2) 能仔细查找并快速准确地算出结果。

游戏准备

10以内的加减算式接龙卡，如：2|3+1=4|7-2=5|2+6=

游戏玩法

幼儿先取出1张算式接龙卡(如：2|3+1=)计算算式的得数，然后，找出1张与得数(数字写在左边)相同的算式接龙卡(如：4|7−2=)接上。接着再算出卡片后面的算式，以此类推。

游戏规则

后面的算式接龙卡左边的数字，应是前面算式接龙卡的得数。

游戏建议

(1) 可以把举算卡改为口头说算式。

(2) 游戏可由慢到快。

破译电话号码

适宜班级：大班

游戏目标

(1) 会进行10以内的加减运算。

(2) 能耐心细致地运算。

游戏准备

电话或手机；电话号码卡(上面有8题10以内加减算式题)；电话号码记录格子；笔。

游戏玩法

游戏时，先抽出一张电话号码卡，逐一运算上面的加减得数，并按算式的顺序填写在电话号码记录格子上，电话号码就被破译了。根据破译的电话号码拨打电话。

游戏规则

应按电话号码卡上的算式运算并填写号码。

游戏建议

可以替换为5以内的加减。

走迷宫

适宜班级：大班

游戏目标

(1) 会进行10以内的加减运算。

(2) 学会耐心等待，轮流游戏。

游戏准备

(1) 卡纸制作的迷宫图；10以内加减算式题；1~10数字卡。

(2) 幼儿会玩走迷宫的游戏。

游戏玩法

幼儿可2~4人进行游戏。游戏开始，幼儿轮流摇骰子，摇到几点就走几步，走到有关卡的地方(算式题)必须算出答案才能继续走，如果答案错误就要退一格。最后先到终点为胜者。

游戏规则

(1) 要轮流摇骰子。

(2) 算对算式题可过关，算错必须退一格。

游戏建议

关卡可以替换为各种问题让幼儿挑战。

送小鸟回家

适宜班级：大班

游戏目标

(1) 能准确地算出10以内的加减算式。

(2) 体验帮助别人的快乐。

游戏准备

(1) 创设树林情境：大树3~5棵，上面有鸟窝的图案(鸟窝上有10以内加减算式题)。

(2) 小鸟卡片许多（小鸟身上贴1~10数字卡）。

游戏玩法

幼儿到树林帮小鸟找家，找到的小鸟身上的数字必须是鸟窝上算式的得数。然后送这只小鸟回家。

游戏规则

鸟窝上的算式题的答案应是小鸟身上的数字。

游戏建议

可以按颜色或形状帮小鸟找到鸟窝。

钓鱼

适宜班级：大班

游戏目标

(1) 能准确地算出10以内的加减算式。

(2) 积累按数分类的经验。

游戏准备

鱼塘背景图一幅；鱼塘旁边摆放几个鱼篓(上面贴1～10的数字)；磁性钓鱼竿若干；小鱼(身上贴10以内的算式题)。

游戏玩法

幼儿用鱼竿钓起鱼后要算出鱼身上的算式题，并将它放到贴有与答案相同的数字的鱼篓中。比一比，谁放得对，钓得多。

游戏规则

要根据鱼身上的算式得数把鱼放在相应数字的鱼篓中。

游戏建议

鱼上可以替换为颜色或图形，供小班幼儿游戏。

"学习自编应用题"的游戏

撕名牌

适宜班级：大班

游戏目标

(1) 知道应用题必须要有一件事情，两个已知数(条件)及一个问题。

(2) 学会看图编加法应用题。

游戏准备

(1) 幼儿有看图编应用题的感性经验。

(2) "名牌"(编应用题的图片)。

游戏玩法

幼儿分成红、蓝两队，每队各派出一名队员(后背衣服上贴着"名牌")面对面站在圈内，听到开始的指令互抢对方的"名牌"，先抢到者，根据"名牌"上的图意编一道应用题。如编题正确，名牌被抢的人则退出比赛；如编题不完整或不正确，被抢者获得一次编题的机会，编题对了就可以复活，重新参与游戏。

游戏规则

"名牌"被对方看到或离开圈内，都算被抢到。

珍妮的七色花

适宜班级：大班

游戏目标

(1) 学会自编10以内加减应用题。

(2) 能观察、分析图片和花瓣，并做出判断。

游戏准备

(1) 幼儿具有自编应用题的感性经验。

(2) 可乐瓶制作的"七色花"(有的花瓣底部带有红色的线)。

游戏玩法

幼儿轮流按顺序摘取"七色花"的花瓣，当摘下的花瓣带有红色的线时，就自编一道应用题，帮珍妮打开一道实现愿望的门。

游戏规则

(1) 要求幼儿依次摘取花瓣。

(2) 当同伴编题不完整或不正确时，给予帮助。

游戏建议

(1) 此游戏也适合两两游戏。

(2) 此游戏适合在场地开阔的地方开展。

石头剪刀布

适宜班级：大班

游戏目标

(1) 能根据图片中所给的已知条件自编加法、减法的应用题。

(2) 能对所编的题目进行分析和概括。

游戏准备

(1) 知道编题的三要素，有编应用题的感性经验。

(2) 知道民间游戏"石头剪刀布"的玩法及规则。

(3) 纸牌一副(正面画有编题的内容)。

游戏玩法

纸牌一字反面摆开，幼儿采用"石头剪刀布"的方法决定翻牌的先后顺序。先翻牌的人随意翻出一张纸牌并根据纸牌上的题意编应用题。同伴则根据应用题的"三要素"提出三个问题，让编题的幼儿回答。如回答正确，则赢得该张纸牌，游戏依此继续。如回答错误，同伴帮助纠正，换另一个幼儿翻牌并回答问题。最后以赢得纸牌的张数多者为胜。

游戏建议游戏可两两合作游戏，也可多人游戏。

游戏规则

(1) 赢的先翻牌。

(2) 翻牌的幼儿必须回答问题且回答对了才能继续。

游戏建议

(1) 游戏可两两合作游戏，也可多人游戏。

(2) 纸牌可以全部摆开游戏，也可以选择部分扑克牌来游戏。

大时钟转起来

适宜班级：大班

游戏目标

(1) 能根据生活经验编题。

(2) 进一步巩固对整点、半点的认识。

游戏准备

(1) 幼儿已认识过整点和半点。

(2) 长短不同的两根小棍子。

游戏玩法

12位幼儿戴上1～12的数字胸卡按钟面的数字顺序围成一圆圈。一幼儿双手各执一长一短两根棍子充当钟面上转动的时针、分针。音乐起，时针、分针随节奏转动，当音乐停止，时钟应停在整点或半点。时针指向的幼儿根据时钟停留的时间，编一道与自己生活有关的应用题。编题正确者可获得拿长短针转动的权利。

游戏规则

(1) 时钟必须停在整点或半点。

(2) 编题的内容应与自己的生活经验有关。

游戏建议

(1) 扮演钟面数字的幼儿可用图片代替。

(2) 可先根据整点来编题，再根据半点编题。

占地盘

适宜班级：大班

游戏目标

(1) 能分析自己所编的应用题。

(2) 体验自编应用题的快乐。

游戏准备

(1) 幼儿对编应用题有一定的感性经验，知道编应用题要具备三要素。

(2) 编题小图片；各种颜色的小旗；地盘图(画有若干正方形格子的大正方形棋盘，每个格子的大小与小图片的大小一致)；骰子。

游戏玩法

编题小图片牌面朝下摆放在地盘图上。幼儿轮流掷骰子，根据骰子上的点子数量在地盘图上找到相应小图片，根据小图片的图意编应用题，并说说自己编的这道题"讲一件什么事？""有两个已经知道的数是哪两个？""问一个什么问题？"如编题并分析正确，便可赢得该小图片，并在小方格内插上自己的小旗。以此类推，最后以地盘上什么颜色的小旗多，谁占的地盘多为胜。

游戏规则

(1) 编题的幼儿应分析自己所编的应用题。

(2) 同伴应对编题与分析的正确与否给予判断。

游戏建议

(1) 可以考虑把不同能力水平的幼儿进行组合。

(2) 每轮游戏后可根据需要增加或更换编题小图片。

买水果

适宜班级：大班

242

游戏目标

(1) 巩固对自编5以内加减法应用题的认识。

(2) 能够用自己的语言表达学习的内容。

游戏准备

(1) 幼儿已学过自编5以内加减法应用题，并有编题的经验。

(2) 创设水果店场景；4名售货员；幼儿人手5元；记账本4本；笔4支。

游戏玩法

幼儿每人拿5元钱到水果店买水果，选择一种或两种水果购买。买完后，应根据自己购买的水果编一道加法或减法应用题。如："我本来有5块钱，买苹果用了2块钱，我还剩下多少钱?"或"我要买3元钱的苹果，2元钱的梨，一共需要多少元?"编对了，售货员把水果卖给他/她，需要找钱的要找钱。然后，售货员要记账(列式计算)。

游戏规则

编对了，售货员才能把水果卖给顾客。

游戏建议

游戏中的水果可以换成其他的物品。

袋鼠过河

适宜班级：大班

游戏目标

(1) 能根据袋鼠过河的数量自编5以内加减法应用题。

(2) 能用正确的语言表述自己对应用题的分析。

游戏准备

(1) 幼儿已学过自编5以内加减法应用题，并有编题的经验。

(2) 幼儿玩过袋鼠过河的游戏。

(3) 创设小河场景；袋鼠跳的袋子若干；袋鼠妈妈、小袋鼠头饰若干。

游戏玩法

幼儿6人一组，1人当袋鼠妈妈，5人当小袋鼠，小袋鼠双脚并拢行进跳。当部分小袋鼠跳过小河时，袋鼠妈妈随机喊停。袋鼠妈妈根据跳过小河的小袋鼠的数量自编加减法应用题，并向小袋鼠提问。提问的问题有："妈妈刚才编的这道应用题讲一件什么事？""有两个已经知道的数是哪两个？""最后问一个什么问题？""应列出一个什么算式？""得数是多少？"答对的小袋鼠可以继续跳河前进，答错的要停跳一次。

游戏规则

(1) 要求袋鼠妈妈要在有部分小袋鼠跳过小河后，且在全部跳过前就要喊停。

(2) 答对的小袋鼠可以继续跳河前进，答错的要停跳一次。

游戏建议

(1) 小袋鼠与袋鼠妈妈的头饰可以对换。

(2) 可根据幼儿的能力选择提问的问题。

网小鱼

适宜班级：大班

游戏目标

(1) 能根据网鱼的数量自编5以内加减法应用题。

(2) 能编出结构完整的应用题，掌握应用题的结构。

游戏准备

(1) 幼儿已学过自编5以内加减法应用题，并有编题的经验。

(2) 幼儿玩过网小鱼的游戏。

游戏玩法

幼儿7人一组，2人手拉手当渔网，5人当小鱼，进行网鱼游戏。然后，根据网到的小鱼的数量，要求小鱼编应用题并作答。作答正确的，

幼儿园游戏组织与指导

可以继续游戏，错误的，暂时离开游戏一次。

游戏规则

(1) 要根据网到小鱼的数量来编题。

(2) 小鱼回答正确后，可以继续游戏。

游戏建议

此游戏可在户外开展，同时提高幼儿躲闪的灵活性。

掷骰子

适宜班级：大班

游戏目标

(1) 能根据画面自编10以内的加减法应用题。

(2) 在玩乐的过程中感知数学的有趣。

游戏准备

(1) 幼儿已有看数字、图案编10以内应用题的经验。

(2) 骰子（六个面有数量不同的图案、点子和数字）；记录单；记录笔。

游戏玩法

幼儿同时掷两个骰子，根据骰子上的数字、图案或点子自编应用题，并在记录纸上列加法或减法算式。

游戏规则

应根据掷出的骰子上的数字或数量自编应用题。

游戏建议

可单独游戏也可合作游戏。

城堡夺旗

适宜班级：大班

游戏目标

(1) 会看图自编10以内的加减法应用题。

(2) 积极参与数学游戏。

游戏准备

(1) 幼儿已学过10以内数的自编应用题。

(2) 10以内加减法算式；棋盘；不同颜色的棋子；骰子；各色旗。

游戏玩法

每组5名幼儿，一幅棋盘。每名幼儿持一粒不同颜色的棋子，将各自的棋子放在起点，轮流摇骰子，掷出数字几，就向前走几步，如果走到没有图案的格内，就让下一位幼儿掷骰子；如果走到有图案的格子内，就根据图案上的数量自编10以内的加减法应用题，然后拿出相应的加减法算式，拿对的幼儿向前走一步，拿错的幼儿原地不动，看谁先走到终点。

游戏规则

(1) 要按顺序轮流掷骰子。

(2) 必须按照要求拿对相应的加减法算式才能继续往前走。

游戏建议

棋内的图片可以多制作几张随时更换。

分量的教育游戏

"认识常见的量"的游戏

小鸭吃鱼

适宜班级：小班

游戏目标

(1) 能够从许多物体中寻找出最长或最短的物体。

(2) 进一步学习手口一致地点数物体。

游戏准备

(1) 幼儿已初步认识长和短。

(2) 小鱼池若干；长短不一的鱼卡片若干；鱼框。

游戏玩法

把长短不一的鱼卡片撒在鱼池里。游戏开始，师幼扮演鸭子，一起念："小小鸭鸭，肚子饿了，爱吃小鱼，先吃最长(或最短)的小鱼。"幼儿把最长(或最短)的小鱼吃掉(捡起来，放在框里)。依次进行，把鱼全部吃掉。然后，点数所吃掉的鱼的数量。

游戏规则

每次"吃掉"的鱼都应该是最长的或最短的。

游戏建议

(1) 每次"吃掉"的鱼可以改为开始从最短的鱼吃起。

(2) 鱼塘里的鱼的数量应控制在5以内。

小兔子采蘑菇

适宜班级：小班

游戏目标

(1) 感受蘑菇明显的大小差异。

(2) 能将蘑菇按大小不同进行分类。

游戏准备

(1) 幼儿已有"大小"的生活经验。

(2) 布置森林的情景(有许多大蘑菇、小蘑菇)；大、小篮子；小兔子头饰。

游戏玩法

兔妈妈带着小兔子"逛森林"，先观察草地上蘑菇大小的不同，再根据大小将采到的蘑菇分别送到大、小篮子里。

游戏规则

把大小蘑菇分别送到大、小篮子里。

游戏建议

可以把蘑菇换成其他大小不一的植物。

揪尾巴

适宜班级：小班

游戏目标

(1) 能比较物体的长短。

(2) 能灵活地躲闪、避让。

游戏准备

(1) 幼儿已有认识长短的经验。

(2) 长短不一的尾巴许多。

游戏玩法

幼儿五人一组游戏，每人身后扎一尾巴。游戏开始，相互揪对方的尾巴，同时，尽量躲闪保护自己的尾巴不被对方揪到。最后比比看，谁揪的尾巴最长或最短。互换尾巴，游戏继续。

游戏规则

教师喊开始，才能揪对方的尾巴。

游戏建议

(1) 游戏后，也可以俩俩比较尾巴的长度。

(2) 游戏中应提醒幼儿注意安全。

摸箱

适宜班级：小班

游戏目标

(1) 认识物体的大小和长短。

(2) 学会比较大小和长短的方法。

游戏准备

(1) 幼儿已认识过物体的大小和长短。

(2) 摸箱若干（里放不同大小的球或杯子、不同长短的尺子或毛棒等）。

游戏玩法

幼儿2~6人一组，眼不看，手依次伸进箱子里，摸到一样东西，说出它的名字，再取出来验证。最后，再选择具有相同特征的物体进行比较，比一比谁大谁小、谁长谁短？

游戏规则

(1) 手摸东西时，眼睛不看。

(2) 每次只能摸一种。

游戏建议

(1) 也可以把具有相同特征的物体放在同一个摸箱中。

(2) 摸出后也可以进行排序。

小兔跳洞洞

适宜班级：小班

游戏目标

(1) 感受"里、外"的空间关系。

(2) 能根据指令做动作。

游戏准备

(1) 幼儿已认识过"里"和"外"。

(2) 呼啦圈人手一个；兔子舞背景音乐。

游戏玩法

教师扮演兔妈妈，带兔宝宝去草地上做游戏。兔妈妈发出指令，小兔子听指令跳洞洞。如："里面跳跳跳，外面跳跳跳；里面走一走，外

面走一走，里面转个圈，外面蹲一蹲。"

游戏规则

要求幼儿按老师的指令做动作。

游戏建议

可鼓励幼儿创编儿歌，做各种动作。

哪个大？哪个小？

适宜班级：中班

游戏目标

(1) 认识"<"和">"，理解符号的含义。

(2) 会比较图形面积的大小。

游戏准备

(1) 幼儿已认识符号："<"和">"。

(2) 大于号和小于号；数字胸卡若干。

游戏玩法

三名幼儿为一个游戏小组。两名幼儿戴上相同形状、不同大小的图形卡片，一名幼儿戴上大于号或小于号的胸卡。游戏开始，三名幼儿手拉手，边念儿歌边转圈。我有许多好朋友我有许多好朋友，圆形、正方形、三角形，长方形、梯形、半圆形，不知哪个大，不知哪个小，请你帮忙准知道。哪个朋友大？哪个朋友小？我有许多好朋友，1、2、3、4、5、6、7、8、9、10，哪个朋友大？哪个朋友小？请你帮忙准知道。当念完"请你帮忙准知道"后，要迅速按大小关系排成一排。检查正确后，互换胸卡，继续游戏。

游戏规则

(1) 念完"请你帮忙准知道"后才能排成一排。

(2) 要迅速按大小关系排成一排。

游戏建议

(1) 此游戏可小组轮流进行，也可集体进行。

(2) 游戏可让幼儿比较数字的大小，儿歌相应做改变。

小孩小孩真爱玩

适宜班级：中班

游戏目标

(1) 能发现树的粗和细。

(2) 体验参与数学游戏的快乐。

游戏准备

(1) 幼儿已感知过"粗"和"细"。

(2) 创设森林情景：有许多粗细不同的树。

游戏玩法

老师带领小朋友来到森林外面。游戏开始，师幼一起念儿歌："小孩小孩真爱玩，抱抱粗(或细)树跑回来。"念完，幼儿跑向森林，选择一棵粗(或细)树抱住。教师检查后，发出指令让幼儿跑回来。游戏继续。

游戏规则

幼儿要摸到相应粗细的树，并在教师发出指令后才能跑回来。

游戏建议

可以更换物品，感知物体其他量的特征。

说相反

适宜班级：中班

游戏目标

(1) 进一步认识物体的粗细。

(2) 能快速反应，正确判断物体的粗细。

游戏准备

幼儿已感知过粗和细，各种粗细的物体图片。

游戏玩法

游戏前，先让幼儿自由观察各种粗细的物体图片。游戏开始时，教师拿出或说出某一粗细的物体，要求幼儿迅速地拿出或说出相反特征的某一物体。如，教师说："腰粗"，幼儿回答："脖子细"；教师说："树粗"，幼儿回答："笔细"等。

游戏规则

幼儿回答的，要与教师说出的在粗细特征上是相反的。

游戏建议

(1) 游戏的速度可以逐步加快。

(2) 游戏的后面，可以由幼儿之间进行对答。

比高矮

适宜班级：中班

游戏目标

(1) 学会比较高矮的简单方法。

(2) 能较完整地表述比较的过程和结果。

游戏准备

(1) 幼儿已有比较高矮的经验。

(2) 欢快的音乐。

游戏玩法

老师播放一首欢快的儿童舞曲，幼儿按节拍边拍手边找朋友，找到朋友后握手、鞠躬。音乐停止，幼儿两两进行高矮的比较，并说说："是怎么比的?""谁高?谁矮?"

游戏规则

音乐停止后才开始比较并表述。

游戏建议

(1) 可以更换不同高矮的图片或者实物引导孩子比较。

(2) 可以进行其他量的比较。

猫和老鼠

适宜班级：中班

游戏目标

(1) 感知物体的高矮，学习正确的比高矮的方法。

(2) 能快速地找到同伴比高矮。

游戏准备

(1) 游戏场地布置：场地中间画一大圈。

(2) 音乐磁带：《猫和老鼠》。

游戏玩法

幼儿在场地的大圈中当小老鼠，一名幼儿站在大圈外当猫。音乐起，小老鼠在中间跑，音乐停，猫跑进圈内抓小老鼠。小老鼠要立刻找到一个同伴手拉手、背靠背比较高矮，说出："谁比谁高或谁比谁矮。"没找到的小老鼠会被吃猫掉。

游戏规则

(1) 音乐停，猫才能钻进来捉老鼠。

(2) 要说出谁比谁高或谁比谁矮。

游戏建议

(1) 此游戏建议在户外进行。

(2) 游戏可以分组同时进行。

叠楼梯比赛

适宜班级：中班

游戏目标

(1) 会区分物体的厚薄。

(2) 会按厚薄的差异进行正逆排序。

游戏准备

(1) 幼儿已认识过厚薄。

(2) 游戏场地：每条跑道都有一座房子(房子有前门和后门)；厚薄不同的木板若干。

游戏玩法

幼儿分若干组进行比赛。游戏开始时，教师发出指令，幼儿从起点处跑至房子的前门，利用提供的厚薄不同的木板在房子的前门叠上行的楼梯(从薄排到厚)，再返回起点处冲线。再次游戏，幼儿听指令从起点处跑至房子的后门，利用提供的厚薄不同的木板在房子的后门叠下行的楼梯(从厚排到薄)，再返回起点处冲线。游戏以叠得对又快的队为优胜者。

游戏规则

要根据指令叠放，叠错的要重新叠。

游戏建议

可以调整木板的数量，增加游戏的难度。

盲人摸物

适宜班级：中班

游戏目标

(1) 会区分物体的厚薄，并会正确运用"厚""薄"表述比较的结果。

(2) 能从3～5个厚薄不同的物体中，找出等量的物体。

游戏准备

(1) 幼儿已有比较厚薄的经验。

(2) 眼罩一个；厚薄不同的物体各一组。

游戏玩法

幼儿戴上眼罩，采用手摸、压等方法感知老师准备好的物品，找出最厚(薄)的物品，或找出一样厚或一样薄的物品。

游戏规则

遮眼的幼儿不能偷看，其他幼儿不能提示。

接火车

适宜班级：中班

游戏目标

(1) 知道扑克牌的多少和厚薄的关系。

(2) 能根据活动规则进行游戏。

游戏准备

(1) 认识扑克牌；会玩接火车的游戏。

(2) 扑克牌；记录表；笔。

游戏玩法

每位幼儿分到相同数量的扑克牌，并把扑克牌打乱翻到反面。游戏开始，每位幼儿抽出一张扑克牌，翻到正面，依次接牌。如果后面的扑克牌与前面的数字相同，可以把之间的所有扑克牌收为己有。一定的时间后，比一比谁的扑克牌最多最厚，谁的扑克牌最少最薄，数数手中的扑克牌是多少，并做记录。然后，游戏继续进行。最后，引导幼儿讨论记录表，感知牌的多少与厚度的关系。

游戏规则

(1) 不能偷看或随意抽出扑克牌，要从上往下拿牌。

(2) 要依次翻牌和接牌。游戏建议可以更换材料让幼儿感知高矮、粗细等量的特征。

游戏建议

也可以玩"比大小"的游戏。

255　参考文献

动物过桥

适宜班级：中班

游戏目标

(1) 会区分物体的宽窄。

(2) 初步理解动物的大小与独木桥宽窄的关系。

游戏准备

(1) 宽窄不一的长木板若干；动物头饰许多。

(2) 场地上布置小河的场景。

游戏玩法

两名幼儿手持长木板在地板上摆成独木桥，其他幼儿扮演动物过河。独木桥要随着动物的大小改变宽窄。

游戏规则

动物要按顺序过河。

游戏建议

注意互换头饰，让幼儿对宽窄有不同的体验。

谁最重

适宜班级：大班

游戏目标

(1) 感知物体的轻重，能按轻重排序。

(2) 体验与同伴游戏的快乐。

游戏准备

(1) 幼儿已能初步感知轻重。

(2) 跷跷板若干。

游戏玩法

幼儿分成若干组，用跷跷板分别比较谁重谁轻，然后，按轻重从左到右排成一排。

幼儿园游戏组织与指导

游戏规则

幼儿坐在跷跷板的位置要相同。

游戏建议

也可以提供自然物，让幼儿进行轻重的比较并排序。

立定跳远

适宜班级：大班

游戏目标

(1) 学习用目测、工具等方法测量远近，并用表格的形式进行记录。

(2) 初步感知测量距离与测量工具的关系。

游戏准备

(1) 幼儿已有测量的经验。

(2) 测量工具：硬纸条、绳子；水彩笔；表格每人一份。

游戏玩法

幼儿分组开展立定跳远比赛。比赛开始，每组排在第一位的幼儿从起点开始往前跳一次，并做记号；排在第二位的幼儿从记号开始接着往前跳；后面的幼儿依次进行，最后，测量哪一组跳得最远，跳了多远。

游戏规则

每跳一次要做记号，后面的幼儿要从记号开始跳。

游戏建议

(1) 可以用不同的测量工具进行测量。

(2) 比赛最后可以引导幼儿讨论测量工具和测量距离的关系。

(3) 此游戏最好在户外开展。

第5章 幼儿园游戏案例

　　本章共分三个小节，汇集了幼儿园大、中、小班幼儿游戏的实际案例，从幼儿游戏的背景到活动内容与实录，以及游戏的特点及价值所在，反思教师支持行为的实际和不足，分析可能生成教育契机以及进一步支持策略等。

幼儿园大班游戏案例

游戏名称：有趣的磁化现象（大班）

一、活动背景（主要介绍游戏活动所需的玩教具材料、环境创设、儿童的兴趣和前期经验、教师预期、游戏规则或玩法等。）

活动背景：我们班级创设了多个活动区域，幼儿每天早餐后都可自由选择活动区域进行游戏。科学区是孩子们最感兴趣的区域之一，孩子们通过观察、动手操作、自由探索、合作解决了许多的科学问题。此次游戏活动是有关磁化现象的探究。创设此游戏的前期背景是我发现孩子们起初特别喜欢玩摆高积木的游戏，后来他们开始摆高各种物件，包括纸盒、易拉罐、药瓶等，于是我萌发了此次的游戏想法，意在通过操作来感受磁化现象的存在。首先进行比赛在平面上摆高螺母，比一比谁摆的高，然后尝试是否可以在非平面上将螺母摆的同样高，结果非平面上摆高是十分困难的，接下来引导幼儿是否可以利用其它材料的帮助，让螺母在非平面上摆起来。最终目的是为了引导幼儿感受磁铁的磁化现象。

玩教具：各种积木块：有正方体的，长方体的，还有圆柱形的，同时投放了许多磁铁块、螺母、塑料直尺和易拉罐。

环境创设：科学区有大量的科学玩具。

儿童的兴趣：孩子们的兴趣点在如何将螺母摆的更高，如何让摆高的螺母在非平面上站稳。

前期经验：有玩磁铁的经验，知道磁铁能将含铁的物质吸住。

教师预期：幼儿能够顺利的将螺母在平面上摆高到第三个，但在非平面上无法进行。在教师的引导下，能够利用磁铁的磁性将平面上的螺

母摆到第四个，在老师的帮助下能够让四个螺母站稳在非平面上。

游戏玩法：

1. 首先请游戏区的小朋友一起来玩摆高玩具的游戏，可以任意选择材料，看谁摆的最高。

2. 请幼儿尝试在桌面上或平面玩具上将螺母摆高，看看最多能摆几个。

3. 请幼儿选择非平面的玩具，尝试在非平面上摆高螺母，能够摆上，做多能摆几个。

4. 用什么样的辅助工具和方法能使螺母也能摆在非平面上。

5. 尝试探索如果将磁铁与螺母的距离拉大，是否还能让螺母站稳在平面上，非平面上呢？

6. 尝试减小接触面，即将非平面圆柱形玩具换成塑料盒的薄边，看看是否还能利用磁化现象让螺母站稳在塑料盒边缘。

二、活动内容与过程实录（主要介绍游戏活动的内容和过程，包括幼儿与环境材料互动、探究和交往的关键环节和典型行为，以及教师的支持与回应等。）

1. 幼儿自由活动时间。此刻正是区域活动时间，王奕莹、孙玉轩、张晨熙、刘羽杨几名小朋友选择了到科学区进行游戏。科学区里有很多活动材料。孙玉轩小朋友首先选择了磁铁进行游戏，他拿出几块磁铁整齐的摆放在地面上，由于有一定的距离，因此不会相互吸引，然后他手里拿起最边上的一块磁铁，靠近第二块利用磁性将摆在第一个位置的磁铁吸引，然后依次吸引后面几块，并尝试用逐渐缩小距离的方式探索磁铁间的磁性到底能够在多远的距离之内产生作用。王奕莹和刘羽杨小朋友在玩各种积木摆高的游戏，王奕莹和丝丝使用的是方形积木，他们在进行比赛，看谁摆的高。

2. 尝试在平面上以及非平面上摆高螺母。张晨熙小朋友发现了我

新投放到科学区的材料——螺母，他将其拿在手里，翻来不去的观察，我走过去，跟他聊天："这是螺母，和螺丝是在一起使用的，我们的桌子就是通过螺母和螺丝的相互作用，将桌腿和桌面连在一起的。"我让他观察了一下桌子的连接处，他若有所思的点点头。我又跟他说："你看看这螺母有好几条边，它能不能也像王奕莹的积木一样摆的高高的呢，你试试。"听了我的话，张晨熙小朋友马上行动起来，趴在地上认真的摆起螺母来，由于螺母很小，不好找到平衡点，所以他摆了几次，只摆到了三个就失败了，他并不气馁，这次小心翼翼的用拇指和食指捏着第四个螺母向上摆，终于成功了。我为他点了个赞。我接着又跟他说："我们把螺母摆在方形的积木块上试试，看看能摆几个。"他很快就成功的摆上了四个。我又引导他："这里还有圆柱形的积木，它的侧面是弧形的，能不能摆住螺母呢？"他说："圆柱形可能会滚，我来试试。"结果是无论他怎样小心，都是最多只能摆放一个螺母上去。这时候，其他小朋友发现他的螺母很有趣，也纷纷过来参加到摆螺母的活动中，尝试了半天，几个孩子都无法将一个以上的螺母摆在圆柱形的侧面上。这时候我提示了一下："螺母是铁的。"孙玉轩小朋友马上拿来了磁铁，尝试吸引螺母，都成功的将几个螺母吸起来，并且吸引了一大排，最多时候有六个，他将磁铁拿起了，几个螺母都被带离地面，不会

掉落，孩子们高兴极了，来了兴趣，都开始尝试用磁铁吸引一排螺母

3. 探索用什么办法可以帮助四个螺母摞高站稳在非平面上。玩了一会儿以后，我提出了问题："小朋友们，你们说为什么有了磁铁的帮助，螺母好像也有了磁性，能够相互吸引呢？"王奕莹说："是螺母把磁铁的磁性传过来了！"我告诉他们："这是因为磁铁有磁化的作用，通过接触可以将铁制的螺母磁化，使螺母也带上了磁性。"小朋友们一边听我讲，一边继续玩着手里的磁铁和螺母。我见他们很有兴趣，于是继续引导："刚才在圆柱形的侧面上，螺母无法摞稳，让我们猜一猜，如果有了磁铁的帮助，能够利用它的磁化作用将螺母成功的摞在圆柱形上呢？"小朋友们七嘴八舌的发表意见，有的说能，有的说不能。于是为了进行验证，我们顺理成章的进入到下一个环节。

开始孩子们用磁铁吸引住四个螺母，然后摞在圆柱形的侧面上，但是磁铁并没有撤掉，我说："这个不算，因为磁铁在你的手里拿着，螺母并不算自己站在了圆柱形上，怎么才能让它们自己站住呢？"于是孩子们又开始想办法，张晨熙右手拿磁铁将一串四个螺母放在圆柱形侧面上之后，利用左手捏住挨着磁铁的一个螺母，将其与磁铁分离，但是由于磁性的作用，螺母还会被重新吸引，他反复了好几次，后来发现，移开磁铁一段距离后，仍然能让四个螺母站稳，但是距离一旦大了，螺母会马上掉落。 通过几次尝试，他似乎找到了最佳距离。于是我引导他说："能否我们来搭一个台子，把磁铁悬起来，让你的手彻底离开磁铁，让四个螺母成功的站稳在圆柱形的侧面上呢？"孩子们又是一阵实验，有的拿绳子系上磁铁，可是还是需要用手拎着绳子，而且绳子会晃动，螺母也跟着晃动，并不稳。有的孩子用铁格尺吸住磁铁，用手拿着尺子，来完成吸引的动作。最后刘羽杨小朋友拿来了两个易拉罐，将一把铁尺子架起来，把磁铁块吸在铁尺中间，将四个螺母也吸在了磁铁上，取来圆柱形积木，放在螺母下方，由于有一段距离，他轻轻的用左

手扶住直尺，右手捏着挨着磁铁的第一个螺母，用力向下，使四个螺母同时脱离了磁铁，并稳稳的站在了圆柱形的侧面上。由于螺母已经被磁化，因此能够站在圆柱形的侧面上。实验成功，我让每一个小朋友都亲手做了一次。孩子们表现出很兴奋的样子，眼睛里充满了好奇和成功的喜悦。随后我引导孩子们继续探索，提高螺母与直尺之间的距离，探索距离与磁化之间的关系。之后又有幼儿将螺母成功的摆在了塑料盒子的边缘，创造了新的记录。

三、活动的特点及价值所在（主要介绍活动的特点及其对幼儿学习发展的价值，反思教师支持行为的适切或不足，分析可能生成的教育契机以及进一步的支持策略等。）

活动特点及其对幼儿学习发展的价值：

此次活动在教师的支持和引导下，孩子们运用各种感官，对磁化现象进行感知、观察、操作、探索，发现问题并自己寻找答案。幼儿园的科学教育活动也由封闭走向了开放，由静态变为了动态，由单纯知识的传授转向为幼儿提供更大的自主探索的空间。进一步激发幼儿对科学的兴趣，帮助幼儿在探索活动中，学习解决问题的能力，获得应有的知识技能。通过反复动手操作，孩子们从中感受到了磁化现象的存在，通过分析问题和解决问题，帮助幼儿不断积累经验，并运用于新的学习活动中，形成受益终身的学习方法和能力。

教师反思：

此次游戏之前，教师并没有提前交代游戏规则与方法，只是给了幼儿准备了的大量科学探究材料，让孩子自由选择，并逐步引导幼儿将关注的重点转移到磁铁的磁性上。根据教师以往的经验，断定孩子们会玩摞高积木的游戏，也断定会有幼儿发现新投放到游戏区的材料——螺母。（其实这个环节是比较冒险的，教师是抓住孩子们善于发现新鲜事物这一能力有意让孩子们在无意识的情况下进入游戏，这样做消除了孩

子们对困难的抗拒心理，自发自愿的解决问题。）

教师的第二次介入是当孩子能够成功的将四个螺母摞高站稳的时候，给了孩子一个更高的挑战，是否能将螺母摞高站稳到非平面上——圆柱形积木的侧面。这种以激励的形式给幼儿发出的挑战，无形中触动了孩子争强好胜的心理，使幼儿在不知不觉中进行下入到下一步的游戏当中去。

教师的第三次介入是当孩子们无法完成挑战的时候，教师提示"螺母是铁的"，这是有意为之，因为活动区中就有磁铁，根据以往的经验，孩子们知道磁铁可以吸引铁质物体，因此一定会用磁铁来吸引螺母。于是教师马上介入引导幼儿，能否利用磁铁的磁性帮助螺母站在圆柱形的侧面上。结果孩子们想到了利用磁铁吸引四个螺母，让它们站稳在非平面上，但是教师也有提示，手需要脱离磁铁。经过试验孩子们想到了利用易拉罐与直尺将磁铁悬空，最终完成了四个螺母在非平面上站稳的目标。

游戏达到目的以后教师又提出了新的目标：

(1) 加大了磁铁与圆柱形玩具之间的距离，螺母是否还能站稳。

(2) 如果增加螺母的数量，还会有什么样的结果产生。

游戏名称：好玩的椅子（大班）

一、活动背景（主要介绍游戏活动所需的玩教具材料、环境创设、儿童的兴趣和前期经验、教师预期、游戏规则或玩法等。）

活动准备：椅子、音乐、自制金牌、动物头饰

环境创设：为孩子们提供宽敞的游戏场地，椅子纵向4排，布置成"森林运动会"的游戏场景。

儿童的兴趣：椅子是幼儿园常见的班级物品，是小朋友们离不开

的好伙伴。在平时的生活中，小朋友们就很喜欢有意无意地玩儿椅子游戏，如：把椅子当马骑、当摇椅、独木桥等。这些游戏往往因担心安全问题而被限制，根据这些特点结合本阶段主题活动，满足小朋友们好玩儿的心理，让他们自由设计椅子玩法。

前期经验：在平时的活动中，孩子们已初步掌握跨、跳、爬、钻的动作。如：把椅子当马骑、当摇椅、独木桥等。

教师预期：在游戏的过程中熟练掌握其动作技能，预习时随时注意幼儿的安全，幼儿之间两人一组游戏，可以让幼儿间相互学习及合作，降低体能游戏的难度。而且安全系数也会相应的提高。但担心个别幼儿情绪紧张，一紧张动作就放不开，反而容易出现危险。我会用肯定及鼓励的目光看着他的眼睛，通过这扇"心灵的窗户"给孩子注入力量，从而树立自信心。

游戏规则及玩法：

规则：要求幼儿听从指令，若从椅子上掉下来，请等待下一轮游戏。

1．骑马。引导幼儿将椅背朝前跨坐在椅子上，手持椅背向前上方跳起，模仿骑马动作在室内来回进行2－3次。

2．马术。鼓励幼儿模仿马术做各种动作，站在椅子上跳下、站在椅子上分腿越过椅子跳下、单脚站在椅子上等等，鼓励幼儿合作游戏。

3．爬山。引导幼儿两人一组将椅子纵向并排放置成"小山"，进行"爬山"练习，即踏上椅面----跨过椅背----踏上另一椅面----跳下。然后将所有的椅子排列起来，引导幼儿一一跨过所有的"小山"。

4．独木桥。引导幼儿自由组合将椅子横向并排当作独木桥，进行走"独木桥"的练习。熟练之后，引导幼儿将所有椅子排列起来，练习过长"独木桥"1－2次。

267

第5章 幼儿园游戏案例

二、活动内容与过程实录（主要介绍游戏活动的内容和过程，包括幼儿与环境材料互动、探究和交往的关键环节和典型行为，以及教师的支持与回应等。）

活动流程：

开始部分：律动《椅子操》："坐在椅子上双手插腰，按口令耸肩、垫脚；双手扶椅子背站立；按口令向左、向右踢腿；向前向后弯腰；上下跳等。"（整个活动的开始是为了让幼儿有个好的心情，激发幼儿兴趣。做完操之后，请幼儿讨论椅子的玩法，下面的活动做铺垫工作。）

基本部分：体能游戏《好玩的椅子》，自主尝试并探究椅子的多种方法。如：站在椅子上跳下去、把椅子当马骑等，鼓励幼儿相互合作，增加游戏难度。如：把椅子排成一排，从椅子上爬过去等。进行多种尝试设计椅子玩法的时候，我进行适当的指导。我以游戏伙伴的身份加入，增强游戏的趣味性，如果孩子们想象不出创造性的玩儿法时我提供建议。如：椅子背对背依靠摆放，引导幼儿站在椅子上，并从椅子上跨过去；椅子一张张拼成一条线，从椅子上爬过去；两把椅子背对背放着，成一排，两把椅子中间跳过去等。在游戏过程中跳、跨的动作难度较大，需要随时注意安全。

1.骑马。引导幼儿将椅背朝前跨坐在椅子上，手持椅背向前上方跳起，模仿骑马动作在室内来回进行2—3次。

2.马术。鼓励幼儿模仿马术做各种动作，站在椅子上跳下、站在椅子上分腿越过椅子跳下、单脚站在椅子上等等，鼓励幼儿合作游戏。

3.爬山。引导幼儿两人一组将椅子纵向并排放置成"小山"，进行"爬山"练习，即踏上椅面————跨过椅背————踏上另一椅面————跳下。然后将所有的椅子排列起来，引导幼儿一一跨过所有的"小山"。

4.独木桥。引导幼儿自由组合将椅子横向并排当作独木桥，进行走"独木桥"的练习。熟练之后，引导幼儿将所有椅子排列起来，练习过

长"独木桥"1—2次。

结束部分：游戏运动员大夺金

1. 幼儿跨过跳栏、走过平衡木、摘取金牌。

2. 带领幼儿进行放松活动。

整理场地、活动结束。

三、活动的特点及价值所在（主要介绍活动的特点及其对幼儿学习发展的价值，反思教师支持行为的适切或不足，分析可能生成的教育契机以及进一步的支持策略等。）

椅子是幼儿园常见的班级物品，取材很方便。可是在幼儿的游戏中教师很少长时间参与，而本次活动我进入角色真正的参与游戏，一下子拉近了和孩子们的距离。尝试在体育游戏活动中利用小椅子锻炼孩子的各种能力，除了关注幼儿的运动能力之外，还注重幼儿的行为培养、创造力及意志品质培养。

我们在平日的各项活动中，只注重培养孩子们对活动的兴趣，却忽略了培养孩子们的挑战意识。其实体能运动会成为他们一生所必需的生活内容，运动是丰富多彩的，想要让孩子们发自内心的喜欢运动，这就要求我们要关注运动的情景化、游戏化、多变化、以及挑战性。并且要真正的去了解孩子，了解他们所需要什么，他们喜欢什么？培养他们永不服输永不气馁、永不妥协、勇往直前的精神。这种精神就是我们体育运动所希望带给孩子的，通过游戏达到体育锻炼的目标，幼儿更容易接受，不但身体得到了相应的锻炼，而且在体能游戏活动中还发展了幼儿的各项能力。

游戏名称: 爱心大无限 (大班)

一、活动背景 (主要介绍游戏活动所需的玩教具材料、环境创设、儿童的兴趣和前期经验、教师预期、游戏规则或玩法等。)

活动准备:

自行车、安吉、羊角球、音乐、各种物资。

环境创设:

为孩子们提供宽敞的游戏场地，游戏在操场进行，布置成运送物资的游戏场景。

儿童的兴趣:

自行车、安吉、羊角球是幼儿园配有的运动器材，是小朋友们玩耍的好伙伴。在平时的生活中，小朋友们就很喜欢这几项体育运动器材，如：把骑自行车比赛、载人；利用安吉拼搭不同形式的游戏；羊角球它独特的魅力更是小朋友的最爱。这些游戏往往因担心安全问题而被限制，根据这些特点结合本阶段主题活动，满足小朋友们好玩儿的心理，让他们自由创造新的玩法。

前期经验:

在平时的活动中，孩子们已初步掌握自行车的骑法，安吉中学会了跨、跳、爬、钻的动作，羊角球更是弹跳自如。

教师预期:

在游戏的过程中熟练掌握其动作技能，预习时随时注意幼儿的安全，幼儿分组游戏，可以让幼儿间相互学习及合作，有竞争意识，培养幼儿勇敢，挑战意识。并以为灾区运送物资为目标，以"爱心大无限"为主题"培养幼儿的爱心。

游戏规则及玩法:

规则：幼儿分成4组，身上带有物资，命令出发，先到终点并物资完

好送达者获胜!

二、活动内容与过程实录（主要介绍游戏活动的内容和过程，包括幼儿与环境材料互动、探究和交往的关键环节和典型行为，以及教师的支持与回应等。）

活动流程：

开始部分：放松运动。律动《加油操》（活动筋骨，为游戏做准备。）

基本部分：

1. 创设情境：

小朋友们，A市发生了地震，好多人们离开了自己的家，无家可归，没有吃的，没有御寒的衣物。怎么办呢？

（献爱心，捐物资。培养幼儿的爱心，帮助有困难的人。）

2. 怎样把这些物资送到受灾的人们手里呢？

我们变成小小运输队员，把物资亲自送到受灾的人们手里！但是，旅途遥远，要经过高山，河流。你们怕这些困难吗？（培养幼儿的勇敢精神）。

3. 游戏：爱心大无限

将小小运输队员分成4队，听到命令后出发，先骑自行车前进，再翻越高山（安吉），最后越过河流（羊角球）。最先到达终点获胜。

结束部分：

1. 爱心小勇士评比

2. 带领幼儿进行放松活动。

3. 整理场地、活动结束。

三、活动的特点及价值所在（主要介绍活动的特点及其对，幼儿学习发展的价值，反思教师支持行为的适切或不足，分析可能生成的教育契机以及进一步的支持策略等。）

自行车、安吉、羊角球是在幼儿特别喜欢的游戏器材，虽然已经是

大班的幼儿，但还是有胆小的幼儿不敢上安吉，骑不动自行车，羊角球却玩的很好。为了根据本班幼儿的实际情况，设计了本次难易结合的游戏。让幼儿有选择的去尝试各项体育游戏活动来锻炼孩子的各种能力，除了关注幼儿的运动能力之外，还注重幼儿的行为培养、创造力及意志品质培养。

我们在平日的各项活动中，只注重培养孩子们对活动的兴趣，却忽略了培养孩子们的挑战意识。其实体能运动会成为他们一生所必需的生活内容，运动是丰富多彩的，想要让孩子们发自内心的喜欢运动，这就要求我们要关注运动的情景化、游戏化、多变化、以及挑战性。并且要真正的去了解孩子，了解他们所需要什么，他们喜欢什么。

怎样才能够让孩子们在运动中获得一种精神，一种永不服输、永不气馁、永不妥协、勇往直前的精神。这种精神就是我们体育运动所希望带给孩子的，通过游戏达到体育锻炼的目标，幼儿更容易接受，不但身体得到了相应的锻炼，而且在体能游戏活动中还发展了幼儿的各项能力。

游戏名称：圈圈乐（大班）

一、活动背景（主要介绍游戏活动所需的玩教具材料、环境创设、儿童的兴趣和前期经验、教师预期、游戏规则或玩法等。）

陈鹤琴先生说过："游戏是儿童的生命。"

呼啦圈是幼儿生活中常见的游戏材料，户外活动时，教师的常见做法是将呼啦圈会将呼啦圈在地上摆一排让幼儿跳，可是幼儿往往跳了几下后就失去兴趣。是活动材料过于单一？如果不拘于游戏的玩法，孩子们是否能玩起来？他们会怎样玩？基于此，我设计了游戏活动《圈圈乐》。

活动时为幼儿提供较为宽阔的场地，活动材料为呼啦圈（也可提供

大小不等的各种塑料圈），大班幼儿已经掌握了一定的跑、跳、钻、爬等技能以及初步的自我保护意识，有了这些前期经验，会促进和保障游戏活动的顺利开展。

预期目标：1.探索圈的多种玩法。

2.在游戏中练习跑、钻、爬、跳等动作和技能。

3.喜欢参加游戏活动，体会玩圈的乐趣。

游戏规则：在场地内游戏，同伴间要互相谦让，并能注意安全，学会保护自己。

游戏玩法：钻圈、跳圈、追圈、套圈、转圈等。

活动内容与过程实录（主要介绍游戏活动的内容和过程，包括幼儿与环境材料互动、探究和交往的关键环节和典型行为，以及教师的支持与回应等。）

每人一个呼啦圈进行热身运动。（背景音乐《少年英雄小哪吒》）

让幼儿自由玩圈，探索圈的多种玩法。

镜头一：邵勇皓平时就特别淘气，总喜欢在操场上跑来跑去，拿到圈后，他拎着呼啦圈跑了几圈后，把呼啦圈竖起来推动，一边让呼啦圈滚起来，一边还奔跑追逐呼啦圈，嘴里不停的喊："嘀嘀！嘀嘀！"我提醒他"小司机注意交通安全，不要超速哦！"他调皮地对我敬礼"是！长官！"

镜头二：王艺是班级的"小老师"，她拿着圈在腰间转了几圈后，就组织几个孩子把呼啦圈立起来，她在圈里钻进钻出，其他幼儿也想玩，她没玩够，说"等一会儿的"。看到其他孩子渴望的眼神，我走过去要求参与，孩子们高兴的让我参加，于是我提议大家轮换着钻圈，孩子们同意并高兴的玩起来。

镜头三：张睿桐将圈套在胳膊上，通过手臂力量转动呼啦圈，看到旁边的刘萱拿圈不动，对她说："你把圈借我呗，我能一起转两个！"

看到她尝试两遍都失败后，我引导她尽量保持两个圈同步，同时手臂稍稍用力，结果她真的成功了！旁边的小朋友也高兴的跟她一起欢呼起来。

镜头四：郝禹燊先是把圈从头上套下来，到脚下再跳出圈。几次后他发现圈落地后还在地上晃动几次，就拿圈不断地往地上摔。我走过去刚要制止他的"破坏"行为，发现他把圈立起来尝试，然后兴奋地对我说："老师，看我让呼啦圈在地上转起来啦！"的确，他把呼啦圈立在地上，一只手扶住顶端，另一只手拨动圈的一侧，让呼啦圈在原地转了起来！

教师选取几种有代表性并且有创意的玩法，请幼儿讲解并演示玩法，其他幼儿跟着练习。

组织幼儿进行《圈圈乐》的游戏活动。

钻圈：方法一，圈从头上钻进，从脚底钻出。

方法二，跳进圈内，蹲下双手拿圈，让圈从脚下开始经过身体从头上取下来。

方法三，分组合作，将圈竖起来排成一排，幼儿从圈内一一钻过。

转圈：将圈套在腰间，扭动腰，让圈转起来，也可以放手臂、腿上让圈转起来。

跳圈：将圈摆在地上排成各种形状，幼儿单脚或双脚连续跳。

追圈：将圈竖起来滚出去，奔跑追逐，看谁滚的远、跑的快。

套圈：将各种物品散放在地上，幼儿站在离物品1.5米的地方，手持呼啦圈抛向物品，看谁能套中，看谁套的多。

三、活动的特点及价值所在（主要介绍活动的特点及其对幼儿学习发展的价值，反思教师支持行为的适切或不足，分析可能生成的教育契机以及进一步的支持策略等。）

一物多玩是锻炼幼儿创新思维，发散思维的良好途径。在玩中学

习，在学习中展开想象力，发展创造力，同时在快乐的游戏活动中让幼儿学会与人相处，并且指导幼儿在游戏中注意安全，学会自我保护，这是我们游戏活动的最终目的。

幼儿从最初的单纯转呼啦圈，跳圈，到探究、创造呼啦圈的多种玩法，从兴致缺缺到兴趣浓厚，甚至玩不够。《圈圈乐》这个游戏活动充分体现了以幼儿为主体，让幼儿成为活动的主人。教师在活动中是幼儿游戏的伙伴，同时也是幼儿游戏的观察者、支持者、引导者。在考虑游戏安全的同时，放手让幼儿拥有游戏的主动权，做到不干涉幼儿的主动性和创造性。活动后好长一段时间，孩子们还对呼啦圈的游戏充满浓厚的兴趣，并不断创造新的玩法。反思此次游戏活动，教师除了呼啦圈没有提供更多的游戏材料，以至于在幼儿提出要玩套圈游戏的时候，只能取随身的物品（手套、围巾、帽子等）运用到游戏中，还好，没有影响到幼儿游戏的热情。

游戏名称：有趣的报纸（大班）

一、活动背景（主要介绍游戏活动所需的玩教具材料、环境创设、儿童的兴趣和前期经验、教师预期、游戏规则或玩法等。）

活动背景：废旧报纸随处可见，通常情况下我们都作为废旧物品扔掉，如果用废旧报纸做成游戏材料，设计游戏孩子会很喜欢，这样既环保又可以让孩子开心游戏，各种能力得到提升。游戏材料：报纸若干（制作成小棒、纸球、纸飞机、纸绳、几何图形）动感音乐 舒缓音乐

环境创设：为幼儿提供宽敞的游戏场地，报纸以及报纸制作的小棒等、动感音乐。

游戏规则：1.纸棒热身环节幼儿自己找组制定游戏规则。

2.纸绳游戏环节教师将绳子比喻成电线，幼儿身体不得

接触绳子，如有就会被罚下场。

3．报纸跳环节幼儿如果手或者脚碰触地板就会被罚下场。

4．调整呼吸环节幼儿头顶报纸散步，报纸掉落就为犯规。

们喜欢跳、爬、钻、滚等运动形式。

二、活动内容与过程实录（主要介绍游戏活动的内容和过程，包括幼儿与环境材料互动、探究和交往的关键环节和典型行为，以及教师的支持与回应等。）

游戏过程：

（一）热身环节

教师提供纸幼儿自己展开想象用报纸做游戏，使幼儿对报纸游戏产生兴趣，教师强调安全。

幼儿自由游戏：幼儿可以把报纸变成球来扔、踢、滚；可以变成纸飞机来追、躲、跑；用报纸做成小棒变成小枪幼儿听枪响倒地，不能动，小纸棒还可以让幼儿变成小木偶，随着纸棒动的方向做相应的动作。

（二）游戏环节

1．纸绳游戏（教师用报纸变成纸绳，培养幼儿创造力，不怕辛苦的意志品质）教师不断将绳子高度降低来增加能游戏难度，幼儿自己想办法用钻、爬、滚、跳、跨的动作越过纸绳。教师给予幼儿适当鼓励。

2．图形游戏（教师将报纸变成圆形、三角形、长方形、数字卡片，培养幼儿反应能力、合作意识、竞争意识）教师将幼儿分两组，将图形随机摆放好，两组图形相同摆放，三角形表示用脚踩，长方形表示手，圆形摆放着两组图形终点，上面放好数字。两组幼儿分别根据图形不同放上手和脚，到摆好图形终点时候跳到圆形上。圆形上边有数字几就站上来几个小朋友抱在一起，脚在地上就会罚下场，看看哪组小朋友多哪组就胜利。

（三）调整呼吸

教师用报纸顶在头顶，做慢走。（这个环节可以调整幼儿呼吸、培养幼儿自控能力、平衡能力。

活动特点：幼儿有自由展开想象的游戏的权利也有服从规则的游戏意识，有身体协调性的锻炼也有意志品质的培养，有独立游戏也有小组合作的体现。

三、活动的特点及价值所在（主要介绍活动的特点及其对幼儿学习发展的价值，反思教师支持行为的适切或不足，分析可能生成的教育契机以及进一步的支持策略等。）

支持行为的不足：在活动中教师的材料准备还要在充分一点，给予幼儿的鼓励还要多一点。

可能生成的教育契机：报纸还可以有其他的玩法比如叠高做建构游戏等。

活动名称：快乐冲冲冲（大班）

一、活动背景（主要介绍游戏活动所需的玩教具材料、环境创设、儿童的兴趣和前期经验、教师预期、游戏规则或玩法等。）

《刚要》中指出"教师应选择贴近幼儿生活，符合幼儿兴趣、爱好的教育内容组织教育活动"。而"游戏是对幼儿进行全面发展教育的重要形式"如何尽可能发挥废旧轮胎的作用，并与乒乓球有效结合进行游戏，发展幼儿手眼协调能力、提高动作的灵活性呢？我根据本班幼儿年龄提点和他们的兴趣点，设计了这个体育游戏《快乐冲冲冲》，相信会对孩子们综合素质的提高，产生正面的影响。

二、活动内容与过程实录（主要介绍游戏活动的内容和过程，包括幼儿与环境材料互动、探究和交往的关键环节和典型行为，以及教师的支持与回应等。）

游戏名称：《快乐冲冲冲》

游戏人数：34人

游戏准备：轮胎5个、乒乓球5副、5个跑道，每个跑道4把椅子。

活动过程：

1．游戏音乐：零点乐队《相信自己》

教师与幼儿共同进行热身运动，活动四肢。

2．教师介绍游戏规则。

游戏玩法：幼儿5排站在起点，分5个跑道。每个跑道依次摆放4把小椅子。第一轮游戏：每排第一名幼儿绕椅子S型滚动轮胎至终点。再拿起球拍，托球，S型绕椅子回到起点。游戏依次进行。

3．教师示范游戏玩法。

4．幼儿进行分组游戏。

教师带领幼儿进行放松活动，整理场地。

三、活动的特点及价值所在（主要介绍活动的特点及其对幼儿学习发展的价值，反思教师支持行为的适切或不足，分析可能生成的教育契机以及进一步的支持策略等。）

体育游戏主要在于发展幼儿的基本动作，提高幼儿身体素质，培养幼儿健康的心理品质提高幼儿的智力水平，体育活动不仅是对身体的教育同时又是通过身体进行教育的一种活动形式。这节体育活动主要是练习发展幼儿的平衡能力、手眼协调能力，发展幼儿的四肢力量，并让幼儿体验到轮胎和乒乓球结合游戏带来的乐趣，发展幼儿动作的协调性与灵活性。

通过轮胎与乒乓球结合游戏这一环节，幼儿青训高涨，把活动推向

了高潮。在整个活动中，针对不同能力的幼儿，采用不同形式的的鼓励和引导方法，让所有幼儿都能积极参与到活动当中，并通过游戏促进幼儿的自主性、创造力的发挥。这个户外游戏让我们深刻体会到户外活动让孩子们真正成为活动的主人，在游戏中保证安全的基础上，从中获得游戏的能力，体验游戏的乐趣。

游戏名称：纸箱王国真好玩（大班）

一、活动背景（主要介绍游戏活动所需的玩教具材料、环境创设、儿童的兴趣和前期经验、教师预期、游戏规则或玩法等。）

活动准备：在操场地垫上放有大小纸箱若干个。纸箱上都挖好了洞，可以让幼儿把手伸出来。用24个纸箱制作的迷宫。

环境创设：为孩子们提供宽敞的游戏场地。

儿童的兴趣：纸箱是孩子们生活中常见的物品，大班幼儿喜欢探索新鲜事物，在日常生活中孩子们就很喜欢有意无意的玩纸箱，如：钻纸箱、头顶纸箱、摆纸箱等。把这些纸箱搬到户外广阔的空间，不更能满足幼儿的探索与需要吗？让他们自由探索纸箱的更多玩法。

前期经验：大班幼儿运动量较大，喜欢动手探索新鲜事物，其动作的协调性、灵活性、准确性有了很大提高。

教师预期：通过让幼儿多次探索和尝试，激发起幼儿对纸箱的兴趣。活动中，既有集体参与，也有小组合作，教师观察指导幼儿，使幼儿在钻、爬、跳、等方面都得到了练习。在探索纸箱的不同玩法这一环节，对能力较强的幼儿，我鼓励他们尽量想出和别人不同的玩法，不断激发他们的探究欲望；对个别能力较差的幼儿进行指导，帮助他们在游戏中获得成就感，激发他们的活动兴趣。

二、活动内容与过程实录（主要介绍游戏活动的内容和过程，包括幼儿与环境材料互动、探究和交往的关键环节和典型行为，以及教师的支持与回应等。）

游戏规则及玩法：

规则：要求幼儿听从指令，注意安全。

玩法一：闯纸盒迷宫。

用24个纸盒组成的迷宫，比一比看谁第一个走出来。

玩法二：穿山洞。

请小朋友将纸箱一个一个连起来，象一列火车，然后请幼儿一个一个从纸箱的一头爬向另一头。

玩法三：开小车比赛。

将小朋友分成两组，小朋友站在纸箱里，用双手拿起纸箱跑向终点，先到为胜。

玩法四；过河

幼儿分成两组，把纸箱立起来，跳过纸箱，看哪组用时最短，哪组获胜。

玩法五：穿越纸盒阵

活动流程：

开始部分：热身运动：健康歌

——随着欢快音乐有节奏地做动作，活动身体各部位。

基本部分：

(一) 幼儿尝试探索纸箱的各种玩法。

1. 跳纸箱：将纸箱收拢放置地面，幼儿练习双脚并拢跳过纸箱。

2. 跨跳纸箱：将纸箱收拢放置地面，幼儿练习跨跳动作。

3. 钻爬纸箱：将纸箱打开放置地面（纸箱顶部与底部已去掉），幼儿练习手膝着地钻过纸箱。

（二）游戏

玩法一：闯纸盒迷宫。

用24个纸盒组成的迷宫，比一比看谁第一个走出来。

玩法二：穿山洞。

请小朋友将纸箱一个一个连起来，象一列火车，然后请幼儿一个一个从纸箱的一头爬向另一头。

玩法三：开小车比赛。

将小朋友分成两组，小朋友站在纸箱里，用双手拿起纸箱跑向终点，先到为胜。

玩法四：过河

幼儿分成两组，把纸箱立起来，跳过纸箱，看哪组用时最短，哪组获胜。

玩法五：穿越纸盒阵

必须从纸盒中间穿过去，不能碰到纸盒。（1）集体穿越纸盒阵（曲线跑）（2）集体跳跃纸盒阵（3）两人合作持纸盒穿越。

三、活动的特点及价值所在（主要介绍活动的特点及其对幼儿学习发展的价值，反思教师支持行为的适切或不足，分析可能生成的教育契机以及进一步的支持策略等。）

该活动是我和幼儿多次集思广益的结晶。通过让幼儿多次探索和尝试，激发起幼儿对纸箱的兴趣。活动中，既有集体参与，也有小组合作，教师能较多地观察指导幼儿，使幼儿在钻、爬、跳、等方面都得到了练习。在探索纸箱的不同玩法这一环节，对能力较强的幼儿，我鼓励他们尽量想出和别人不同的玩法，不断激发他们的探究欲望；对个别能力较差的幼儿进行指导，帮助他们在游戏中获得成就感，激发他们的活动兴趣。幼儿不但在活动技能上有了一定提高，而且在游戏过程中，表现出一种勇敢团结、互相帮助的活动氛围，培养了他们不怕困难、敢于

挑战的良好品质，这是更大的收获。

幼儿自主进行游戏是他们充分表现、自由交往、协作创新的愉快过程，使幼儿的兴趣得到满足，情绪情满得以激发，自我价值得以体现，促进身心和谐发展。教师要善于为幼儿自主展开游戏提供必要的帮助指导，以推进游戏过程，但避免去教幼儿游戏或过多的干预幼儿的游戏。教师应把权力交给孩子，以孩子的表达为主，和孩子一起分享快乐、分享经验。

我们要相信孩子有巨大的潜能，多为孩子创造条件，给孩子最大的自主空间，让孩子们在"自由、自愿、愉快"地游戏中快快成长。

幼儿园中班游戏案例

游戏名称：好玩的乒乓球（中班）

一、活动背景（主要介绍游戏活动所需的玩教具材料、环境创设、儿童的兴趣和前期经验、教师预期、游戏规则或玩法等。）

活动准备：用废旧的饮料瓶和松紧带制作的道具、乒乓球、筷子、小筐、用纸箱做的圆形围栏、桌子4张、小盘。

环境创设：宽敞的游戏场地，创设"乒乓球比赛"情景，按照游戏的顺序摆放道具。

儿童的兴趣：球本身就是孩子们喜欢玩的玩具，乒乓球轻巧好用，尝试用多种方法玩乒乓球，既有趣，又能锻炼孩子的蹦跳，扭晃身体，动手能力等方面的协调发展，此游戏不仅让孩子们兴趣及浓，还锻炼了幼儿的团队合作精神。

前期经验：要求孩子掌握双手合拢夹东西，会身体摇晃、跳等基本动作。

教师预期：教师要时刻注意幼儿安全，在此基础上使幼儿掌握各种动作要领，有序进行游戏，在夹乒乓球过程中可能发生掉落情况，应及时调整。

游戏规则及玩法：幼儿听从指挥，按照教师口令进行游戏，6名幼儿一组，共4组进行比赛。

（一）双手合拢夹乒乓球：幼儿将双手的小指，无名指，中指及大拇指合拢交叉扣紧，将双手的食指伸出去夹乒乓球，放在已经套在身上的

两个饮料瓶中。

规则：幼儿用食指去夹乒乓球，不许借用其他手指，身体器官或道具，保证每个瓶中放3个球。

（二）乒乓球快出来：幼儿采用向前蹦、向高跳、扭晃身体的方法，使身上饮料瓶中的乒乓球从瓶口中出来掉在围栏里。

规则：此游戏仅限蹦、跳、扭的方法，不允许借助其它工具。

（三）筷子夹乒乓球：幼儿一手拿筷子，一手拿盘将乒乓球夹到盘中。

（四）哪组最后一个成员把乒乓球运回起点哪个小组获胜。

活动内容与过程实录（主要介绍游戏活动的内容和过程，包括幼儿与环境材料互动、探究和交往的关键环节和典型行为，以及教师的支持与回应等。）

活动流程：

热身运动：

1.播放音乐《我是一个兵》，幼儿通过热身运动，使全身肌肉、关节得到充分舒展、锻炼，为各环节竞技做好铺垫。

2.情景带入：

师："我是司令，你是兵，我的命令你听不听"？

儿：听。

师：士兵们，今天我们要进行一次体能训练，采用分组比赛的形式，考验的是我们团结合作的精神，我希望不要有一个成员掉队，能不能做到？（激发幼儿兴趣，使孩子们积极参与到活动中来。）

游戏过程：

1.播放《义勇军进行曲》，幼儿通过拍手《找朋友》的游戏分为4组，每组6人，站在桌子右侧，然后老师将每组前3个人带到对面组与组对其站好。

幼儿园游戏组织与指导

2．请幼儿观察活动场地的各种道具，想道具的用途，老师讲解玩法与比赛规则。

3．游戏开始，教师负责裁判工作。

每组的第一名幼儿双手合拢用两根食指去夹桌子上筐里的乒乓球通过瓶口放到身上两个饮料瓶内（每瓶放3个）。

跑向前方，双手捂住瓶口，跳进围栏里，通过向高跳，向前蹦，扭动身体的方法，使两个饮料瓶中的乒乓球从口中全部掉出来落在围栏里。

这名幼儿跑向对面同组的第一名幼儿，互相击掌后，同组的第一名幼儿跑向围栏，跳进围栏拾起围栏外边已放好的一双筷子和一个盘子，将围栏里所有乒乓球用筷子全部夹到盘子里，并快速放下筷子，双手托盘，跑回起点将乒乓球倒回小筐里，向同组的第二名幼儿击掌，第二名幼儿击掌后做重复动作。

哪组的最后一名幼儿将乒乓球先送回起点筐里，哪组获胜。

4．幼儿分享快乐，交流经验。

（三）结束部分

播放舒缓音乐，带领幼儿做放松运动。

三、活动的特点及价值所在（主要介绍活动的特点及其对幼儿学习发展的价值，反思教师支持行为的适切或不足，分析可能生成的教育契机以及进一步的支持策略等。）

在欢乐的音乐声中孩子们的活动结束了，从他们意犹未尽的脸上可以看出孩子们玩得很开心，学得很快乐，较好地达到了预设的要求增强了幼儿的团结合作的能力及身体协调能力和灵活性，培养了幼儿对体育活动的兴趣。针对每个孩子的不同能力，提出不同的要求，不强求整齐划一，在用手和筷子夹球的过程中乒乓球有脱落的现象通过及时调整，幼儿又积极参与到活动中来。每个孩子都有无穷大的力量，我们要相信孩子，帮助孩子激发潜能，这样才能让活动更好的贴近孩子的心灵。

游戏名称：百变溜溜布 (中班)

一、活动背景（主要介绍游戏活动所需的玩教具材料、环境创设、儿童的兴趣和前期经验、教师预期、游戏规则或玩法等。）

活动准备：大溜溜布4条(该材料质地光滑,用绸缎布制成,故称其为"溜溜布",长10m、宽1m,本活动中使用红、黄、绿、蓝四种颜色的溜溜布),小溜溜布幼儿人手一条,彩色波波球60个,有彩球标识的箱子4个。

环境创设：为孩子提供30m×30m的安全平整的户外活动场地。

儿童的兴趣：借助幼儿园体育活动中常用的器材——溜溜布,设计出一系列有趣的跑跳游戏,充分挖掘了"溜溜布"这个器材的多种玩法,将各种跳的练习糅合在游戏中,让幼儿始终保持浓厚的运动兴趣,达到了反复进行双脚跳练习的目的。

前期经验：幼儿已有双脚向前跳跃的技能,玩过民间游戏"跳格子"。

教师预期：双脚跳是中班幼儿需要掌握的基本运动能力。以往体育活动中幼儿多练习的是平地上的立定跳或行进跳,对于双脚跳过低矮障碍物的技能尚未掌握,本次活动我借助幼儿园体育活动中常用的器材——溜溜布,设计出系列有趣的跑跳游戏,尝试改变以往教学中溜溜布在使用时教育目标指向性不明确且对幼儿身体锻炼程度不够等不足,让幼儿在本次活动中通过与溜溜布相关的训练内容,切实提升双脚跳能力并增强身体动作的灵活度。

游戏规则及玩法：

游戏一：

玩的时候不要踩到溜溜布,跟着同伴一个接一个有序往前跳。

①教师将2条大的绿色溜溜布在地上分别展开,连接成长10m、宽1m

286
幼儿园游戏组织与指导

的长布条,幼儿跑步绕长布条一圈再回到起点。

②教师将刚才的2条绿色溜溜布向内折叠成线状,幼儿双脚交替横跨过整条溜溜布再回到起点。

③教师将3条红色溜溜布横置于绿色溜溜布之上,幼儿双脚骑跨过3条红色溜溜布,以左右脚点地的方式通过整条绿色溜溜布再回到起点。

④幼儿双脚骑跨3条红色溜溜布,以双脚小跳的方式行进通过整条绿色溜溜布再回到起点。

游戏二:

注意双脚同时起跳,起跳和落地时膝盖都是屈着。跳时注意双手摆臂的方向,不要碰到溜溜布,也不要撞到其他人。

我试着用溜溜布摆好了几种图形,请小朋友们用跳的方法跟溜溜布一起玩。就像以前我们玩的'跳格子'游戏一样。看看怎样跳才是轻松、安全的。

游戏三:

幼儿当"小青蛙",先从"草地两边双脚跳到红色波浪形的"池塘"岸边,然后双脚跳进"池塘"中把"害虫"抓起来(将波波球抱在怀中),抓着"害虫"双脚跳上另一个黄色的岸边,按颜色将"害虫"分类投放到透明塑料箱子中(塑料箱子上有彩球标识)。重复刚才的动作,直到抓完"害虫"为止。"小青蛙"上岸后,在老师变化的不同形状的溜溜布上进行双脚跳训练。

按照规定的路线双脚起跳,落膝缓冲,不要碰到溜溜布,不能撞到其他人。

二、活动内容与过程实录（主要介绍游戏活动的内容和过程，包括幼儿与环境材料互动、探究和交往的关键环节和典型行为，以及教师的支持与回应等。）

活动过程：

（一）开始部分：

"我爱卫生"热身操

动作要求：幼儿人手1条彩色溜溜布，跟音乐节奏和教师一起做热身操：搓一搓、拧一拧、晾一晾、抹一抹。同时巩固拧毛巾、抹桌子等生活技能。

（二）基本部分：

随溜溜布的平铺和收拢进行各种跑跳运动，学习双脚跨越障碍跳技能。

1. 利用溜溜布的形状进行跑跨训练活动。

在自主探索的基础上学习双脚跳过低矮障碍物的技能。

2. 讨论溜溜布的更多玩法并试玩。

从刚才玩跳跃游戏的基础上，引导幼儿讨论更多溜溜布的玩法，调动他们的生活经验并激发其想象力。

幼儿自由交流并用溜溜布尝试各种玩法。

幼儿先辨认并说出溜溜布摆出的图形名称和颜色，如蓝色的正方形、黄色的十字形等。然后再逐个进行跳跃训练。

按图形叠放若干溜溜布，增加跳跃高度，引导幼儿学习新的双脚跨跳动作技能。

幼儿根据动作要领自由试跳。

教师观察幼儿后，示范用正确的双脚跳动作跳过低矮障碍物。

师幼共同练习双脚跳过低矮障碍物。

双脚跳运动技能的综合巩固与提高——游戏"聪明的小青蛙"。

教师用蓝色溜溜布平铺后做出一个大的"池塘",用几条绿色溜溜布展开叠放在"池塘"两边做有一定高度的"草地","池塘"里用一些彩色波波球当"害虫"。

(三) 结束部分:放松活动与评价交流

1.放松运动。用适当的方法引导幼儿调整呼吸,调整身体,调整心理。

2.评价与交流:幼儿交流双脚跨越跳的感受,教师点评幼儿的运动技能掌握情况和游戏规则的遵守情况。启发幼儿活动后要多思考,尽量将所学的用于生活,并尝试利用其他器材进行基本的跑跳技能练习。

三、活动的特点及价值所在(主要介绍活动的特点及其对幼儿学习发展的价值,反思教师支持行为的适切或不足,分析可能生成的教育契机以及进一步的支持策略等。)

本次体育教学的关键点在于双脚同时起跳和落地屈膝缓冲,从难度逐步递增的游戏情况看,幼儿的动作技能掌握得较好。我认为,双脚跳动作的讲解、训练过程中,无需过分强调动作细节,应以发展的眼光看待幼儿学习动作的过程,因为跳跃能力的发展是循序渐进、互相联系的,抓住幼儿完成该动作的关键点,注重练习即可。本活动重在利用变换同一器材的摆放方式,递增跳跃难度,加入情景游戏等方法来调动幼儿练习的兴趣。溜溜布的运用,不仅能灵活变出各种活动场地,引导幼儿有目的地进行各种类型的双脚跳,锻炼其下肢各部分肌肉和关节(包括髋关节、膝关节、脚踝);而且有助于调动和保持幼儿练习的兴趣——布块鲜艳的色彩和有趣的形状变化,让幼儿更加喜欢跳跃,乐在练习中。

游戏名称：好玩的网（中班）

一、活动背景（主要介绍游戏活动所需的玩教具材料、环境创设、儿童的兴趣和前期经验、教师预期、游戏规则或玩法等。）

活动准备：活动音乐、织网、球

环境创设：为孩子们提供宽敞的游戏场地，布置成"小鲤鱼跳渔网"的游戏场景。

儿童的兴趣："织网"是幼儿园里触手可得的物品，同时也适合小班幼儿进行操作，培养幼儿的集体合作意识，让幼儿在游戏中体验快乐，因此设计了本次游戏活动——《好玩的网》。在游戏活动中，让幼儿发现织网的多种玩法，培养幼儿的合作意识；让幼儿体验游戏的乐趣，能够在运动中进行肌肉与体能的锻炼。在学习运用织网游戏的基础上，练习织网的多种玩法，发展幼儿的综合能力和运动技能。培养幼儿对体育活动的兴趣，发展幼儿的自主性和创造性。本次活动主要有爬织网，走织网，跳织网，运用织网与球进行游戏等多种不同的玩法。前期经验：在以往的体育活动中，幼儿已经掌握了爬、走、跳的基本动作要领。

教师预期：在游戏的过程中充分发挥以幼儿为主体，在活动中使幼儿的个体差异得到不同程度的锻炼。在织网颠球游戏这一环节中，幼儿抖臂力量的大小差异性很大，导致幼儿在活动时出现困难，我会用鼓励和引导的语言启迪幼儿动脑筋，想办法，激发他们团结合作的品质。

游戏规则及玩法：

爬的游戏：将织网合成一条直线，幼儿在织网一端排成一队，幼儿双手与双脚同时触地，腰部挺立，像螃蟹爬一样通过织网到达另一端。规则：双手不碰网，双脚不压网。

走的游戏：幼儿双手放于腰间，双脚跨立在织网两侧，随音乐向前走向织网的另一端。 规则：幼儿双脚不能碰到织网。

跳的游戏：青蛙跳，手脚配合，跳过织网。规则：要求半蹲，两腿弯曲，两手臂用力前后摆动，起身向前跳跃，全部幼儿按顺序跳过织网。

织网与球的游戏：幼儿围成两个圆形队伍，幼儿用双手将织网拉开，体验如何不用身体任何部位去碰球，而球却越跳越高的颠球游戏。规则：必须幼儿集体合作，球不能从织网上掉下去为胜。

二、活动内容与过程实录（主要介绍游戏活动的内容和过程，包括幼儿与环境材料互动、探究和交往的关键环节和典型行为，以及教师的支持与回应等。）

（一）激发活动兴趣

1. 教师带领幼儿一起做热身运动。

教师："小朋友们，今天我们来进行肌肉与体能的锻炼，你们准备好了吗？现在，让我们随音乐运动起来吧。"

2. 播放《小鲤鱼》音乐，带领幼儿进行游戏活动前的肢体伸展运动。（伸伸臂，弯弯腰，踢踢腿，蹦蹦跳，转转手腕脚腕。）

（二）幼儿自由探索织网的各种玩法

1. 组织幼儿随着音乐有秩序地进入活动场地。

2. 请幼儿自己尝试一下织网有哪些玩法？

3. 幼儿和老师一起探索织网的不同玩法。

在探索织网玩法的过程中，鼓励幼儿积极的去想，去说，去玩。具体玩法和指导策略如下：

爬的游戏：将织网合成一条直线，幼儿在织网一端排成一队，幼儿双手与双脚同时触地，腰部挺立，像螃蟹爬一样通过织网到达另一端。规则：双手不碰网，双脚不压网。

走的游戏：幼儿双手放于腰间，双脚跨立在织网两侧，随音乐向前走向织网的另一端。 规则：幼儿双脚不能碰到织网。

跳的游戏：青蛙跳，手脚配合，跳过织网。规则：要求半蹲，两

腿弯曲，两手臂用力前后摆动，起身向前跳跃，全部幼儿按顺序跳过织网。

织网与球的游戏：幼儿围成两个圆形队伍，幼儿用双手将织网拉开，体验如何不用身体任何部位去碰球，而球却越跳越高的颠球游戏。规则：必须幼儿集体合作，球不能从织网上掉下去为胜。

三、活动的特点及价值所在（主要介绍活动的特点及其对幼儿学习发展的价值，反思教师支持行为的适切或不足，分析可能生成的教育契机以及进一步的支持策略等。）

《好玩的网》活动是根据小班幼儿身心发展的特点，选择幼儿园日常易见的织网作为活动器械，幼儿以小鲤鱼的身份进入活动场，激发了幼儿对织网的探索欲望，使幼儿在游戏中充分发挥主动性和想象力。同时，该活动充分发挥了以幼儿为主体，在活动中幼儿的个体差异也得到不同程度的锻炼。在织网颠球游戏这一环节中，幼儿抖臂力量的大小差异性很大，导致幼儿在活动时出现困难，激发幼儿团结合作的品质。

通过玩织网的游戏，训练了幼儿肌肉与体能，锻炼了幼儿的想象力、创造力、团结合作的能力。体育游戏活动让幼儿在玩中不断掌握技能，发展肢体协调性，在快乐中健康成长。

游戏名称：轮胎转转转（中班）

一、活动背景（主要介绍游戏活动所需的玩教具材料、环境创设、儿童的兴趣和前期经验、教师预期、游戏规则或玩法等。）

"轮胎"是幼儿在生活中比较熟悉的常见的，也是幼儿比较感兴趣的，所以我利用轮胎设计了这个游戏。在游戏之前我将轮胎粉刷上漂亮的颜色，并在在户外为幼儿布置多样化的赛场，准备了欢快的音乐。为激发幼儿兴趣，在游戏前我给了幼儿自由的时间，让幼儿去探索轮胎的各

种玩法，并让幼儿说出他们发现的玩法，激发幼儿的探索欲望，希望通过这次游戏活动。能让幼儿身体的协调能力反应能力专注力合作能力团队精神有所提升，最后我向幼儿介绍了游戏环节：

1. 幼儿分成五组每组人数相同。

2. 厢轮胎推上独木桥，小朋友们和轮胎都不能掉下来。

3. 绕障碍，不能碰到障碍物。4.利用轮胎江水气球压迫。我将轮胎送到指定位置，先完成的小组胜利。

二、活动内容与过程实录（主要介绍游戏活动的内容和过程，包括幼儿与环境材料互动、探究和交往的关键环节和典型行为，以及教师的支持与回应等。）

在活动的开始部分，我带领幼儿随音乐做热身运动，然后幼儿每人一个轮胎，让幼儿观察轮胎的特征，引导幼儿主动探索轮胎多种多样的玩儿法。并让幼儿进入老师布置好的赛场，激发主动去探索，独木桥该怎样走，怎样绕过障碍，如何压碎球。同时鼓励幼儿之间交流分享自己的办法。最后教师师参与，为幼儿讲解完成游戏最快最简单的方法及游戏规则。

三、活动的特点及价值所在（主要介绍活动的特点及其对幼儿学习发展的价值，反思教师支持行为的适切或不足，分析可能生成的教育契机以及进一步的支持策略等。）

本次游戏活动幼儿都能积极参与其中，通过这次游戏活动调动了幼儿的积极性、主动性、培养了幼儿的身体协调能力和竞争意识。特别是在滚动轮胎过独木桥、绕障碍时，不仅培养了幼儿身体协调能力，还培养了幼儿专注力反应能力，大部分幼儿完成较好，有个别的幼儿身体瘦小在过渡木桥、绕障碍时，有些困难需要老师帮助完成，所以在以后的活动设计中我应该注重幼儿的个别差异，为个别身材瘦小的幼儿准备较小的轮胎，让每个幼儿都能快乐地参与其中，通过此次游戏我发现幼儿

的合作意识非常强，在下一次游戏设计中应该改变形式，多多加入幼儿合作环节，在提高幼儿身体协调能力同事，也要注重幼儿沟通、合作能力的培养，为以后上小学、步入入社会奠定良好的基础。

游戏名称：快乐的椅子（中班）

活动背景（主要介绍游戏活动所需的玩教具材料、环境创设、儿童的兴趣和前期经验、教师预期、游戏规则或玩法等。）

活动准备：椅子、音乐、自制金牌、动物头饰

环境创设：为孩子们提供宽敞的游戏场地，椅子纵向4排，布置成"森林运动会"的游戏场景。

儿童的兴趣：椅子是幼儿园常见的班级物品，是小朋友们离不开的好伙伴。在平时的生活中，小朋友们就很喜欢有意无意地玩儿椅子游戏，如：把椅子当马骑、当摇椅、独木桥等。这些游戏往往因担心安全问题而被限制，根据这些特点结合本阶段主题活动，满足小朋友们好玩儿的心理，让他们自由设计椅子玩法。

前期经验：

在平时的活动中，孩子们已初步掌握跨、跳、爬、钻的动作。如：把椅子当马骑、当摇椅、独木桥等。

教师预期：在游戏的过程中熟练掌握其动作技能，预习时随时注意幼儿的安全，幼儿之间两人一组游戏，可以让幼儿间相互学习及合作，降低体能游戏的难度。而且安全系数也会相应的提高。但担心个别幼儿情绪紧张，一紧张动作就放不开，反而容易出现危险。我会用肯定及鼓励的目光看着他的眼睛，通过这扇"心灵的窗户"给孩子注入力量，从而树立自信心。

游戏规则及玩法：

规则：要求幼儿听从指令，若从椅子上掉下来，请等待下一轮游戏。

1．骑马。引导幼儿将椅背朝前跨坐在椅子上，手持椅背向前上方跳起，模仿骑马动作在室内来回进行2-3次。

2．马术。鼓励幼儿模仿马术做各种动作，站在椅子上跳下、站在椅子上分腿越过椅子跳下、单脚站在椅子上等等，鼓励幼儿合作游戏。

3．爬山。引导幼儿两人一组将椅子纵向并排放置成"小山"，进行"爬山"练习，即踏上椅面————跨过椅背————踏上另一椅面————跳下。然后将所有的椅子排列起来，引导幼儿一一跨过所有的"小山"。

4．独木桥。引导幼儿自由组合将椅子横向并排当作独木桥，进行走"独木桥"的练习。熟练之后，引导幼儿将所有椅子排列起来，练习过长"独木桥"1-2次。

二、活动内容与过程实录（主要介绍游戏活动的内容和过程，包括幼儿与环境材料互动、探究和交往的关键环节和典型行为，以及教师的支持与回应等。）

（一）活动流程：

开始部分：律动《椅子操》："坐在椅子上双手插腰，按口令耸肩、垫脚；双手扶椅子背站立；按口令向左、向右踢腿；向前向后弯腰；上下跳等。"（整个活动的开始是为了让幼儿有个好的心情，激发幼儿兴趣。做完操之后，请幼儿讨论椅子的玩法，下面的活动做铺垫工作。）

（二）基本部分：体能游戏《好玩的椅子》，自主尝试并探究椅子的多种方法。如：站在椅子上跳下去、把椅子当马骑等，鼓励幼儿相互合作，增加游戏难度。如：把椅子排成一排，从椅子上爬过去等。进行多种尝试设计椅子玩法的时候，我进行适当的指导。我以游戏伙伴的身份加入，增强游戏的趣味性，如果孩子们想象不出创造性的玩儿法时我提供建议。如：椅子背对背依靠摆放，引导幼儿站在椅子上，并从椅子上跨过去；椅子一张张拼成一条线，从椅子上爬过去；两把椅子背对背放着，成一排，两把椅子中间跳过去等。在游戏过程中跳、跨的动作难度

较大，需要随时注意安全。

1. 骑马。引导幼儿将椅背朝前跨坐在椅子上，手持椅背向前上方跳起，模仿骑马动作在室内来回进行2-3次。

2. 马术。鼓励幼儿模仿马术做各种动作，站在椅子上跳下、站在椅子上分腿越过椅子跳下、单脚站在椅子上等等，鼓励幼儿合作游戏。

3. 爬山。引导幼儿两人一组将椅子纵向并排放置成"小山"，进行"爬山"练习，即踏上椅面————跨过椅背————踏上另一椅面————跳下。然后将所有的椅子排列起来，引导幼儿——跨过所有的"小山"。

4. 独木桥。引导幼儿自由组合将椅子横向并排当作独木桥，进行走"独木桥"的练习。熟练之后，引导幼儿将所有椅子排列起来，练习过长"独木桥"1-2次。

（一）结束部分：游戏运动员大夺金

1. 幼儿跨过跳栏、走过平衡木、摘取金牌。

2. 带领幼儿进行放松活动。

3. 整理场地、活动结束。

三、活动的特点及价值所在（主要介绍活动的特点及其对幼儿学习发展的价值，反思教师支持行为的适切或不足，分析可能生成的教育契机以及进一步的支持策略等。）

椅子是幼儿园常见的班级物品，取材很方便。可是在幼儿的游戏中教师很少长时间参与，而本次活动我进入角色真正的参与游戏，一下子拉近了和孩子们的距离。尝试在体育游戏活动中利用小椅子锻炼孩子的各种能力，除了关注幼儿的运动能力之外，还注重幼儿的行为培养、创造力及意志品质培养。

我们在平日的各项活动中，只注重培养孩子们对活动的兴趣，却忽略了培养孩子们的挑战意识。其实体能运动会成为他们一生所必需的生活内容，运动是丰富多彩的，想要让孩子们发自内心的喜欢运动，这就

要求我们要关注运动的情景化、游戏化、多变化、以及挑战性。并且要真正的去了解孩子，了解他们所需要什么，他们喜欢什么。

怎样才能够让孩子们在运动中获得一种精神，一种永不服输、永不气馁、永不妥协、勇往直前的精神。这种精神就是我们体育运动所希望带给孩子的，通过游戏达到体育锻炼的目标，幼儿更容易接受，不但身体得到了相应的锻炼，而且在体能游戏活动中还发展了幼儿的各项能力。

游戏名称: 小厨师竞赛 (中班)

一、活动背景（主要介绍游戏活动所需的玩教具材料、环境创设、儿童的兴趣和前期经验、教师预期、游戏规则或玩法等。）

活动准备:

套圈；自制小手、小脚粘贴道具；托盘；小厨师外衣六件；小椅子；乒乓球及拍。

环境创设:

宽敞的游戏场地，创设"小厨师竞技赛"的情景，按照小手、小脚越障碍、穿衣服、运鸡蛋、套小圈的顺序摆放游戏道具。

儿童的兴趣:

情景游戏竞技赛是孩子们特别喜欢的游戏之一，孩子们在情境中扮演不同的角色，爬、跳、抛等游戏形式让孩子们兴趣极浓，满足了小朋友们好玩儿的心理。

前期经验:

在平时的活动中孩子们已掌握爬、跳、抛的动作。

教师预期:

在游戏的过程中熟练掌握各种动作技能，注意幼儿的安全，幼儿小组间相互配合，自理能力、合作竞争意识、平衡力、反应机智得到增

强。但是在运送鸡蛋过程中可能发生掉落情况。

游戏规则及玩法：幼儿听从指挥，按照教师口令开始游戏。3名幼儿一组，两组之间进行比赛。

手脚配合爬、跳关：幼儿根据小手、小脚图示或爬或跳。

穿上厨师服：幼儿穿上厨师服，带上厨师帽，穿戴整齐后进入下一关。

运送鸡蛋：幼儿手持乒乓球拍托运一个"鸡蛋"，放置指定筐内。

套小圈：最先将2个小圈套入的小组获胜。

二、活动内容与过程实录（主要介绍游戏活动的内容和过程，包括幼儿与环境材料互动、探究和交往的关键环节和典型行为，以及教师的支持与回应等。）

活动流程：

热身活动：

1. 律动《健康歌》。幼儿通过热身活动，使全身肌肉、关节得到充分舒展、锻炼，为各环节的竞技做好铺垫。

2. 情景带入："厨师小组最最棒，配合默契展风采，你钻我跳他运蛋，看看是谁最能干"，小厨师们，你们的小手最能干，你们最有耐心，看看今天哪组能获得冠军。（激发幼儿兴趣，使幼儿默契配合）

游戏过程：

1. 幼儿通过马兰开花的游戏找到好朋友，分为一组。

2. 请幼儿观察活动场地的各种道具，小组内分析各种道具的用途。（给幼儿一定的时间探究游戏玩法）

3. 教师讲述各环节规则，幼儿自主探究分配各环节参赛人员。（幼儿自主讨论，使交往能力得到培养，教师尊重幼儿选择，适当的给予指导）

4．游戏开始，教师负责裁判工作。

手脚配合爬、跳关、穿上厨师服：：由一名幼儿根据小手、小脚图示爬、跳过关后，穿上厨师服，带上厨师帽，穿戴整齐后拍同组下一位小朋友的手。第二位小朋友负责运送鸡蛋：幼儿手持乒乓球拍托运一个"鸡蛋"，放置指定筐内后拍打下一位小朋友的手；第三位小朋友将小套圈套入制定位置，最先将2个小圈套入的小组获胜。

5．请获胜小组的小朋友介绍经验。

6．继续比赛，教师加入托运鸡蛋环节，总结托运鸡蛋的要领。

（三）结束部分

小结活动，带领幼儿进行放松活动。整理场地、活动结束。

三、活动的特点及价值所在（主要介绍活动的特点及其对，幼儿学习发展的价值，反思教师支持行为的适切或不足，分析可能生成的教育契机以及进一步的支持策略等。）

让幼儿在玩游戏的同时，感受到体育活动的快乐，幼儿小组间的相互配合，使幼儿的自理能力、合作竞争意识、平衡力、反应机智、身体素质得到增强。在活动中我既注重了培养孩子们对活动的兴趣，又培养了孩子们的合作竞争意识。大胆放手的让孩子们探讨、分配，不仅体能得到锻炼，交往能力更得到提升。但是我应再更多的照顾到那些在活动中比较安静的幼儿，身体协调性不强的幼儿，鼓励他们加油，使其能在活动中活跃起来，以培养他们对体育游戏活动的兴趣。在今后的游戏活动创设中，从孩子的体能需求、喜好出发，多注重游戏的情景化以及挑战性。

幼儿园小班游戏案例

游戏名称：好玩的彩虹伞 (小班)

一、活动背景（主要介绍游戏活动所需的玩教具材料、环境创设、儿童的兴趣和前期经验、教师预期、游戏规则或玩法等。）

活动准备：音乐、彩虹伞

环境创设：为孩子们提供宽敞的游戏场地，家长带领幼儿围成圆圈站好。

儿童的兴趣：小小班幼儿阶段的孩子手臂及身体都不是很发达，彩虹伞是锻炼手臂及身体各部位的有效器械，孩子们喜欢新鲜有趣的活动，为了培养幼儿视觉追踪能力和手眼协调能力，游戏有多种玩法，是适合家长和孩子们玩的新鲜有趣的游戏，可以让孩子在游戏中快乐成长，增进家长与幼儿的情感。

前期经验：在平时的活动中，孩子们已初步掌握了跳、爬、钻、抖、藏的动作。

教师预期：在游戏的过程中熟练掌握其动作技能，能根据音乐和口号灵敏的做跳、爬、钻、抖、藏的动作，与家长密切配合，体验游戏的快乐，学会合作，树立自信。

游戏规则及玩法：

请家长一手抓住彩虹伞、一手领着幼儿围着圆圈走，同时听音乐口令，当听到的内容及时的与幼儿做相应的动作如：钻山洞、爬山坡、等。

幼儿园游戏组织与指导

二、活动内容与过程实录（主要介绍游戏活动的内容和过程，包括幼儿与环境材料互动、探究和交往的关键环节和典型行为，以及教师的支持与回应等。）

活动流程：

开始部分：亲子热身《我的身体》

基本部分：亲子游戏《好玩的彩虹伞》

1.出示彩虹伞平铺在地面上，请幼儿自主探究彩虹伞的玩法，并熟悉感知彩虹伞的颜色，激发幼儿兴趣。

2.请家长带领幼儿围着彩虹伞站好，一手抓住彩虹伞。

3.音乐响起时一起围着彩虹伞走。

4.听指令做相应的动作，如：抖动彩虹伞、爬山坡（幼儿爬到彩虹伞中间）、钻山洞（幼儿钻进彩虹伞）、开飞机（家长张开双臂幼儿抱住家长身体、）等。

结束部分：

找妈妈（家长钻进彩虹伞宝贝找妈妈）

整理场地、活动结束 。

三、活动的特点及价值所在（主要介绍活动的特点及其对幼儿学习发展的价值，反思教师支持行为的适切或不足，分析可能生成的教育契机以及进一步的支持策略等。）

在我们日常开展的丰富的活动中，我发现小小班幼儿对体育活动有着较浓厚的兴趣，但在体育游戏中，大多锻炼的是下肢力量，上肢力量锻炼较少，幼儿动作的灵敏性与协调性有待进一步锻炼和发展；活动中孩子们个体、小组的玩法较多，集体合作玩一种器械的较少，与同伴玩的较多，亲子玩的较少，所以他们的群体合作意识需要进一步培养；同时，也需要让孩子们在活动中感受到温馨的亲情。

活动名称：好玩的沙包（小班）

一、活动背景（主要介绍游戏活动所需的玩教具材料、环境创设、儿童的兴趣和前期经验、教师预期、游戏规则或玩法等。）

课前设计思考：丰富幼儿课余生活，提高幼儿身体素质，使其得到全面、科学、协调发展精神，我根据幼儿发展的特点，设计了这堂涵盖了幼儿运用沙包走、跑、跳、爬等技能的运动课。目的在于锻炼幼儿身体运动的灵活性、协调性，提高幼儿运动中的平衡能力。培养幼儿喜欢参加运动的兴趣。

玩教具准备：与幼儿人数相等的各种小动物头饰、沙包（筐装好放置在预定位置），若干小星星贴画（智勇双全小星星）。场地布置：宽阔平整的运动场上设置距离约为30厘米远的两条平行花线（小沟），并排放置约5米长的平衡木两根（桥），铺约10米长的垫子（草地）。音乐：《世界真美好》

游戏玩法：抢沙包：聪明宝宝真厉害，不碰、不摔跤、不推不拉。拿到玩具跑回来。

1．夹物跳：双脚夹住包从操节位置起跳，按顺序成两路纵跳队至"小沟"处

2．夹包比远：两脚夹住沙包站在线后，然后双脚跳起用收腹向前摆腿的力量用力将沙包掷过"小沟"去。然后跳过"小沟"。

3．顶沙包：把沙包拾起来放在头顶上，向前走动，使沙包不掉下来，到小桥处，小心地走过"桥"。一直走到"草地"边。

4．背沙包：手、腿着地背上放沙包，背沙包爬过草地（小动物可以互相帮忙，把沙包放在背上）。

二、活动内容与过程实录（主要介绍游戏活动的内容和过程，包括幼儿与环境材料互动、探究和交往的关键环节和典型行为，以及教师的支持与回应等。）

（一）准备活动

1．队列队形练习：

幼儿带头饰成两路纵队听口令入场，齐步走，齐步跑，左右分队走、切断分队走—六路纵队到预定位置成操节队列队形分布。

2．热身活动

小动物们做早操：《世界真美好》

（二）玩沙包

师：听说今天家里要来许多小动物做客，兔妈妈准备了好玩的玩具，到底是什么玩具呢？你们想知道么？看！在那边。

1．抢沙包：聪明宝宝真厉害，不碰、不摔跤、不推不拉。拿到玩具跑回来。

2．比赛：

师：喜欢兔妈妈的玩具什么？喜欢吗？兔妈妈想看看小动物们谁最能干，你是最能干的么？那我们来比一比，怎么样？。比赛过程中，要注意什么呢？(注意安全、讲秩序，互相帮助)。看谁能勇敢的完成全部比赛项目，能出色完成比赛任务的小动物，兔妈妈要奖励他一颗"智勇双全"小星星哦！努力！加油！

（1）夹物跳：双脚夹住包从起点位置起跳，按顺序成两路纵跳队至"小沟"处

（2）夹包比远：两脚夹住沙包站在线后，然后双脚跳起用收腹向前摆腿的力量用力将沙包掷过"小沟"去。然后跳过"小沟"

（3）顶沙包：把沙包拾起来放在头顶上，向前走动，使沙包不掉下来，到小桥处，小心地走过"桥"。一直走到"草地"边。

(4) 背沙包：手、腿着地背上放沙包，背沙包爬过草地(小动物可以互相帮忙，把沙包放在背上)。

(三) 结束活动

1. 给勇敢完成任务的幼儿颁发"智勇双全"小星星，讨论沙包的其他玩法，幼儿找朋友自由玩沙包比赛。

师：沙包好玩吗?那你还可以怎样玩沙包呢?我们一起来试试。

例如：投包入筐、螃蟹走(两人一组，背靠背夹住沙包，手臂挽住手臂，横着身体像螃蟹一样侧着走，先到者为胜者。)、看谁投得远、抛接沙包(单手持沙包，向上抛出后，自己拍手一二次，然后用原来的手接住。依次方法反复进行。熟练后可以增加拍手的次数。)

三、活动的特点及价值所在（主要介绍活动的特点及其对幼儿学习发展的价值，反思教师支持行为的适切或不足，分析可能生成的教育契机以及进一步的支持策略等。）

在这节课的整个活动中，幼儿能积极主动参与到活动中来，并且情绪高涨，培养了幼儿参加体育活动的兴趣和习惯，同时在体育活动中，还培养幼儿坚强勇敢、不怕困难的意志品质和主动乐观合作的态度，这与《纲要》中健康领域中的目标要求相吻合。在整个活动过程中，让幼儿在情景中玩沙包，目的是丰富孩子们的想象力、创造力和思维能力，让孩子探索出各种各样玩沙包的方法，这是一个综合性的游戏，在这个环节中，孩子们积极性比较高，能主动参与到我们的游戏中去，在整个游戏过程中，我始终以一个合作者、参与者、引导者、支持者的身份出现，整个游戏的氛围还是比较轻松愉悦的。让我感到不足的地方就是夹包比远的环节，难度大，另外，在这节课的目标确立上，我觉得应该再加上一个情感上的目标，比如说，培养孩子坚强勇敢不怕困难的意志品质和主动乐观的精神。

游戏名称: 小动物运粮 (小班)

一、活动背景（主要介绍游戏活动所需的玩教具材料、环境创设、儿童的兴趣和前期经验、教师预期、游戏规则或玩法等。）

活动准备：平衡木、羊角球、轮胎、钻山洞、跳跳袋、大脚丫、大树、音乐、莲藕、胡萝卜、蘑菇、动物头饰。

环境创设：为孩子们提供宽敞的游戏场地，分为三组，布置成"动物收获粮食"的游戏场景。

儿童的兴趣：为了让孩子们体会丰收的喜悦，培养幼儿的合作精神，激发幼儿的体育兴趣，增强幼儿的竞争意识、集体意识及身体素质，捕捉到这个兴趣点后，我翻阅了许多幼教杂志。纲要中指出幼儿是教育游戏的积极参与者而非被动接受者，游戏内容必须与幼儿兴趣、需要、及接受能力相吻合，引导幼儿向最近目标发展区发展。根据以上的情况便生成了这个游戏。前期经验：在平时的活动中，孩子们已初步掌握跳、爬、钻的动作。如：把轮胎当荷叶、把平衡木当小桥等。

教师预期：在游戏的过程中熟练掌握其动作技能，预习时随时注意幼儿的安全，每组12名幼儿，两人一组游戏，可以让幼儿间相互学习及合作，降低体能游戏的难度。而且安全系数也会相应的提高。但担心个别幼儿情绪紧张，一紧张动作就放不开，反而容易出现危险。我会用肯定及鼓励的目光看着他的眼睛，通过这扇"心灵的窗户"给孩子注入力量，从而树立自信心。

二、活动内容与过程实录（主要介绍游戏活动的内容和过程，包括幼儿与环境材料互动、探究和交往的关键环节和典型行为，以及教师的支持与回应等。）

游戏规则及玩法：

规则：要求幼儿听从指令，游戏分为三组：青蛙组为第一组，袋鼠

为第二组、小兔子为第三组。

1.小兔出场，走过平衡木，取到羊角球越过障碍，取到粮食，两位老师和宝贝合作，把宝贝送到起点，然后和下一位小兔子拍手才能出发，拿到粮食蘑菇后一起合作送到贮备的粮仓内。最后看哪组最先把粮食放到粮仓里为胜利者。

2.青蛙出场，跳过三片荷叶，取到跳跳丫，绕过障碍取到莲藕，两位老师和宝贝合作，把宝贝送到起点，青蛙出发，然后和下一位小青蛙拍手才能出发，拿到粮食莲藕后一起合作送到贮备的粮仓内。最后看哪组最先把粮食放回粮仓里为胜利者。

（一）激发活动兴趣

热身运动：跟随《丰收歌》音乐，教师带领幼儿一起做热身运动。

（二）幼儿自由探索羊角球、跳跳袋、大脚丫的各种玩法

1.组织幼儿来到的活动场地。

2.请幼儿自己尝试一下羊角球、跳跳袋、大脚丫有哪些玩法？

3.幼儿和老师一起探索的不同玩法。

在探索的过程中，鼓励幼儿互相交流与别人不同的有创意的玩法，鼓励幼儿的创造兴趣和热情。

三、活动的特点及价值所在（主要介绍活动的特点及其对幼儿学习发展的价值，反思教师支持行为的适切或不足，分析可能生成的教育契机以及进一步的支持策略等。）

玩法和指导策略：

1.小兔出场，两名幼儿背靠背走过平衡木，取到羊角球越过障碍，取到鼓后，第二名小兔子出发，当第二只小兔子走过障碍后拿起鼓棒两人合作敲鼓，然后拿到粮食蘑菇后一起合作送到贮备的粮仓内。

2.青蛙出场，两名幼儿背靠背跳过三片荷叶，取到跳跳丫，绕过障碍取到到鼓后，第二名青蛙出发，当第二只青蛙走过障碍后拿起鼓棒

两人合作敲鼓，然后拿到粮食莲藕后一起合作把粮食送到自己的粮仓。以此类推。

3. 袋鼠出场，两名幼儿背靠背转过山洞，取到跳跳袋，绕过障碍取到鼓后，第二名袋鼠出发，当第二只袋鼠走过障碍后拿起鼓棒两人合作敲鼓，然后拿到粮食胡萝卜后一起合作把粮食送到自己的粮仓。以此类推。

4. 袋鼠出场，转过山洞，取到跳跳袋，绕过障碍取到胡萝卜，两位老师和宝贝合作，把宝贝送到起点，袋鼠出发，然后和下一位袋鼠拍手才能出发，拿到粮食胡萝卜后一起合作送到贮备的粮仓内。最后看哪组最先把粮食放回粮仓里为胜利者。

游戏名称：魔法五彩棒（小班）

一、活动背景（主要介绍游戏活动所需的玩教具材料、环境创设、儿童的兴趣和前期经验、教师预期、游戏规则或玩法等。）

教具介绍：

魔法五彩棒是采用棉花和色彩鲜艳的五色面料制作成尾巴形状，同时在五彩棒的两端分别缝制了扣眼和纽扣。既保证了使用玩教具活动时的安全，又符合幼儿对色彩的兴趣探索。

活动准备：

宽敞的活动场地、五彩魔棒、故事情境、动物头饰。

儿童兴趣：

幼儿时期具有高度的探索和创新能力，本游戏改变了幼儿对"棒"的认识，用自己的双手让五彩棒具有魔力，可以进行各种喜欢的活动。每一种探索出了的玩法都会让幼儿充满自信和成就感。

前期经验：

幼儿在平时生活学习中已经积累了系扣子的生活经验，同时对把魔棒由短变长充满兴趣。色彩缤纷的五彩棒枯燥的跳跃活动充满了期待和乐趣。孩子们可以根据平时体能活动的游戏方法创意出更喜欢更有挑战力的活动。

教师预期：

通过本活动的创设，教师预期达到的目标：

1. 锻炼幼儿手指小肌肉灵活性。

2. 锻炼幼儿跳跃能力及奔跑能力。

3. 锻炼幼儿身体协调能力和躲闪跑能力。

4. 锻炼幼儿团结协作精神和竞争意识。

二、活动内容与过程实录（主要介绍游戏活动的内容和过程，包括幼儿与环境材料互动、探究和交往的关键环节和典型行为，以及教师的支持与回应等。）

玩教具玩法及规则：

1. **魔棒变变变。** 根据魔棒的柔韧性，幼儿可以让五彩棒变成自己喜欢的形状。如：变数字 1、2、3、4……

变字母c、d、n、m、等

变形状 ：圆形　正方形　长方形等

2. **魔棒接力**

幼儿可以将魔棒两端的扣子和扣眼相连接，变成一条长龙，或者编成圆环。然后进行跳大绳，跳跃等体育游戏活动。

3. **魔棒跳跳跳**

幼儿将魔棒摆成自己喜欢的路径或格式，进行兔子跳跳跳游戏。也可以颜色分类进行分组游戏活动。

4. 抓尾巴游戏

活动过程：

1. 开始部分

(1) 律动《水果拳》

(2) 热身运动

2. 基本部分

(1) 教师：今天我们来到了大森林中，小动物们要和我们一起做游戏。

(2) 教师出示五彩魔法棒：

神奇的魔法棒会变成我们认识的数字，你会变吗？

幼儿利用魔法棒创编数字。

你的魔法棒还可以变成什么？

（幼儿可以变数字，变图形，变字母）

(3) 开心跳跳跳

森林中的小动物都有哪些本领？

那我们和小动物们比赛好不好？看谁跳的快。

幼儿根据颜色分成小组，进行小组接力比赛。

(4) 创意长龙

幼儿将魔法棒首尾相连，变成长龙，幼儿创意长龙的形状，进行跳跃奔跑游戏。

(5) 抓尾巴游戏

森林中的小动物都有自己的尾巴，他们想找到和自己尾巴相同的小伙伴，现在请宝贝们系上自己的尾巴，去抓住你小伙伴的尾巴。被抓到的小朋友可能会被吃掉哦，所以你要学会保护自己的尾巴，同时抓住别人的尾巴。

幼儿练习躲闪跑。

3．结束部分

(1) 今天我们和森林里的小动物做游戏你们开心吗？让我们挥手和小动物们说再见吧！

(2) 律动《彩虹的约定》

三、活动的特点及价值所在（主要介绍活动的特点及其对幼儿学习发展的价值，反思教师支持行为的适切或不足，分析可能生成的教育契机以及进一步的支持策略等。）

3—6岁儿童发展与指南》中明确指出发育良好的身体、愉快的情绪、强健的体质、协调的动作、良好的生活习惯和基本生活能力是幼儿身心健康的重要标志，也是其它领域学习与发展的基础。

体育游戏活动更是幼儿喜闻乐见的活动之一。我根据幼儿的身心特点，选择幼儿喜爱的五彩棒作为活动器械，因其色彩鲜艳，活动方式多样及其安全性，满足了幼儿对彩色的好奇心，同时激发了幼儿对活动的探索欲望，从而使幼儿在游戏中主动尝试，大胆想像，创造性地发现了多种玩法。 在活动中，幼儿对于"一物多玩"有着浓厚的兴趣，幼儿喜欢参与体育活动，积极性和主动性也大大提高了，在"一物多玩"中，他们尝试用自己的方式创编出不同的玩法，孩子们快乐自信的眼神，充分体现出了他们对活动的喜爱。这个游戏，不仅锻炼了孩子们的身体协调能力、平衡力，这个游戏，不仅锻炼了孩子们的身体协调能力、平衡力，还锻炼了孩子们的想象力、创造力、团结合作以及语言交往能力。还锻炼了孩子们的想象力、创造力、团结合作以及语言交往能力。

游戏名称: 我和纸杯做游戏 (小班)

一、活动背景 (主要介绍游戏活动所需的玩教具材料、环境创设、儿童的兴趣和前期经验、教师预期、游戏规则或玩法等。)

活动准备: 纸杯, 桌子, 椅子, 乒乓球等

环境创设: 为孩子们提供宽敞的游戏场地, 椅子纵向2排。

儿童的兴趣: 纸杯是幼儿园常见的班级物品, 生活中小朋友们也随处可见, 但在幼儿园多数时间纸杯多用于美工活动中, 根据这些特点结合本阶段主题活动, 满足小朋友们好玩儿的心理, 为他们提供游戏空间和平台, 让幼儿游戏天性自由绽放。。

前期经验:

在平时的活动中, 孩子们已初步掌握跨、跳、爬、钻的动作。

教师预期: 幼儿通过游戏平衡能力和反应能力得到发展。

游戏规则及玩法:

规则: 纸杯掉落或者没有拿到就表示失败, 请等待下一轮游戏。

看谁反应快。幼儿围绕桌子旁, 两个人一个纸杯, 老师喊抢, 幼儿快速拿起纸杯, 谁先拿到谁胜利。

看谁走的稳。幼儿头顶纸杯听音乐走, 纸杯掉下来为输。

看谁跑的快。幼儿分两组拿纸杯放在盘子里绕椅子跑S形, 哪组先进行完为胜利。

二、活动内容与过程实录 (主要介绍游戏活动的内容和过程, 包括幼儿与环境材料互动、探究和交往的关键环节和典型行为, 以及教师的支持与回应等。)

活动流程:

开始部分:

看谁反应快。幼儿围绕桌子旁, 两个人一个纸杯, 老师喊抢, 幼儿

快速拿起纸杯，谁先拿到谁胜利，激发幼儿兴趣。

基本部分：

看谁走的稳。幼儿头顶纸杯听音乐走，纸杯掉下来为输，教师强调安全事项。

看谁跑的快。幼儿分两组拿纸杯放在盘子里绕椅子跑S形，哪组先进行完为胜利。

结束部分：

整理场地、活动结束。

三、活动的特点及价值所在（主要介绍活动的特点及其对，幼儿学习发展的价值，反思教师支持行为的适切或不足，分析可能生成的教育契机以及进一步的支持策略等。）

纸杯是幼儿园常见的班级物品，取材很方便。可是在幼儿的游戏中教师很少长时间参与，而本次活动我进入角色真正的参与游戏，一下子拉近了和孩子们的距离。尝试在游戏活动中利用小纸杯锻炼孩子的各种能力，除了关注幼儿的运动能力之外，还注重幼儿的行为培养、创造力及意志品质培养。

我们在平日的各项活动中，只注重培养孩子们对活动的兴趣，却忽略了培养孩子们的挑战意识。其实体能运动会成为他们一生所必需的生活内容，运动是丰富多彩的，想要让孩子们发自内心的喜欢运动，这就要求我们要关注运动的情景化、游戏化、多变化、以及挑战性。并且要真正的去了解孩子，了解他们所需要什么，他们喜欢什么。

怎样才能够让孩子们在运动中获得一种精神，一种永不服输、永不气馁、永不妥协、勇往直前的精神。这种精神就是我们体育运动所希望带给孩子的，通过游戏达到体育锻炼的目标，幼儿更容易接受，不但身体得到了相应的锻炼，而且在体能游戏活动中还发展了幼儿的各项能力。

游戏名称：小厨师竞赛（小班）

一、活动背景（主要介绍游戏活动所需的玩教具材料、环境创设、儿童的兴趣和前期经验、教师预期、游戏规则或玩法等。）

活动准备：套圈；自制小手、小脚粘贴道具；托盘；小厨师外衣六件；小椅子；乒乓球及拍。

环境创设：宽敞的游戏场地，创设"小厨师竞技赛"的情景，按照小手、小脚越障碍、穿衣服、运鸡蛋、套小圈的顺序摆放游戏道具。

儿童的兴趣：情景游戏竞技赛是孩子们特别喜欢的游戏之一，孩子们在情境中扮演不同的角色，爬、跳、抛等游戏形式让孩子们兴趣极浓，满足了小朋友们好玩儿的心理。

前期经验：在平时的活动中孩子们已掌握爬、跳、抛的动作。

教师预期：在游戏的过程中熟练掌握各种动作技能，注意幼儿的安全，幼儿小组间相互配合，自理能力、合作竞争意识、平衡力、反应机智得到增强。但是在运送鸡蛋过程中可能发生掉落情况。

游戏规则及玩法：幼儿听从指挥，按照教师口令开始游戏。3名幼儿一组，两组之间进行比赛。

手脚配合爬、跳关：幼儿根据小手、小脚图示或爬或跳。

穿上厨师服：幼儿穿上厨师服，带上厨师帽，穿戴整齐后进入下一关。

运送鸡蛋：幼儿手持乒乓球拍托运一个"鸡蛋"，放置指定筐内。

套小圈：最先将2个小圈套入的小组获胜。

二、活动内容与过程实录（主要介绍游戏活动的内容和过程，包括幼儿与环境材料互动、探究和交往的关键环节和典型行为，以及教师的支持与回应等。）

活动流程：

热身活动：

1. 律动《健康歌》。幼儿通过热身活动，使全身肌肉、关节得到充分舒展、锻炼，为各环节的竞技做好铺垫。

2. 情景带入："厨师小组最最棒，配合默契展风采，你钻我跳他运蛋，看看是谁最能干"，小厨师们，你们的小手最能干，你们最有耐心，看看今天哪组能获得冠军。（激发幼儿兴趣，使幼儿默契配合）

游戏过程：

1. 幼儿通过马兰开花的游戏找到好朋友，分为一组。

2. 请幼儿观察活动场地的各种道具，小组内分析各种道具的用途。（给幼儿一定的时间探究游戏玩法）

3. 教师讲述各环节规则，幼儿自主探究分配各环节参赛人员。（幼儿自主讨论，使交往能力得到培养，教师尊重幼儿选择，适当的给予指导）

4. 游戏开始，教师负责裁判工作。

手脚配合爬、跳关、穿上厨师服：由一名幼儿根据小手、小脚图示爬、跳过关后，穿上厨师服，带上厨师帽，穿戴整齐后拍同组下一位小朋友的手。第二位小朋友负责运送鸡蛋：幼儿手持乒乓球拍托运一个"鸡蛋"，放置指定筐内后拍打下一位小朋友的手；第三位小朋友将小套圈套入制定位置，最先将2个小圈套入的小组获胜。

5. 请获胜小组的小朋友介绍经验。

6. 继续比赛，教师加入托运鸡蛋环节，总结托运鸡蛋的要领。

（三）结束部分

小结活动，带领幼儿进行放松活动。整理场地、活动结束。

三、活动的特点及价值所在（主要介绍活动的特点及其对，幼儿学习发展的价值，反思教师支持行为的适切或不足，分析可能生成的教育契机以及进一步的支持策略等。）

让幼儿在玩游戏的同时，感受到体育活动的快乐，幼儿小组间的相互配合，使幼儿的自理能力、合作竞争意识、平衡力、反应机智、身体素质得到增强。在活动中我既注重了培养孩子们对活动的兴趣，又培养了孩子们的合作竞争意识。大胆放手的让孩子们探讨、分配，不仅体能得到锻炼，交往能力更得到提升。但是我应再更多的照顾到那些在活动中比较安静的幼儿，身体协调性不强的幼儿，鼓励他们加油，使其能在活动中活跃起来，以培养他们对体育游戏活动的兴趣。　　在今后的游戏活动创设中，从孩子的体能需求、喜好出发，多注重游戏的情景化以及挑战性。

参考文献

[1] 高敬. 幼儿园教育活动设计与指导[M]. 上海：华东师范大学出版社，2014.

[2] 幺娜，胡彩云. 幼儿游戏活动指导[M]. 上海：华东师范大学出版社，2014.

[3] 刘春蓉. 幼儿园艺术教育活动设计与指导[J]. 邵阳师范学校，2014.

[4] 王德刚. 传统民间游戏的源流、价值和保护[J]. 齐鲁学刊，2005(3).

[5] 王莉莉. 论民间儿童游戏在幼儿园的传承与发展[OL]. 中国幼儿教师网，2008.

[6] 孔晓平. 浅谈幼儿民间游戏的社会性教育价值[OL]. 漳州教育信息网，2009.

[7] 庄春梅. 以手指游戏点化儿童的心灵[J]. 学前课程研究，2008(5).

[8] 叶立群. 幼儿教育学[M]. 福州：福建教育出版社，2000.

[9] 朱慕菊. 幼儿园指导纲要[M]. 南京：江苏教育出版社，2002.

[10] 杨桦，胡红. 体育与健康[M]. 重庆：重庆大学出版社，2009.

[11] 人民教育出版社体育室. 幼儿园体育活动的理论与方法[M]. 北京：人民教育出版社，2002.

[12] 刘焱. 儿童游戏通论[M]. 北京：北京师范大学出版社，2008.

[13] 丁海东. 学前游戏论[M]. 大连：辽宁师大出版社，2003.

[14] 丁海东. 论儿童游戏的生活发生[J]. 学前教育研究，2003(5).

[15] 丁海东. 游戏：给予儿童有灵性的生活[J]. 教育导刊：幼教版，2004(2/3).

[16] 幼儿园教育指导纲要（试行）

[17] 李南. 丹麦幼儿园的"零"教育及启示[J]. 中国科教创新导刊, 2008(25).

[18] 华爱华. 幼儿游戏理论[M]. 上海：上海教育出版社，2001.

[19] 束从敏. 论儿童"教"儿童[J]. 幼儿教育，2001(12).

[20] 华爱华. 幼儿游戏理论[M]. 上海：上海教育出版社，1998.

[21] 丁海东. 学前游戏论[M]. 济南：山东人民出版社，2001.

[22] 邱学青. 学前幼儿游戏[M]. 南京：江苏教育出版社，2008.

[23] 维果茨基. 行为——幼儿园教师对幼儿自言自语的反应研究[J]. 华东师范大学，2006.152.

[24] 马咏霞. 游戏材料对幼儿自主发展的作用[J]. 幼教科研导刊, 2002(2).

[25] 从理念到行动——幼儿园教育指导纲要（试行）行动指南。

[26] 幼儿园教育指导纲要（试行）解读[M]. 南京：江苏教育出版社，2002.

[27] 刘焱. 幼儿园游戏教学论[M]. 北京：中国社会科学出版社，1999.

[28] 珍妮特·摩伊蕾斯. 仅仅是游戏吗——游戏在早期儿童教育中的作用与地位[M]. 刘焱，等，译. 北京：北京师范大学出版社，2010.

[29] 尼尔·本内特，等. 通过游戏来教-教师观念与课堂实践[M]. 刘焱，等，译. 北京：北京师范大学出版社，2010.